"十四五"职业教育国家规划教材

会计诚信与财经法规

（第二版）

于家臻　郭成岩　主编

中国财经出版传媒集团
中国财政经济出版社

图书在版编目（CIP）数据

会计诚信与财经法规／于家臻，郭成岩主编. —2版. —北京：中国财政经济出版社，2023.11
“十四五”职业教育国家规划教材
ISBN 978-7-5223-2361-9

Ⅰ.①会… Ⅱ.①于… ②郭… Ⅲ.①会计人员-职业道德-中等专业学校-教材 ②财政法-中国-中等专业学校-教材 ③经济法-中国-中等专业学校-教材 Ⅳ.①F233 ②D922.2

中国国家版本馆 CIP 数据核字（2023）第128596号

责任编辑：王佳欣　　　　责任校对：张　凡
封面设计：卜建辰　　　　通　　读：杨　波

会计诚信与财经法规（第二版）
KUAIJI CHENGXIN YU CAIJING FAGUI（DIERBAN）

中国财政经济出版社 出版
URL：http：//www.cfeph.cn
E-mail：cfeph@cfeph.cn

社址：北京市海淀区阜成路甲28号　邮政编码：100142
营销中心电话：010-88191522
天猫网店：中国财政经济出版社旗舰店
网址：https：//zgczjjcbs.tmall.com
北京密兴印刷有限公司印刷　各地新华书店经销
成品尺寸：185mm×260mm　16开　11.5印张　286 000字
2023年11月第2版　2023年11月北京第1次印刷
定价：35.00元
ISBN 978-7-5223-2361-9
（图书出现印装问题，本社负责调换，电话：010-88190548）
本社质量投诉电话：010-88190744
打击盗版举报热线：010-88191661　QQ：2242791300

编写 说明

教育部印发的《职业院校教材管理办法》指出：职业院校教材必须体现党和国家意志。全面贯彻党的教育方针，落实立德树人根本任务，扎根中国大地，站稳中国立场，充分体现社会主义核心价值观。本教材贯彻落实党的二十大精神，立足“培养什么人、怎样培养人、为谁培养人”这一教育的根本问题，充分发挥专业教材的育人载体作用，将知识传授、能力培养和价值塑造三者有机融合，并通过课程思政确保党的二十大精神落实到位，发挥铸魂育人实效，努力培养更多德智体美劳全面发展的高素质会计专业人才。

本教材自出版发行以来，得到了全国职业院校财经商贸类专业广大师生的普遍欢迎和好评，很好地满足了广大职业院校师生的需求。为了进一步弘扬诚信文化，推动会计行业诚信建设，引领会计行业健康发展，确保良好的社会经济秩序，为新时代社会信用体系建设发挥应有的作用，我们在广泛调查研究的基础上，对本教材进行了修订。修订后的教材具体有以下特点：

1．教材的方向性

本教材全面贯彻党的教育方针，充分体现社会主义核心价值观，并准确把握当前财政部和国家税务总局等对会计管理工作、财税工作改革的方向。首先，在会计管理方面，国家将会计诚信建设放在首要位置，本教材亦将会计诚信列为第一单元。财政部在取消会计从业资格证考试以后，在强化会计专业技术资格管理的基础上，以会计诚信建设为抓手，联合其他主管部门对全国的会计工作共同实施管理。其次，在财税政策方面，随着我国经济社会的不断发展，企业之间的竞争日益激烈，企业的生产成本也在增加，针对这种情况，国家正在实行积极的减税政策，减少企业的成本负担，更好地促进企业的发展。这一系列的财税改革内容教材中都有准确把握，具体编列。

2．教材的时效性

近几年，国家围绕经济转型这一经济工作重点，进行了一系列的财税制度改革，频繁出台相关的财税政策，受此影响，诸多财经类读本便滞后于这些政策新规。本次教材修订，依据国家最新发布的财经法律制度进行编写，具有很强的时效性，呈现给读者的是最及时、最前沿的财经法律制度内容。

3．教材的引导性

本教材按照模块化结构为编写体例，符合国家“三教”改革的要求。教材内容逻辑清晰，学习任务布置明确。为了让读者在学习时能够准确理解其主体内容，较快进入学习角色，每一部分内容都配以“案例导入”“案例解析”，这些精编的案例能够激发学生的学习兴趣，引导读者轻松进入学习环境。教材内容环环相扣，文字表述深入浅出，符合职业院校学生的学习特点和认知规律。

4. 教材的可读性

法律条文形式上单调、刻板，内容上严谨、科学，是其固有特性，这也决定了本课程学习上的枯燥、乏味。为了解决这些问题，本教材确立了轻松活泼、图文并茂的编写思路，以增强教材的可读性。教材中大量运用图片、表格、拓展性学习内容以及案例导入等图文形式，使本教材内容活泼新颖、直观生动，从而增强了教材的趣味性，有效提升了学生的学习兴趣。

5. 教材的信息化

随着信息技术的不断发展，教学方法、教学手段都得以不断创新，借助网络平台建设的各种教学资源日趋丰富，教学形式不再拘于课堂面授，学习过程得到了充分延伸，线上线下混合式教学模式能显著提高教学效率，微课、视频、慕课等大大增强了学生的自主学习能力。本教材根据信息化教学的需要，在每一模块后面都附加了“拓展学习”模块，学生在课下扫描二维码即可进行相关知识内容的学习，包括财税政策、新闻资料、案例分析等。

教师可以通过电子邮件方式向中国财政经济出版社索取本教材的配套资源（请注明学校、书名、版次），Email：caijingjiaocai@ 163. com。配套资源亦可登录以下网址下载：http：//jiaocai. cfeph. cn。

本课程总学时数为 72 学时，各单元学时分配见下表（仅供参考）：

教学内容	学时数	
	理论学习	实践学时
第一单元　会计诚信	8	2
第二单元　会计法律制度	16	4
第三单元　结算法律制度	16	4
第四单元　税收法律制度	18	4
合　　计	58	14

本教材由于家臻、郭成岩担任主编，吴红玉、赵金英担任副主编。参与本教材修订工作的人员有于家臻、郭成岩、吴红玉、赵金英、夏宁、李蒨。编写任务如下：第一单元　会计诚信（于家臻、郭成岩），第二单元　会计法律制度（吴红玉、李蒨），第三单元　结算法律制度（赵金英、李蒨），第四单元　税收法律制度（郭成岩、夏宁）。在本教材编写过程中，山东文旅传媒集团有限公司财务经理刘勇、青岛黎马敦包装有限公司财务总监陈威、山东迅程教育科技有限公司总经理栾玉霞给予了业务指导，并编写了部分内容。全教材由郭成岩负责统稿，于家臻总纂并定稿。

此外，本教材在编写过程中得到了财政部干部教育中心相关领导及专家的悉心指导，同时还参考了部分同类教材和相关网站的资料，在此一并表示感谢！

限于编写团队人员水平，加之编写时间仓促，书中疏漏、错误之处在所难免，敬请各位专家、同仁和广大读者批评指正。

编　者

2023 年 11 月

目　录

第一单元　会计诚信 …… (1)
模块一　诚信 …… (1)
模块二　社会信用体系 …… (8)
模块三　会计诚信概述 …… (16)
模块四　会计诚信养成 …… (21)
模块五　会计职业道德 …… (29)

第二单元　会计法律制度 …… (39)
模块一　会计法律制度的含义与构成 …… (39)
模块二　会计工作管理体制 …… (41)
模块三　会计核算 …… (46)
模块四　会计监督 …… (52)
模块五　会计机构与会计人员 …… (58)
模块六　会计违法行为的法律责任 …… (66)

第三单元　结算法律制度 …… (71)
模块一　现金结算 …… (71)
模块二　支付结算概述 …… (74)
模块三　银行结算账户 …… (77)
模块四　票据结算方式 …… (83)
模块五　其他结算方式 …… (99)

第四单元　税收法律制度 ……………………………………………………（113）
模块一　税收概述 ……………………………………………………（113）
模块二　增值税 ……………………………………………………（119）
模块三　消费税 ……………………………………………………（131）
模块四　企业所得税 ……………………………………………………（142）
模块五　个人所得税 ……………………………………………………（150）
模块六　税收征收管理 ……………………………………………………（163）

参考文献 ……………………………………………………（178）

第一单元
会计诚信

模块一　诚信

【案例导入】

商鞅，战国时代政治家、改革家、思想家，法家代表人物。秦孝公即位后，任命商鞅担任左庶长，商鞅想要实施变法图强政策。当时，法令已经制定完备，但没有公布，商鞅唯恐百姓不信任，不按照新法令去做，就先叫人在都城的南门竖了一根三丈高的木杆，招募百姓搬动木头，并许诺“若有人能将此木搬到都城北门，官府就赏给十镒黄金。”百姓对此感到惊讶，没有人敢去搬木杆。商鞅就又宣布命令说：“有能够搬过去的就赏给五十镒黄金。”终于有一个人搬动木杆移到北门，官府立即赏给他五十镒黄金，以表明没有欺诈，官府是讲诚信的。有了百姓的信任，法令终于得以颁布实施。这就是商鞅“徙木立信”的故事。

【案例解析】

诚信是中华民族几千年的传统美德。“拉钩，上吊，一百年，不许变”，这句脍炙人口的童谣，让诚信做人的理念，从童年时期就印刻在中国人的脑海里。诚信既是个人的立身之本，也是一个民族、一个国家大的生存之基。

诚信在社会发展、国家建设中具有重大作用，习近平总书记从诸多方面做过重要论述。

【立德树人】

每个人都应当树立诚信意识，培养诚信品质。

当每个人都视诚信如生命，必能培育亲密清澈的人际交往，激发爱国主义情怀，中国一定能更自如地走向世界、赢得未来，必将实现中华民族的伟大复兴。

党的二十大报告提出：“弘扬诚信文化，健全诚信建设长效机制。”每个人都应深入学习宣传贯彻党的二十大精神，做诚信建设的践行者，厚植诚信理念和文化认同。

一、诚信的含义

诚信是一个道德范畴。从说文解字角度看，“诚信”二字，最初在我国古代典籍中是分开使用的。诚的原意是真实客观，无妄无欺；信的原意是人言谓定，诚实无欺。

“诚”，是中国伦理思想史的重要范畴，春秋战国时期已经形成道德理论，备受推崇。孟子曰：“是故诚者，天之道也；思诚者，人之道也。至诚而不动者，未之有也；不诚，未有能动者也。”《礼记·中庸》也讲：“诚者，天之道也，诚之者，人之道也。”这都说明诚不仅是天道本体的最高范畴，努力求诚以达到合乎诚的境界，也是为人之道。唐代经学家孔颖达在解释《周易》“修辞立其诚”时说：“诚，谓诚实也。”宋代理学家朱熹说：“诚者，真实无妄之谓。”可见，诚就是诚信、真实、无伪的意思。

“信”，也是中国伦理思想史的重要范畴。《说文·言部》说：“信，诚也”。《字汇·人部》说：“信，慤实也”，慤的意思是诚实、谨慎、厚道、朴实、恭谨。孔颖达在解释《礼记·礼运》中的“讲信修睦”时说：“信，不欺也”，即信是诚实的意思。从字的结构上看，信就是“从人从言”，人说出来的话要真实不欺，要兑现，也就是常言说的“一言既出，驷马难追”，不能反悔，一定要言而有信。

可见，“诚信”二字在原意上相通，可以互用，故许慎《说文》曰：“诚，信也；信，诚也。”程颐说：“诚则信矣，信则诚矣。”

春秋战国时期，诚信受到了高度的重视和广泛的论述。孔子指出：“言必信，行必果”，孔子还强调：“人无信不立”“人而无信，不知其可也。”诚信是为人处世、社会交往、治国理政之根本要求。所以，孔子把“信”列为四教（文、行、忠、信）和五德（恭、宽、信、敏、惠）的组成要素。西汉的董仲舒也将“信”作为“三纲五常”的重要组成部分。可见，诚信是中国自古普遍推崇的伦理道德规范要求，古老的中国也是饮誉中外的文明礼仪诚信之邦。

总之，诚信就是诚实、守信。诚实是指言行一致，不弄虚作假，不欺上瞒下，做老实人，说老实话，办老实事；守信就是遵守自己的诺言，讲信用，重信用，信守诺言，保守秘密。在我国，诚实守信，自古以来就作为道德的基本要求，是做人的基本准则。

诚实与守信具有内在的因果联系，诚实必须守信，守信也必须诚实。有诚无信，道德品质得不到推广和延伸；有信无诚，信就失去了根基，德就失去了依托。“言必行，行必果”是历代中国人待人处世的人生哲理。诚信既是个人的立身之本，也是一个民族、一个国家的生存之基。

二、习近平总书记关于“诚信”的重要论述

诚信是现代社会系统运行的生命线，它不仅关涉经济、政治和各项社会事业能否繁荣，而且也关涉人们的生活是否安康、和谐、幸福。诚信的缺失则意味着社会生活渐趋恶化，初则矛盾丛生、问题百出；终则造成严重的社会危机甚至导致群体生活的瓦解。

党的十八大以来，习近平总书记在不同场合围绕诚信主题做过不少重要论述，从战略高度为新时代中国的诚信文化建设提供了基本遵循。深入学习贯彻习近平新时代中国特色社会主义思想，一项重要内容就是要多维度研究习近平总书记关于诚信的重要论述，深刻领悟党的十八大以来关于诚信文化建设的战略部署和总体取向，推进新时代国家的诚信文化建设。

（一）历史维度：传承中华优秀传统诚信文化

党的十八大以来，习近平总书记高度重视中华优秀传统文化在建设社会主义文化强国、实现中华民族伟大复兴中国梦中的作用。习近平总书记指出：“中国优秀传统文化的丰富哲学思想、人文精神、教化思想、道德理念等，可以为人们认识和改造世界提供有益启迪，可以为治国理政提供有益启示，也可以为道德建设提供有益启发。”①

中华优秀传统文化是中华民族语言习惯、文化传统、思想观念、情感认同的集中体现，凝聚着中华民族普遍认同和广泛接受的道德规范、思想品格和价值取向，具有极为丰富的思想内涵。习近平总书记在十八届中央政治局第十三次集体学习时指出：“深入挖掘和阐发中华优秀传统文化讲仁爱、重民本、守诚信、崇正义、尚和合、求大同的时代价值，使中华优秀传统文化成为涵养社会主义核心价值观的重要源泉。”②

“讲仁爱、重民本、守诚信、崇正义、尚和合、求大同”，是中华优秀传统文化中思想道德、政治理念、价值追求、人格修养、独特品质、社会理想的精华，是中华传统美德和民族精神的高度概括，是涵养社会主义核心价值观的重要源泉，集中体现了中华优秀传统文化的思想精华、道德精髓、根本精神和核心思想理念，集中体现了中华民族的传统核心价值观。加强中华优秀传统文化教育，必须围绕“讲仁爱、重民本、守诚信、崇正义、尚和合、求大同”这一核心思想理念，逐步展开，不断深化，与时俱进。

习近平总书记在党的二十大报告中指出：“坚持和发展马克思主义，必须同中华优秀传统文化相结合。只有植根本国、本民族历史文化沃土，马克思主义真理之树才能根深叶茂。中华优秀传统文化源远流长、博大精深，是中华文明的智慧结晶，其中蕴含的天下为公、民为邦本、为政以德、革故鼎新、任人唯贤、天人合一、自强不息、厚德载物、讲信修睦、亲仁善邻等，是中国人民在长期生产生活中积累的宇宙观、天下观、社会观、道德观的重要体现，同科学社会主义价值观主张具有高度契合性。我们必须坚定历史自信、文化自信，坚持古为今用、推陈出新，把马克思主义思想精髓同中华优秀传统文化精华贯通起来、同人民群众日用而不觉的共同价值观念融通起来，不断赋予科学理论鲜明的中国特色，不断夯实马克思主义中国化时代化的历史基础和群众基础，让马克思主义在中国牢牢扎根。”③

从历史维度看，诚信文化是中华优秀传统文化的重要内容，习近平总书记关于中华优秀传统文化的重要论述，包含着关于中华优秀传统诚信文化的内容。

（二）价值维度：以诚信促进新时代中国特色社会主义建设

1. 以诚信促进党的建设

党员领导干部的诚信建设是衡量党的先进性的重要标准。习近平总书记强调：“各级领导干部要以身作则、率先垂范，说到的就要做到，承诺的就要兑现。”④“领导干部要把深入

---

① 党的十八大以来，习近平这样为传统文化“代言”. 新华网，2017 年 5 月 31 日.

② 加强中华优秀传统文化教育. 人民网，2017 年 8 月 31 日.

③ 高举中国特色社会主义伟大旗帜　为全面建设社会主义现代化国家而团结奋斗——习近平在中国共产党第二十次全国代表大会上的报告. 新华社，2022 年 10 月 25 日.

④ 十九届六中全会提到的领导干部能力素质，习近平这样要求. 中华人民共和国应急管理部官网，2021 年 12 月 7 日.

改进作风与加强党性修养结合起来，自觉讲诚信、懂规矩、守纪律，襟怀坦白、言行一致，心存敬畏、手握戒尺，对党忠诚老实，对群众忠诚老实，做到台上台下一种表现，任何时候、任何情况下都不越界、越轨。”① 可见，抓好党员领导干部的诚信建设，是习近平总书记关于诚信重要论述的价值取向。

2. 以诚信促进社会建设

党的十八届四中全会把社会诚信建设纳入全面推进依法治国的要求之中。习近平总书记强调诚信在和谐社会中的重要地位，指出：“诚信是和谐社会的基石和重要特征。”②

2014 年习近平总书记在北京大学师生座谈会上的讲话中说道：“我们提出要倡导富强、民主、文明、和谐，倡导自由、平等、公正、法治，倡导爱国、敬业、诚信、友善，积极培育和践行社会主义核心价值观。富强、民主、文明、和谐是国家层面的价值要求，自由、平等、公正、法治是社会层面的价值要求，爱国、敬业、诚信、友善是公民层面的价值要求。这个概括，实际上回答了我们要建设什么样的国家、建设什么样的社会、培育什么样的公民的重大问题。”③

3. 以诚信促进国家形象的建设

国家形象是一国软实力的重要体现，习近平总书记在对外交往中大力宣传中华民族的诚信品格，强调诚信在国际交往中的重要地位，以此树立良好的国家形象。

2013 年 10 月 3 日，习近平总书记在印度尼西亚国会的演讲上指出：“人与人交往在于言而有信，国与国相处讲究诚信为本。”④ 党的十八大以来，习近平总书记在国内外多个重要场合强调诚信的重要性。

习近平总书记十分重视诚信在国际关系建设中的巨大作用，诚信的相关论述可以作为中国在国际上树立国家形象的指南。2019 年 4 月 26 日，在第二届“一带一路”国际合作高峰论坛开幕式上，习近平主席再次向世界表明：“中国人历来讲求‘一诺千金’。我们高度重视履行同各国达成的多边和双边经贸协议，加强法治政府、诚信政府建设，建立有约束的国际协议履约执行机制……”⑤

（三）实践维度：推进诚信机制建设，促进社会经济健康发展

诚信是市场经济对企业的基本要求，是市场经济的基础。企业不讲诚信，失去信用，将导致公众对企业产品的信任危机，企业最终将丧失生存空间。因此，要以褒扬诚信、惩戒失信为重点，积极推进诚信长效机制建设，约束企业经营行为，确保良好的社会经济秩序。

习近平总书记强调，对突出的诚信缺失问题，既要抓紧建立覆盖全社会的征信系统，又要完善守法诚信褒奖机制和违法失信惩戒机制，使人不敢失信、不能失信。⑥

习近平总书记把守法与诚信置于企业经营的根本：“公有制企业也好，非公有制企业也

① 持之以恒正风肃纪．中央纪委国家监委网站．2018 年 9 月 10 日．

② 新时代中国诚信文化建设的行动指南．《北京日报》，2018 年 7 月 30 日．

③ 青年要自觉践行社会主义核心价值观——习近平在北京大学师生座谈会上的讲话．《中国青年报》，2014 年 10 月 11 日．

④ 习近平：坚持与邻为善以邻为伴　体现亲、诚、惠、容理念．人民网，2015 年 8 月 10 日．

⑤ 信用中国（陕西）．

⑥ 构建信用法治体系　破解诚信缺失难题。信用中国（山东），2021 年 2 月 20 日．

好，各类企业都要把守法诚信作为安身立命之本，依法经营、依法治企、依法维权。法律底线不能破，偷税漏税、走私贩私、制假贩假等违法的事情坚决不做，偷工减料、缺斤短两、质次价高的亏心事坚决不做。”①

三、《中华人民共和国民法典》之诚信

2020 年 5 月 28 日，十三届全国人民代表大会三次会议审议通过了新中国历史上首部《中华人民共和国民法典》（以下简称《民法典》）。这是中国特色社会主义法治体系建设进程中具有划时代意义的大事，是新时代中国特色社会主义法治建设的重大成果。《民法典》的颁布对于完善中国特色社会主义法治体系、推进国家治理体系和治理能力现代化，推进全面依法治国，切实维护好最广大人民的根本利益，促进社会公平正义具有重要意义。

《民法典》是一部社会生活的百科全书，是人民民事权利的保护法典，分为七编（依次为总则编、物权编、合同编、人格权编、婚姻家庭编、继承编、侵权责任编）以及附则，共 1260 条，确立了平等原则、自愿原则、公平原则、诚信原则、守法与公序良俗原则和绿色原则等基本原则，于 2021 年 1 月 1 日起施行。

《民法典》将作为一项社会主义核心价值观的诚信法律化。第一编《总则》，第一章基本规定中的第七条中有：“民事主体从事民事活动，应当遵循诚信原则，秉持诚实，恪守承诺。”第三编《合同》中多处规定当事人行使权利、履行义务应当遵循诚实原则。第四编《人格权》也涉及诚信相关条款。

诚信原则，是指民事主体在从事任何民事活动，包括行使民事权利和履行民事义务、承担民事责任时，都应秉持诚实、善意的态度，不诈不欺，言行一致，信守诺言。

诚信原则是民法最为重要的基本原则，被称为“帝王原则”。诚信原则起源于古罗马裁判官采用的一项司法原则，后来逐渐扩展到适用于一切民事权利的行使和民事义务的履行。

从民法角度分析，诚信具有以下主要作用：

（1）诚信对民事活动具有强制调整作用。诚信被《民法典》确定为法律条款后，已经不再是单纯的一项道德规范，同时也成为一项法律规范，具有法律强制性，设定了民事主体在民事活动中必须满足的最低限度的道德标准，它要求民事主体在民事活动中积极实现特定道德要求。法律化的诚信是将道德规范与法律规范合为一体，同时具有法律调整和道德调整的双重功能。

（2）诚信能够平衡民事主体之间的利益、当事人与社会之间的利益。一般认为，诚实信用原则的基本含义是民事主体从事民事活动，应当遵循诚信原则，秉持诚实，恪守承诺，在追求自己利益的同时不损害他人和社会利益，要求民事主体在民事活动中维持双方的利益以及当事人利益与社会利益的平衡。只有平衡各方利益才能实现社会公平正义，维护良好的社会经济秩序，保证社会经济的健康运行，因此，诚信是市场经济活动的道德基础。

（3）诚信可以指导当事人正确行使权利履行义务。诚信原则作为一项广泛适用性的民事行为规范，向当事人清晰地警示了什么行为会受到法律保护，什么行为是法律所不允许的；当事人应如何正确行使权利和履行义务，才不会对他人合法权益和社会公共利益造成损

① 习近平．毫不动摇坚持我国基本经济制度 推动各种所有制经济健康发展．新华社，2016 年 3 月 9 日．

害，这就对当事人如何从事民事活动起着指导和规范的作用。

（4）诚信对民事法律行为的评价作用。诚实信用原则作为民法的一项基本指导原则，可以对当事人的法律行为进行裁量和判断，决定其法律效力以及引起的法律责任，从而补充和完善已有的法律行为，使之更符合社会公正与公平。

四、社会主义核心价值观

诚信，是新时代中国公民应当树立的一种价值观，是社会主义核心价值观所要求的，它是社会主义核心价值观的组成部分。

社会主义核心价值观是一套完整的价值理论体系，对诚信的深度理解，要建立在全面理解社会主义核心价值观的基础之上。

党的十八大提出，富强、民主、文明、和谐是国家层面的价值目标，自由、平等、公正、法治是社会层面的价值取向，爱国、敬业、诚信、友善是公民个人层面的价值准则，这24个字是社会主义核心价值观的基本内容。从理论层面和具体操作层面对社会主义核心价值体系进行了高度概括和凝练，其中诚信是公民基本的道德规范，是个人精神层面的价值准则，也是评价公民道德行为选择的基本价值标准。

（1）“富强、民主、文明、和谐”，是我国社会主义现代化国家的建设目标，也是从价值目标层面对社会主义核心价值观基本理念的凝练，在社会主义核心价值观中居于最高层次，对其他层次的价值理念具有统领作用。富强即国富民强，是社会主义现代化国家经济建设的应然状态，是中华民族梦寐以求的美好夙愿，也是国家繁荣昌盛、人民幸福安康的物质基础。民主是人类社会的美好诉求。我们追求的民主是人民民主，其实质和核心是人民当家作主。它是社会主义的生命，也是创造人民美好幸福生活的政治保障。文明是社会进步的重要标志，也是社会主义现代化国家的重要特征。它是社会主义现代化国家文化建设的应有状态，是对面向现代化、面向世界、面向未来的，民族的、科学的、大众的社会主义文化的概括，是实现中华民族伟大复兴的重要支撑。和谐是中华优秀传统文化的基本理念，集中体现了学有所教、劳有所得、病有所医、老有所养、住有所居的生动局面。它是社会主义现代化国家在社会建设领域的价值诉求，是经济社会和谐稳定、持续健康发展的重要保证。

（2）“自由、平等、公正、法治”，是对美好社会的生动表述，也是从社会层面对社会主义核心价值观基本理念的凝练。它反映了中国特色社会主义的基本属性，是中国共产党矢志不渝、长期实践的核心价值理念。自由是指人的意志自由、存在和发展的自由，是人类社会的美好向往，也是马克思主义追求的社会价值目标。平等指的是公民在法律面前一律平等，其价值取向是不断实现实质平等。它要求尊重和保障人权，人人依法享有平等参与、平等发展的权利。公正即社会公平和正义，它以人的解放、人的自由平等权利的获得为前提，是国家、社会自然的根本价值理念。法治是治国理政的基本方式，依法治国是社会主义民主政治的基本要求。它通过法治建设来维护和保障公民的根本利益，是实现自由平等、公平正义的制度保证。

（3）“爱国、敬业、诚信、友善”，是公民基本道德规范，是从个人行为层面对社会主义核心价值观基本理念的凝练。它覆盖社会道德生活的各个领域，是公民必须恪守的基本道德准则，也是评价公民道德行为选择的基本价值标准。爱国是基于个人对自己祖国依赖关系的深厚情感，也是调节个人与祖国关系的行为准则。它同社会主义紧密结合在一起，要求人们以振兴中华为己任，促进民族团结、维护祖国统一、自觉报效祖国。敬业是对公民职业行为准则的价值评价，要求公民忠于职守、克己奉公、服务人民、服务社会，充分体现了社会主义职业精神。诚信即诚实守信，是人类社会千百年传承下来的道德传统，也是社会主义道德建设的重点内容，它强调诚实劳动、信守承诺、诚恳待人。友善强调公民之间应互相尊重、互相关心、互相帮助，和睦友好，努力形成社会主义的新型人际关系。

中华民族在长达数千年的历史发展中，形成了源远流长的优良传统道德，诚信是其中最引人注目的一颗明珠。以诚实守信为荣，这不仅是中华民族每个公民的立身处世之本，更是我们国家得以繁衍生息、欣欣向荣的强大精神支柱。君子立言，一诺千金；君子处世，诚信为本。将诚信二字内化于心、外化于行，切实践行社会主义核心价值观是每一个公民义不容辞的责任。

习近平总书记指出：“如果一个民族、一个国家没有共同的核心价值观，莫衷一是，行无依归，那么这个民族、这个国家就无法前进。这样的情形，在我国历史上，在当今世界上，都屡见不鲜。”①

五、中国学生的核心素养

诚信是中国学生的一项核心素养。

核心素养指中国学生应具备的适应终身发展和社会发展需要的必备品格和关键能力，突出强调学生的文化基础、社会参与、自主发展三个方面。核心素养具体包括六大素养、十八个基本要点，如图 1－1 所示。

图 1－1　中国学生核心素养

① 习近平．国无德不兴，人无德不立．人民网，2018 年 12 月 11 日．

核心素养是党的教育方针的具体化，是连接宏观教育理念、培养目标与具体教育教学实践的中间环节。核心素养也是对素质教育内涵的具体阐述，可以使新时期素质教育目标更加清晰，内涵更加丰富，也更加具有指导性和可操作性。确定学生发展核心素养是落实立德树人根本任务的一项重要举措，也是适应世界教育改革发展趋势、提升我国教育国际竞争力的迫切需要。

诚信是新时期“全面的人”不可或缺的一项核心素养内容，诚信的培养关乎国家、民族的兴衰、存亡。

诚信作为中国几千年伦理思想的凝练，已成为一种道德品质。在核心素养中，诚信归为社会责任，社会责任重点内容包括：自尊自律，文明礼貌，诚信友善，宽和待人；孝亲敬长，有感恩之心；热心公益和志愿服务，敬业奉献，具有团队意识和互助精神；能主动作为，履职尽责，对自我和他人负责；能明辨是非，具有规则与法治意识，积极履行公民义务，理性行使公民权利；崇尚自由平等，能维护社会公平正义；热爱并尊重自然，具有绿色生活方式和可持续发展理念及行动等。

【同步练习】

同步练习

模块二　社会信用体系

【案例导入】

2017 年 12 月 12 日，中国会计服务行业诚信体系建设会议在北京裕龙国际酒店成功举办。本次峰会由中国总会计师协会主办，中国总会计师协会代理记账行业分会联合主办，北京华财会计股份有限公司、浪潮易云在线科技有限公司、浦发银行承办。财政部、国税总局、中国总会计师协会、浦发银行、浪潮集团、华财会计相关领导及全国各省市的代理记账行业协会会长、副会长、秘书长，中国代理记账行业协会领军会员企业代表等 300 余人参加了本次大会。财政部法律顾问、财政部条法司原司长许大华为与会嘉宾做了关于“法律与会计诚信体系建设”的主题演讲。许大华认为，构建会计行业诚信体系建设至关重要，其构建路径主要从以下四个方面来进行，包括：完善会计法律制度、充分发挥行业协会作用、完善公司治理结构和内部控制制度、加强会计人员的诚信教育。

【案例解析】

随着市场经济的发展和经济全球化进程的加快，会计改革不断深入，会计专业性和技术性日趋复杂，会计行业越来越为世人所瞩目，中国会计行业必将走向世界，其执业水平和执业作风必将经过严峻的考验。会计人员必须从自身做起，以严明的道德规范和法律制度约束自己，以高尚的职业道德感召他人。因此会计诚信建设应当与时俱进，适应社会经济发展形势，积极构建社会信用体系，加快建章立制，强化构建以信用为基础的新型监管机制，全面实施褒扬诚信、惩戒失信机制。

习近平总书记指出，“随着中国进入新发展阶段，改革也面临新任务，我们将拿出更大勇气、更多举措破除深层次体制机制障碍，推进国家治理体系和治理能力现代化。”① 社会信用体系建设对治理体系和治理能力现代化的实现具有重大意义。

【立德树人】

每个人都应当树立诚信文化理念、弘扬诚信传统美德，构建优良信用环境，共同推进中国社会信用体系建设，促进社会信用总体水平的提高，促进国家整体竞争力的提升，促进社会发展与文明进步。

一、社会信用体系建设

（一）社会信用体系的概念

社会信用体系是以法律、法规、标准和契约为依据；以建立和完善信用信息共享机制为核心；以信用服务市场的培育和形成为动力；以信用服务行业主体竞争力的不断提高为支撑；以树立诚信文化理念、弘扬诚信传统美德为内在要求；以政府强有力的监管体系作为保障的国家社会治理机制。从本质上讲，它是一种社会机制，是社会主义市场经济体制和社会治理体制的重要组成部分。

（二）社会信用体系建设的目的和意义

社会信用体系建设的目的是构建守信激励和失信约束的奖惩机制，最终提高全社会的诚信意识和信用水平。

加快社会信用体系建设是全面落实党的十九大精神、构建社会主义和谐社会的重要基础，是完善社会主义市场经济体制、加强和创新社会治理的重要手段，对增强社会成员诚信意识、营造优良信用环境、提升国家整体竞争力、促进社会发展与文明进步具有重要意义。

（三）社会信用体系建设规划

根据党的十八大提出的“加强政务诚信、商务诚信、社会诚信和司法公信建设”的理念，党的十八届三中全会提出了“建立健全社会征信体系，褒扬诚信，惩戒失信”，《中共中央、国务院关于加强和创新社会管理的意见》提出了“建立健全社会诚信制度”，以及

① 习近平2020年11月19日在出席亚太经合组织工商领导人对话会上的主旨演讲.

《中华人民共和国国民经济和社会发展第十二个五年规划纲要》提出了“加快社会信用体系建设”的总体要求，国务院制定《社会信用体系建设规划纲要（2014—2020）》（以下简称《信用规划纲要》），提出推进重点领域诚信建设。

《信用规划纲要》提出重点加强公证仲裁类、律师类、会计类、担保类、鉴证类、检验检测类、评估类、认证类、代理类、经纪类、职业介绍类、咨询类、交易类等机构信用分类管理，探索建立科学合理的评估指标体系、评估制度和工作机制。

当前，社会信用体系建设面临的四大任务是：要进一步推进信用信息开放共享；要加快培育信用服务市场；要切实提高司法制度效力；努力探索信用制度创新应用。

二、会计诚信与社会信用的关系

社会信用是指在社会交往中由承诺的兑现程度所形成的社会关系，而且是一种基础性的社会关系。就会计诚信与社会信用的关系而言，两者是一种包容关系，社会信用包含会计诚信，会计诚信是社会信用的重要构成内容和板块。

会计诚信可理解为会计行业的信用，表现为会计信息供应（鉴定）主体与社会及个人之间相互关系的基础性道德和行为规范。会计诚信的基本内容是要客观公正、真实可靠地把社会经济活动反映出来，为会计诚信当事人提供会计信息服务。

在社会信用体系的主体架构中，会计诚信分属于个人信用体系、企业信用体系和行业（机构）信用体系中的一部分，也是社会信用大系统的子系统。但由于会计信息和会计工作在现代市场经济中的影响和作用，会计诚信在社会信用体系中的地位和重要性大大提升。会计诚信会受到社会大环境及其他行业和环节诚信的影响和制约，可见，会计诚信建设不可孤立进行，应该在社会信用体系的框架下，作为一个系统工程进行建设。

会计诚信与社会信用之间既有区别又有联系。

1. 两者之间的联系

会计诚信是与之相对应的社会信用的必要条件，是社会信用的思想道德基础和精神支柱，会计诚信是社会信用体系建设的主要内容。信用要求个人和法人有诚信，诚信是维系信用关系的纽带。会计诚信经过一定时间的建设与发展，便会形成特定主体的信用概念，它是会计诚信的一种状态或程度。社会信用关系也能反映特定主体的诚信道德品质。

2. 两者之间的区别

社会信用在现实生活中主要是一个经济范畴，反映人们之间客观的经济交往关系，主要体现为法律制度，具有强制性和规范性；而会计诚信主要属于道德范畴，用于会计行为，是道德规范。

三、会计人员个人诚信建设

会计工作主管部门及会计行业组织，应当根据《中华人民共和国会计法》和《社会信用体系建设规划纲要（2014—2020 年）》《国务院办公厅关于加强个人诚信体系建设的指导意见》《国务院关于建立完善守信联合激励和失信联合惩戒制度加快推进社会诚信建设的指导意见》，强化会计诚信建设，建立健全会计人员守信联合激励和失信联合惩戒机制，推动会计行业进一步提高诚信水平，促进社会信用体系的建设。

（一）会计人员个人诚信建设的指导思想

全面贯彻党的十九大精神，以习近平新时代中国特色社会主义思想为指导，认真落实党中央、国务院决策部署，以培育和践行社会主义核心价值观为根本，完善会计职业道德规范，加强会计诚信教育，建立严重失信会计人员“黑名单”，健全会计人员守信联合激励和失信联合惩戒机制，积极营造“守信光荣、失信可耻”的良好社会氛围。

（二）会计人员个人诚信建设的基本原则

1. 政府推动，社会参与

充分发挥财政部门和中央主管单位在会计人员诚信建设中的组织管理和监督指导作用，加强与相关执法部门统筹协调，建立联动机制，引导包括用人单位在内的社会力量广泛参与，充分发挥会计行业组织作用，共同推动会计人员诚信建设。

2. 健全机制，有序推进

建立健全加强会计人员诚信建设的体制机制，有序推进会计人员信用档案建设，规范会计人员信用信息采集和应用，稳步推进会计人员信用状况与其选聘任职、评选表彰等挂钩，逐步建立会计人员守信联合激励和失信联合惩戒机制。

3. 加强教育，奖惩结合

把教育引导作为提升会计人员诚信意识的重要环节，加大守信联合激励与失信联合惩戒实施力度，发挥行为规范的约束作用，使会计诚信内化于心、外化于行，成为广大会计人员的自觉行动。

（三）会计人员个人诚信建设的主要内容

1. 增强会计人员诚信意识

（1）强化会计职业道德约束。会计工作主管部门及会计行业组织应根据会计工作特点，进一步完善会计职业道德规范的内涵，引导会计人员自觉熟悉法规、勤勉尽责、参与管理、强化服务，不断提高专业胜任能力；督促会计人员坚持诚信为本、操守为重、坚持准则、不做假账，不断提高职业操守。鼓励用人单位建立会计人员信用管理制度，组织签署入职诚信承诺书，强化会计人员诚信责任。

（2）加强会计诚信教育。财政部门、业务主管部门和会计行业组织要采取多种形式，广泛开展会计诚信教育，大力弘扬会计诚信理念，不断提升会计人员诚信意识。要将会计诚信教育纳入会计人员继续教育内容，并作为会计人员继续教育的必修内容。会计人员包括具有会计专业技术资格的人员，或不具有会计专业技术资格但从事会计工作的人员。财会类专业教育应当开设会计诚信教育课程，努力提高会计后备人才的诚信意识。此外，要充分发挥新闻媒体对会计诚信建设的宣传教育、舆论监督等作用。

2. 加强会计人员信用档案建设

会计人员信用档案建设应当依托省级会计人员管理系统、全国统一信用信息平台实施。

省级财政部门的会计管理机构按国务院财政部门的要求搭建省级会计人员管理系统，通过管理系统采集会计人员相关信息，为会计人员量身定制“会计人身份证”，完善会计人员信息档案（包括信用档案），将来可以对接公民统一社会信用代码管理。管理系统中基本信息和基础数据维护管理，对社会和广大会计人员提供服务等功能均在外网实现。财政部在此基础上将构建全国统一的会计人员信用信息平台。

省级会计人员管理系统一般应包括会计人员基础信息、专业技术资格信息、会计继续教育信息、高端会计人才信息、会计人员信用信息（守信、失信）、会计人员调转、会计人员信息变更等功能模块，实现基础数据及其变动情况在模块间的联动、共享，并可实时统计、查询。会计人员在省级会计人员管理系统进行信息登记时，须阅读并同意关于本人信息真实准确的承诺函，同时上传身份证明、学历学位证、工作证明或者学生证明等相关附件。

会计人员信用档案建设应重点做好以下工作：

（1）建立严重失信会计人员“黑名单”制度。将有提供虚假财务会计报告，做假账，隐匿或者故意销毁会计凭证、会计账簿、财务会计报告，贪污，挪用公款，职务侵占等违法行为的会计人员，作为严重失信会计人员列入“黑名单”，纳入全国信用信息共享平台，依法通过“信用中国”网站（https：//www. creditchina. gov. cn/）等途径，向社会公开披露相关信息。将“黑名单”中严重失信个人列为重点监管对象，依法依规采取行政性约束和惩戒措施。主管部门及企事业单位对严重失信个人可以采取差别化服务。

（2）建立会计人员信用信息管理制度。制定会计人员信用信息管理办法，规范会计人员信用评价、信用信息采集、信用信息综合利用、激励惩戒措施等，建立会计人员信息纠错、信用修复、分级管理等制度，建立健全会计人员信用信息体系。

3. 健全会计人员守信联合激励和失信联合惩戒机制

（1）为守信会计人员提供更多机会和便利。将会计人员信用信息作为先进会计工作者评选、会计职称考试或评审、高端会计人才选拔等资格资质审查的重要依据。鼓励用人单位依法使用会计人员信用信息，优先聘用、培养、晋升具有良好信用记录的会计人员。

（2）对严重失信会计人员实施约束和惩戒。在先进会计工作者评选、会计职称考试或评审、高端会计人才选拔等资格资质审查过程中，对严重失信会计人员实行“一票否决制”。对于严重失信会计人员，依法取消其已经取得的会计专业技术资格；被依法追究刑事责任的，不得再从事会计工作。支持用人单位根据会计人员失信的具体情况，对其进行降职、撤职或解聘。

（3）建立失信会计人员联合惩戒机制。财政部门和中央主管单位应当将发现的会计人员失信行为，以及相关执法部门发现的会计人员失信行为，记入会计人员信用档案。支持会计行业组织依据法律和章程对会员信用情况进行管理。加强与有关部门合作，建立失信会计人员联合惩戒机制，实现信息的互换、互通和共享。

四、会计诚信机制的建设与实施

（一）会计诚信机制的建设

中国新时代经济形势下，社会经济活动日趋复杂、多变，要维护良好的经济秩序，建立良好的单位信用，强化会计人员诚信的建设是非常关键的，就目前来讲，这项工作任重道远。由于相关的法律制度的缺陷、会计诚信的管理机制不健全与不完善，严重的会计失信行为屡有发生。这些失信行为的发生，严重破坏社会经济秩序，危害巨大，给社会、国家造成不可估量的损失。因此，加强会计诚信体系建设，构建会计诚信管理机制，积极实施守信联合激励和失信联合惩戒，迫在眉睫。

会计诚信管理机制的运行与实施需要与之配套的法律制度、规定作支撑。随着社会信用体系建设的不断推进，中央各部门、地方政府会进行立法或出台规定，使信用体系建设步入法治轨道。国家已部署首批社会信用体系建设示范城市，包括杭州市、南京市、厦门市、成都市、苏州市、宿迁市、惠州市、温州市、威海市、潍坊市、义乌市、荣成市12个城市，这些城市均已进行相应立法，如《厦门经济特区社会信用条例》《威海市个人信用积分管理办法》《荣成市社会成员信用积分和信用评价管理办法》等，给予诚信建设法治保障。

会计诚信机制的建设与实施主要的指导性文件如下：

1.《社会信用体系建设规划纲要（2014—2020年）》（国发〔2014〕21号）

文件主旨是以守信激励和失信约束为奖惩机制，提高全社会的诚信意识和信用水平。推进重点领域诚信建设，将重点加强公证仲裁类、律师类、会计类、担保类、鉴证类、检验检测类、评估类、认证类、代理类、经纪类、职业介绍类、咨询类、交易类等机构信用分类管理，作为社会信用建设工作的突破口。它是社会信用建设的纲领性文件。

2.《国务院关于建立完善守信联合激励和失信联合惩戒制度加快推进社会诚信建设的指导意见》（国发〔2016〕33号）

文件的主要内容是：健全褒扬和激励诚信行为机制；健全约束和惩戒失信行为机制；构建守信联合激励和失信联合惩戒协同机制。其重点在于激励与惩戒的联合，使之在社会体系中形成合力，加大践行社会主义核心价值观的力度，营造良好的社会环境。

守信联合激励和失信联合惩戒协同机制包括：建立触发反馈机制；实施部省协同和跨区域联动；建立健全信用信息公示机制；建立健全信用信息归集共享和使用机制；规范信用红黑名单制度；建立激励和惩戒措施清单制度；建立健全信用修复机制；建立健全信用主体权益保护机制；建立跟踪问效机制。

3.《国务院办公厅关于加强个人诚信体系建设的指导意见》（国办发〔2016〕98号）

文件的主要内容是：以培育和践行社会主义核心价值观为根本，大力弘扬诚信文化，加快个人诚信记录建设，完善个人信息安全、隐私保护与信用修复机制，健全守信激励与失信惩戒机制，使守信者受益、失信者受限，让诚信成为全社会共同的价值追求和行为准则，积极营造“守信光荣、失信可耻”的良好社会氛围。

4.《关于加强会计人员诚信建设的指导意见》（财会〔2018〕9号）

该文件由财政部制定发布，主要内容是：以培育和践行社会主义核心价值观为根本，完善会计职业道德规范，加强会计诚信教育，建立严重失信会计人员“黑名单”，健全会计人员守信联合激励和失信联合惩戒机制，积极营造“守信光荣、失信可耻”的良好社会氛围。

5.《关于对会计领域违法失信相关责任主体实施联合惩戒的合作备忘录》（发改财金〔2018〕1777号，以下简称《合作备忘录》）

《合作备忘录》明确，联合惩戒对象为在会计工作中违反《会计法》《公司法》《证券法》，以及其他法律、法规、规章和规范性文件，违背诚实信用原则，被财政部门及相关部门依法认定为存在严重违法失信行为的会计人员。

《合作备忘录》明确，认定联合惩戒对象名单的相关部门和单位通过全国信用信息共享平台将会计领域违法失信当事人的相关信息推送给财政部，并及时更新。财政部定期梳理汇总后通过全国信用信息共享平台向签署《合作备忘录》的其他部门和单位提供会计领域违法失信当事人信息，同时将建立惩戒效果定期通报机制，有关单位将联合惩戒实施情况通过全国信用信息共享平台反馈至国家发改委和财政部。

《合作备忘录》提出的联合惩戒措施共 21 项，包括罚款、限制从事会计工作、追究刑事责任等惩戒措施等，以此构建“一处失信、处处受限”的信用惩戒大格局。

《合作备忘录》还明确了信用修复的相关程序。会计领域违法失信当事人在规定期限内主动纠正违法失信行为、消除不良影响、履行信用修复相关程序的，可根据法律法规和相关规定从联合惩戒对象名单中退出，不再对其实施联合惩戒。

《合作备忘录》要求，在积极落实《合作备忘录》之外，各部门还应积极推动修改相关领域法律法规，制定修改部门规章和规范性文件，指导和要求相关领域内部各层级单位依法依规实施具体、严格、有效的惩戒措施。

（二）会计人员个人诚信建设的组织与实施

会计诚信建设的实施要构建“部门联动，社会协同”组织实施模式。通过信用信息公开和共享，建立跨地区、跨部门、跨领域的联合激励与惩戒机制，形成政府部门协同联动、行业组织自律管理、信用服务机构积极参与、社会舆论广泛监督的共同治理格局。

1. 加强组织领导

财政部门和中央主管单位要高度重视会计人员诚信建设工作，根据本地区（部门）关于社会信用体系建设的统一工作部署，统筹安排，稳步推进。具体包括下列措施：

（1）政策的研究与制定。结合会计诚信建设的实际情况，积极进行政策的研究，不断完善配套制度建设，科学指导会计人员诚信建设工作。

（2）建设的监督与检查。在会计诚信建设过程中，构建监督检查机制，及时发现问题，及时解决问题，确保会计人员诚信建设工作政策措施落地生根。

（3）部门的沟通与协调。会计诚信的建设，要积极实施守信联合激励和失信联合惩戒机制，包括财政部门和业务主管部门在内的各相关部门要密切沟通与协调，相互支持形成合力，建立联席制度，共同推动会计人员诚信建设工作的有效开展。

2. 财政部门的组织与推动

国务院财政部门主管全国的会计诚信建设工作，各级财政部门和业务主管部门应当担负起组织与推动本地区会计人员诚信建设的责任，把会计人员诚信建设的各项工作进行全面实施，提高本地区、本部门会计人员诚信水平，使会计诚信内化于心、外化于行，保证会计质量的提高。

3. 征信系统的管理与监督

征信机构开展征信业务，应建立以企事业单位及其他社会组织、个人为对象的征信系统，依法采集、整理、保存、加工会计人员个人的信用信息，并采取合理措施保障信用信息的准确性。各企事业单位、各会计人员要支持征信机构建立征信系统。

征信机构要根据有关需求，对外提供专业化的征信服务，建立会计人员信用信息纠错、修复机制，促进会计人员诚信建设。

4. 会计行业自律

会计人员诚信建设应当充分发挥中国注册会计师协会、中国总会计师协会等会计行业组织的作用，以会计诚信建设为主线，改革和完善会计行业自律机制，有效发挥自律机制在会计诚信建设中的促进作用。

5. 企事业单位内部监督

企事业单位要严格实施内部控制措施，形成内部约束机制，规范单位内部行为，防范舞弊行为，营造良好的会计诚信建设环境，使会计人员自觉做到“诚信为本，操守为重，坚持准则，不做假账”。

6. 社会各界的监督与支持

政府主管部门推动，社会各界力量参与监督、支持是会计诚信建设必不可少的重要条件。会计诚信建设不仅是某一个部门、单位的任务，更是各地区、各系统、各社会部门共同的责任，广泛开展会计职业道德的宣传教育，加强舆论监督，在全社会会计人员中倡导“以诚信为荣，以失信为耻”的职业道德意识，引导会计人员自觉加强诚信修养。

7. 广泛宣传动员

财政部门、中央主管单位和会计行业组织要充分利用报纸、广播、电视、网络等渠道，加大对会计人员诚信建设工作的宣传力度，教育引导会计人员和会计后备人员不断提升会计诚信意识。要积极引导社会各方依法依规利用会计人员信用信息，褒扬会计诚信，惩戒会计失信，扩大会计人员信用信息的影响力和警示力，使全社会形成崇尚会计诚信、践行会计诚信的社会风尚。

【拓展学习】

国务院办公厅关于
加强个人诚信体系
建设的指导意见
（国办发〔2016〕98 号）

【同步练习】

同步练习

模块三　会计诚信概述

【案例导入】

2021年3月25日，财政部发布《中华人民共和国财政部会计信息质量检查公告》。

依据《中华人民共和国会计法》，针对人民群众长期反映的药价虚高顽疾，财政部会同国家医保局于2019年对77家医药企业实施会计信息质量检查。检查聚焦医药产品成本费用结构，摸清了药价虚高成因，震慑了医药企业带金销售、哄抬药价等违规行为，保障了药品集中带量采购等重大改革的顺利推进。

经查，检查中发现部分医药企业存在大量违法、失信行为：一是使用虚假发票、票据套取资金体外使用；二是虚构业务事项或利用医药推广公司套取资金；三是账簿设置不规范等其他会计核算问题。上述行为，违反《中华人民共和国会计法》第九条等规定。

其中，在对江苏豪森药业集团有限公司的检查中发现，该公司存在以下问题：一是2018年列支咨询评审费、广告宣传费，后附部分发票，经查询国家税务总局全国增值税发票查验平台，结果为“查无此票”或“不一致”，涉及金额1.29亿元。二是2018年虚列27家信息咨询服务部的咨询评审费1600万元。三是2018年列支会议费的后附部分资料不实，涉及金额274.06万元。四是2018年虚增办公用品费481.71万元，后附发票显示购买产品为笔、笔记本等，经查，实际并未购买。

【案例解析】

上述案例显现出来的主要问题是会计诚信缺失。面对频发的会计诚信缺失事件，国家相关部门已经积极推进诚信建设制度化，着力营造讲诚实、守信用的舆论环境、经济环境、社会环境，为实现中华民族伟大复兴的中国梦提供有力道德支撑。会计诚信建设尤其重要，它是社会经济秩序的有力保障。

国务院目前已制定并实施《社会信用体系建设规划纲要（2014—2020年）》。这份政策文件中，明确发展目标为：到2020年，社会信用基础性法律法规和标准体系基本建立，以信用信息资源共享为基础的覆盖全社会的征信系统基本建成，信用监管体制基本健全，信用服务市场体系比较完善，守信激励和失信惩戒机制全面发挥作用。政务诚信、商务诚信、社会诚信和司法公信建设取得明显进展，市场和社会满意度大幅提高。随着国家相关法律、政策、文件的出台，社会信用缺失、会计失信等现象必将得到有效遏制。

在新的历史条件下，我国必须坚持依法治国和以德治国相结合，使法治和德治在国家治理中相互补充、相互促进、相得益彰，推进国家治理体系和治理能力现代化。推进会计诚信建设是以德治国的具体要求。

【立德树人】

会计人员讲究会计诚信是底线，应当树立法律意识，认真履行法律法规的各项义务，争做守法守信的表率，引领会计职业健康发展，为推动依法治国和以德治国作出积极贡献。

党的二十大提出："构建高水平社会主义市场经济体制。完善产权保护、市场准入、公平竞争、社会信用等市场经济基础制度，优化营商环境。"由此可以看出，社会信用对于社会主义市场经济的作用很大。诚信是社会信用的基础和构成部分，会计人员讲诚信对于社会经济而言意义重大。

一、会计及其作用

会计被称为一种商业语言，在社会经济活动中必不可少。马克思指出，会计是对生产过程的控制和观念的总结。具体来讲，会计以货币作为主要计量单位，运用一系列专门的方法，对企事业单位经济活动进行连续的、系统的、全面的和综合的核算和监督，并对外提供有用会计信息。

经济越发展，会计就越重要。会计在社会经济的发展中发挥着独特的作用：

（1）会计通过提供有用的会计信息满足信息使用者需要，准确掌握企业的财务状况、财务成果、现金流量等信息。这些会计信息使用者包括投资者、债权人、政府机构、社会公众等。它有助于提高企业经营透明度，规范企业行为。

（2）会计可以提供对决策有用的信息，有助于企业加强经营管理，提高经济效益，促进企业可持续发展。一个企业若是离开了会计，将无法生存。

（3）会计有助于考核企业管理层经济责任的履行情况。现代化企业的所有权和经营权相分离，企业管理层受委托者的委托经营和管理企业。会计应提供会计信息充分体现企业管理层受托责任的履行情况，帮助委托者评价企业经营业绩和资源使用的效益。

（4）全面客观的会计信息对我国经济的发展与调控起着支撑的作用。在市场经济发展过程中，国家要采取各种政策与措施对宏观经济进行调控，使市场经济健康发展，而这些政策、措施的主要依据就来源于会计信息。

（5）会计可以促进经济社会发展。会计在会计核算的基础上，进行分析、评价、预测、决策等，可优化社会经济资源的配置；科学的会计准则能够有效提升社会经济的发展质量；先进的会计制度可以增加财政收入。

从古至今，会计工作在经济领域一直受到高度重视，会计信息在这其中起着主体性作用。会计信息失真对经济社会的危害，小则误导个人、企业决策，导致家庭败落、企业倒闭；大则影响国家宏观经济调控，导致整个国民经济衰退。《孟子·万章下》记载了孔子"会计当而已矣"的思想，强调会计工作要恰当、适当、得当，指出会计人员要有诚实守信的思想意识，在工作中始终保持应有的独立、公平和正直。

二、会计诚信的含义

潘序伦先生明确指出："立信，乃会计之本，没有信用，也就没有会计。"诚信是会计与生俱来的品质，是会计赖以生存的基础。

什么是会计诚信呢？

会计诚信是指生产、提供会计信息的相关人员，在从事与会计信息有关的工作时，应当遵循的以诚实守信、保守秘密为基本要求，以运用合法、合理的技术和方法，保证会计信息的真实性、合法性和公允性为目标，体现当事人之间诚信关系的一种会计职业道德。

会计诚信当事人包括会计人员、特定主体、投资者、债权人、政府机构、社会公众等会计信息生产者、提供者、使用者。

2001 年时任总理的朱镕基同志在视察北京国家会计学院时，为北京国家会计学院题词："诚信为本，操守为重，坚持准则，不做假账。"这是对广大会计人员和注册会计师最基本的要求。

三、会计诚信的基本内容

诚信的内容包括言行与思想一致，不弄虚作假，不欺上瞒下，做老实人，说老实话，办老实事；信守诺言，保守秘密。

"诚信"相对于会计职业的基本内容应当包括：

1. 敬重会计职业，热爱会计岗位

爱岗和敬业，互为前提，相互支持，相辅相成。"爱岗"是"敬业"的基石，"敬业"是"爱岗"的升华。爱岗敬业指的是忠于职守的事业精神，这是职业道德的基础，也必然是会计诚信的基础。

敬事而信，敬业乐群。一个忠于事业、敬重职业、热爱岗位、讲究诚信的人，必将作出非凡的贡献。

2. 履职尽责，勇于担当

履职尽责就是尽最大努力履行职责，兢兢业业，老实做事，干好本职工作，无愧于心。勇于担当就是要勇于承担责任，有责任即有担当，担当作为一种精神、一种品质，深深根植于中华优秀传统文化的土壤中，曾子曰："士不可以不弘毅，任重而道远。"

尽职尽责，勇于担当，自然地融合为一个整体，是会计诚信的具体体现。

3. 诚恳待人，不欺不诈

诚恳待人是一种自我修养和为人处世的态度，以一种诚实、恳切的态度去对待周围的人和事，关心爱护他人，并尽可能地提供便利和帮助。只有以诚相待，才能使交往双方建立信任感。不欺不诈，要求会计人员老实做人，不欺骗他人。诚恳待人的结果就是不欺不诈。

4. 实事求是，不做假账

实事求是，不做假账，要求会计人员客观地反映实际情况，不夸大，不缩小，正确地认识和解决问题，不搞虚假。"不做假账"是对会计人员的基本要求，做假账是一种违法行为，是最大的不诚信。

5. 强化专业技能，提供有用会计信息

强化技能是指会计人员通过各种途径，加强技能学习，达到胜任本职工作能力的活动。技能包括会计专业理论、专业技能操作等诸多方面的内容。

随着社会经济形势日新月异的发展，新的会计法律制度和税务政策不断出台，而互联网信息技术的迭代更新，使会计也呈现出"大数据、智能化、云计算、物联网"的新业态。

受这些因素的影响，会计专业技能呈现几何式变化，强化技能成为一种专业必然，会计人员具备精湛的会计技能，才能为社会提供优质的会计信息和会计服务。

6. 培育和提升会计职业操守，维护会计公信

在目前的市场经济形势下，会计诚信建设机制不够完善，社会信用体系建设不够健全，致使会计失信事件频发，直接影响到会计的社会公信力。因此，当务之急是培育和提升会计职业操守，这样才能逐渐提高会计行业的公信力，促进整个会计行业的和谐发展。

7. 接受会计诚信教育，实现会计诚信养成

会计诚信教育是提高会计诚信意识的主渠道。财政部门、中央主管单位和会计行业组织等要采取多种形式，对会计人员广泛开展会计诚信教育，将会计职业道德作为会计人员继续教育的必修内容，使会计诚信意识入心入脑，实现会计诚信养成。

在会计专业实践中，要注意引导会计人员自觉做到知行合一，强化会计诚信与会计职业有机结合，在全社会营造“褒扬诚信，惩戒失信”的良好氛围。

所以，从整体看，会计诚信品质的内容包括良好的会计职业道德和会计职业操守；精湛的会计技术和会计技能；完善的会计信息质量体系和优质的会计服务。对于一个企业来说，会计诚信则表达了企业会计对社会的一种基本承诺，即客观公正、不偏不倚地把真实的经济活动反映出来，并忠实地为会计信息使用者服务。

四、会计诚信的基本作用

（一）会计诚信可以保证会计信息的真实性、合法性

会计信息的产出与利益有着不可割舍的关系。因此，随着社会经济的不断发展，会计行业出现了大量会计造假的违法行为，致使会计信息失真、会计不诚信，利益驱动是根本原因。

理论上讲，此类问题是无法完全杜绝的。但只要会计人员能够笃守会计诚信，就能最大限度地降低利益驱动所造成的不利影响，保证会计信息的真实性、合法性和公允性。近几年，我国的会计失信的原因，从管理机制的角度来讲，主要是因为没有建立全面有效的诚信体系。因此，杜绝会计信息失真，最根本的措施应该是建立和完善会计诚信体系，让会计人员在利益面前，充分认识到不讲诚信的高成本、高风险，使之不敢、不能、不想失信，以此来保证会计信息的真实有效。

（二）会计诚信可以促进社会信用体系的建设

市场经济需要诚信会计，会计诚信是社会信用体系建设不可缺少的一部分，它在整个社会信用体系中占据着比较重要的位置。

会计诚信是维持市场有序进行的基本条件，是市场经济运行的基础，是市场经济的基本规则。会计失信不仅会危害经济社会发展、破坏市场秩序，而且会损害社会公正，损害公众利益，妨碍民族和社会文明进步，社会信用体系的建设将无法进行。

（三）会计诚信可以保证社会主义市场经济秩序

市场经济从一定程度上也是一种信用经济。在市场经济条件下，资源主要以市场机制为基础进行配置。而要保证市场机制作用的充分发挥和维护市场经济的良好秩序，不仅要有健

全的法制还要有良好的经济信用。现代市场经济是以一定的信用关系为基础的，经济交易必须以有切实保证的经济信用作为中介。失去信用，市场主体之间的关系就不稳固，交易的链条就容易断裂，市场经济就难以正常运转。因此，从宏观上看，建立以会计诚信为主体基础的信用机制和体系是规范市场经济秩序的重要保证，也是促进经济健康发展的先决条件。

（四）会计诚信可以保证企业生存和发展

在市场经济条件下，企业的信用情况关系到企业是否能够在激烈的市场竞争中生存并得以发展。诚实守信的企业如果能得到政府、其他企业和消费者的信赖，就能不断的发展壮大。对企业而言，良好的信用是财富，它可以在相当大的程度上决定企业的生存空间和发展空间。所以，会计诚信作为企业信用的基础和条件，其在企业生存和发展方面的作用不容小觑。

（五）会计诚信可以提高经济效益

目前随着市场经济的不断发展，经济交易的进行或完成大多采用信用结算方式，信用结算已经成为商品交易中的主要方式。在信用（包括会计诚信）作为保证的交易模式中，诚实守信的企业一方面可以减少资金的占用，资金周转率较高，从而提高企业的经济效益；另一方面，守信的企业可以避免或降低清偿债务、诉讼等风险，交易的成本（费用）就会降低，从而提高经济效益。

【拓展学习】

中华人民共和国财政部
会计信息质量检查公告
第四十一号

【同步练习】

同步练习

模块四 会计诚信养成

【案例导入】

2007 年 9 月 26 日，湖南省涟源市检察院以涉嫌偷税罪依法对被告人谢某提起公诉。作为公司总经理兼法人代表，谢某为牟私利，竟辞退不肯做假账的会计，专门聘请新会计田某做假账，偷逃增值税达 180 万元。检察机关认为，谢某、田某应当以偷税罪追究其刑事责任。

2003 年 3 月，谢某与其他股东，成立涟源市创新铸铁有限公司，由谢某任总经理兼法人代表，其他股东没有参与公司的具体管理。公司成立后不久，有股东提出做两套账，对内做一套真实账，对外做一套虚假的“税务账”，谢某表示同意。于是，谢某要求会计廖某做两套账，廖某称不会做，并予以拒绝。不久，会计廖某便被公司辞退。2003 年 4 月起，该公司专门聘请了兼职会计田某做“税务账”，向税务机关进行虚假的纳税申报，廖某只做反映公司真实生产经营情况的内部账。

资料来源：中国新闻网。

【案例解析】

案例中，公司总经理谢某、会计田某严重失信，给国家造成重大损失，个人被追究刑事责任。会计诚信作为道德准则，依靠法律制度、社会舆论监督，约束会计执业机构和会计从业人员的行为。因此，在会计人才培养中，应加强会计诚信教育，落实“立德树人”根本任务，要使每一位从业者明白：一流的专业技术不是走向成功的唯一条件，一流的道德标准才是走向成功的必由之路。

【立德树人】

“君子博学而日参省乎己，则知明而行无过矣”。会计人员应当主动接受会计诚信教育，自觉地树立“守信光荣，失信可耻”的会计道德意识，成为守信的模范。积极弘扬社会主义核心价值观，不做假账，为维持新时代良好的经济秩序作出积极贡献。

一、会计诚信养成

会计诚信是会计从业人员的素质体现，是一种品格、一种操守、一种境界，也是一种涵养，会计诚信的根本在于内心的自律。

养成的含义有二，其一为教育，其二是培养而使之形成或成长。所以，会计诚信的养成即通过不同形式、不同内容对会计人员施以相应的会计诚信教育，或构建某种机制、模式对会计人员进行有针对性的培养，最终使会计人员将会计诚信内化于心、外化于行。

对会计人员施以会计诚信教育，是会计诚信养成的主要形式。

二、会计诚信教育

（一）会计诚信教育的含义

会计诚信教育，是指以法律、法规、标准和契约为依据，根据会计工作的特点，有目的、有组织、有计划地对会计人员以及会计人员服务的特定主体施加系统的会计诚信影响，促使会计行为的相关人员形成会计诚信道德品质，履行会计诚信义务的活动。

会计诚信教育是会计职业道德活动和社会信用体系建设的一项重要内容，其主要实施主体包括会计人才的培养或培训机构、会计工作的管理部门、会计职业的自律组织、社会信用服务机构或政府管理机构、单位负责人等，这些实施教育的主体按照法律制度的规定都有责任实施会计诚信教育。另外，会计人员自身也有不断提高包括会计诚信在内的会计职业道德修养的义务，并使会计诚信内化于心，成为会计人员内在的道德品质；外化于行，使会计行为符合会计诚信规范。

（二）会计诚信教育的形式与内容

1. 会计诚信教育的形式

（1）外在教育：外在教育，是指以学校、培训单位、信用服务单位等为教育主体，以当面讲授、网络函授等为手段，以树立诚信文化理念、弘扬诚信传统美德为内在要求，以守信激励和失信约束为核心内容，对会计人员进行教导，从而提高全社会的诚信意识和信用水平的教育。

（2）内在教育：内在教育是自我教育，是指会计人员在会计职业活动中，按照会计诚信教育的基本要求，在自身道德品质方面进行的自我教育、自我改造、自我锻炼、自我提高，从而达到一定的会计诚信境界。

2. 会计诚信教育的内容

（1）会计诚信道德观念教育：会计诚信道德观念教育是指对会计人员进行有目的、有组织、有计划地施加会计诚信规范的影响，促使会计人员提高诚信素养，形成良好诚信道德品质的活动。

诚信，诚实守信。是做人的基本准则，是会计职业道德的精髓。基本要求是言行思想一致，不弄虚作假；信守诺言，讲信用。诚信是会计行为和会计职业道德的根本，是社会信用的基础。

“守信光荣，失信可耻”，是会计人员的一项基本的会计道德意识。应当构建守信激励和失信惩戒机制，激励与奖励守信者，惩戒与约束失信者，严重失信者还应当受到法律的制裁。通过加强会计诚信文化建设，在全社会形成“守信光荣，失信可耻”的风尚。

（2）会计职业道德规范教育：会计诚信是会计职业道德规范的基本内容，对会计人员应当进行包括会计诚信教育在内的全面职业道德规范教育。会计职业道德规范的主要内容包括爱岗敬业、诚实守信、廉洁自律、客观公正、坚持准则、提高技能、参与管理、强化服务。这是会计职业道德的核心内容，也贯穿于会计职业道德教育的始终。

（3）会计诚信的奖惩与警示教育：会计诚信奖惩与警示教育就是通过对守信与失信的典型案例进行正反两方面的讨论与剖析，给会计人员以启发，从而增强会计人员诚信意识，强化操守观念，培养诚信素养。

（4）其他教育：与会计诚信相关的其他教育包括社会主义核心价值观、核心素养、法制教育、形势教育等。

培育和弘扬社会主义核心价值观，对于引领人民群众的主流价值观极具意义，有利于个人树立正确的价值观。价值观能影响人们对事物的判断和认识，会决定人的行为选择。会计职业共同的价值观是会计职业道德的基础，而会计职业道德又是其价值观具体的体现。社会主义核心价值观势必会对会计职业道德的建设产生影响。积极开展社会主义核心价值观教育，一定会提高会计职业道德水平，促进会计诚信的养成。

中国学生发展核心素养以培养“全面发展的人”为核心，分为文化基础、自主发展、社会参与三个方面，综合表现为人文底蕴、科学精神、学会学习、健康生活、责任担当、实践创新六大素养。通过教育培养让学生必备的包括诚信在内的品格和关键能力。

法制教育是引导会计人员熟悉与会计诚信相关的会计法律法规，知法守法，坚持准则，一切按准则办事，是保证会计诚信的前提条件之一。

形势教育，当前的重点是贯彻“以德治国”的重要思想、实施《社会信用体系建设规划纲要（2014—2020）》、全社会进行个人诚信建设等，进一步全面、系统地对会计人员进行会计诚信的教育与培训，促进诚信意识的培养和提升。

（三）会计诚信教育的渠道

1. 接受外在的会计诚信教育

接受外在的会计诚信教育具体可以分为会计人员岗前教育和岗位的继续教育。

岗前教育是指对将要从事会计职业的人员进行的会计诚信教育，包括各种学历教育中接受的会计诚信教育、取得会计专业技术资格和会计执业过程中接受的会计诚信教育。教育的主要内容包括会计诚信的观念、会计诚信规范以及会计诚信管理机制等。

岗位的继续教育是对已进入会计行业的在岗会计人员进行的会计诚信方面的继续教育。包括会计诚信规范的考核、会计诚信规范的实施与检查、评价。会计诚信教育与其他会计职业道德教育应当贯穿于会计人员从业的全过程。

2. 自我修养的会计诚信教育

自我修养是指一个人按照会计职业的要求，经过学习、磨炼、涵养和陶冶，为提高自己的素质和能力，在会计诚信方面进行的自我教育和自我塑造，实现自我完善的过程。包括个人道德修养能力的培养和自我道德完善。

自我修养的核心内容是慎心，坚守心灵，勿以恶小而为之。具体包括：

（1）慎独慎欲：会计职业道德修养的最高境界是做到“慎独”。即在一个人单独处事、无人监督的情况下，也能自觉地按照道德准则去办事。

“慎欲”，就是节制自己的欲望，以正当合法的手段获得各种利益。“欲多则心散，心散则志衰，志衰则思不达也。”会计人员应当做到“慎欲”，把国家、社会公众和集体的利益放在首位，在追求自身利益的时候，不损害国家、集体和他人利益。

利益驱动是当前失信行为发生的最根本原因。企业会计主体为了维护企业商誉、吸纳资金、粉饰业绩，会虚增资产和收入，掩盖亏损和负债；为了少缴税款，少计收入，虚增成本，人为地减少所得；会计人员，因升职加薪的诱惑而做假账，编制虚假报表等。

所以，对会计人员来说，“慎欲”尤为重要，若能够做到“慎欲”，则可以在很大程度上杜绝失信行为发生，以免加入失信“黑名单”。

（2）慎省慎微：“慎省”是要求会计人员通过自我反思、自我解剖，从而实现自我提高。会计人员通过反思自己的言行，反省自己的缺点，不断摒除杂念，严于自我剖析，敢于做是非观、价值观、知行观的自我斗争，逐步树立起正确的道德观念，培养高尚的道德品质，提高自己的精神境界。

“慎微”是指在微处、小处自律，从微处小处着眼，高度警惕小毛病、小陋习、小错误，切实做到防微杜渐，这是修身之要，是入德之方，是会计人员自我净化、自我完善、自我革新、自我提高的必修课。事实表明，凡有作为者，无不始于慎微，成于慎微。一个在小节小事、细微之处上过不了关的人，就更难在大事大节上过得去、过得硬。正所谓“患生于所忽，祸发于细微”“小者大之源，轻者重之端”。

（3）自警自励：“自警”是指要随时警醒、告诫自己，警钟长鸣，防止各种不良思想对自己的侵袭。“自励”是指要以崇高的会计职业道德理想、信念激励自己、教育自己。

三、会计诚信的激励与惩戒

近几年，国家对于会计诚信建设的重点是构建守信奖励、失信惩戒的奖惩机制，创造有利的条件促使会计人员坚守会计诚信，以达到对其进行长期教育的目的，培养其良好的职业道德品质。

（一）会计诚信激励与惩戒的意义

1. 激励会计人员讲诚实、守信用，约束、惩戒失信行为

加强对守信主体的奖励和激励；加大对守信行为的表彰和宣传力度。按规定对诚信个人给予表彰，通过新闻媒体的广泛宣传，树立诚信典型，激励会计人员坚持“诚信为本，操守为重”。

对失信行为应当按照情节轻重予以约束和惩戒。

对于失信情节较轻的，给予失信主体（机构和个人）警告、行业内通报批评、公开谴责等惩戒措施。这些惩戒的实施需要不断完善社会舆论监督机制，加强对失信行为的披露和曝光，发挥群众评议讨论、批评报道等作用，通过社会的道德谴责，形成社会震慑力，约束社会成员的失信行为。

对于严重失信者，相关部门要按照相关规定联合实施行政性和市场性的约束和惩戒。行政性的约束和惩戒包括取消评优评先资格、吊销已取得的会计专业技术资格、市场和行业禁入等措施；市场性的约束和惩戒包括限制出境和限制购买不动产、乘坐飞机、乘坐高等级列车和席次、旅游度假、入住星级以上宾馆及其他高消费行为等措施。

2. 营造高尚的社会环境

诚实守信是做人的基本准则，也是会计职业道德的精髓，是整个社会道德组成的一个基本部分，对高尚的社会道德环境的形成起着至关重要的作用；高尚的社会环境对会计职业行为也有着良好的促进作用。

奖惩机制是抑恶扬善的重要手段，通过倡导、赞扬、鼓励自觉遵守诚信职业道德的行为，贬抑、鞭挞、谴责会计失信行为，有助于人们分清是非，形成良好的社会风气。

3. 裁决与教育作用

会计诚信的奖惩不仅对会计诚信行为的对错做出裁决，而且鞭挞失信行为，褒奖那些符合会计诚信要求的行为，最终使守信者处处受益、失信者寸步难行，警示与教育作用不言而喻。

（二）健全会计诚信的激励与惩戒机制

健全会计诚信的激励与惩戒机制，包括三种机制：褒扬和激励诚信行为机制，约束和惩戒失信行为机制，守信联合激励和失信联合惩戒协同机制。建立多部门、跨地区信用联合奖惩机制。通过信用信息交换共享，实现多部门、跨地区信用奖惩联动，推动会计诚信高效建设。

健全会计诚信的激励与惩戒机制，应当具备以下内容：

1. 为诚信会计人员提供更多机会和便利

会计人员信用记录将作为先进会计工作者评选、会计职称考试或评审、高端会计人才选拔等资格审查的重要依据。对具有良好诚信记录的会计人员，在教育、就业、创业等领域给予重点支持，尽力提供更多便利服务。鼓励用人单位依法使用会计人员信用信息，优先聘用、培养、晋升具有良好诚信记录的会计人员。

2. 对严重失信会计人员实施约束和惩戒

在先进会计工作者评选、会计职称考试或评审、高端会计人才选拔等资格审查过程中，对严重失信会计人员实行“一票否决制”。对于已经取得会计专业技术资格的严重失信会计人员，吊销其已经取得的会计专业技术资格；用人单位应当根据严重失信会计人员的专业技术资格情况，对其进行降职、撤职或解聘。建立会计人员严重失信行为披露制度，依法向社会公开披露会计人员严重失信信息。

3. 加强对会计人员信用情况的监督检查

财政部门应当结合会计监督工作，加强对会计人员遵守国家统一的会计制度和会计职业道德规范等情况的检查，并将检查结果记入会计人员信用档案。争取审计、税务、市场监督管理局、中国人民银行、国家金融监督管理总局等部门支持，将有关检查中涉及会计人员严重失信情况纳入会计失信人员“黑名单”。支持会计行业组织依据法律和章程，加强对会员信用情况的监督检查。

（三）违法失信联合惩戒

为加快推进会计领域信用体系建设，培育和践行社会主义核心价值观，推动形成褒扬诚信、惩戒失信的强大合力，应对会计领域违法失信相关责任主体实施联合惩戒。联合惩戒应当依据国家发展改革委、人民银行、财政部、中央组织部、中央宣传部、中央编办、中央文明办、中央网信办、最高人民法院、科技部、工业和信息化部、民政部、人力资源和社会保障部、国资委、税务总局、市场监管总局、原银保监会、证监会、全国总工会、共青团中央、全国妇联、全国工商联等单位联合签署的《关于对会计领域违法失信相关责任主体实施联合惩戒的合作备忘录》（发改财金〔2018〕1777 号，以下简称《合作备忘录》）实施。

1. 联合惩戒对象

联合惩戒对象主要指在会计工作中违反《会计法》《公司法》《证券法》，以及其他法律、法规、规章和规范性文件，违背诚实信用原则，经财政部门及相关部门依法认定的存在严重违法失信行为的会计人员，简称会计领域违法失信当事人。

2. 信息共享与联合惩戒的实施方式

认定联合惩戒对象名单的相关部门和单位通过全国信用信息共享平台将会计领域违法失信当事人的相关信息推送给财政部，并及时更新。财政部定期梳理汇总后通过全国信用信息共享平台向签署本备忘录的其他部门和单位提供会计领域违法失信当事人信息。相关部门和单位按照本备忘录约定内容，依法依规对会计领域违法失信当事人实施惩戒。建立惩戒效果定期通报机制，有关单位定期将联合惩戒实施情况通过全国信用信息共享平台反馈至国家发展改革委和财政部等部门。

3. 联合惩戒措施

《合作备忘录》中确定的惩戒措施总计 21 条，每一条措施的具体内容包括：措施、惩戒依据、实施单位。具体惩戒措施包括：

（1）罚款、限制从事会计工作、追究刑事责任等惩戒措施；

（2）记入会计从业人员信用档案；

（3）通过财政部网站、“信用中国”网站及其他主要新闻网站向社会公布；

（4）实行行业惩戒；

（5）限制取得相关从业任职资格，限制获得认证证书；

（6）依法限制参与评先、评优或取得荣誉称号；

（7）依法限制担任金融机构董事、监事、高级管理人员；

（8）依法限制其担任国有企业法定代表人、董事、监事；

（9）限制登记为事业单位法定代表人；

（10）招录（聘）为公务员或事业单位工作人员参考；

（11）作为业绩考核、干部选任的参考；

（12）金融机构融资授信参考；

（13）保险机构厘定财产保险费率参考；

（14）设立保险公司的审批参考；

（15）纳税信用管理参考；

（16）设立证券公司、基金管理公司、期货公司等审批参考；

（17）作为境内上市公司实行股权激励计划或相关人员成为股权激励对象事中事后监管的参考；

（18）申请从事互联网信息服务审批参考；

（19）限制获取政府补贴性资金和社会保障资金支持；

（20）限制参与国家科技项目研究或管理工作；

（21）加强日常监管检查。

4. 共享信息的持续管理

相关单位向财政部提供的会计领域违法失信当事人信息，以及财政部向各单位提供的会计领域违法失信当事人的违法失信信息，应注明决定的日期及效力期限，有关单位根据各自的法定职责，按照法律法规和相关规定实施惩戒或解除惩戒。超过效力期限的，不再实施联合惩戒。

会计领域违法失信当事人在规定期限内主动纠正违法失信行为、消除不良影响、履行信用修复相关程序的，可根据法律法规和相关规定从联合惩戒对象名单中退出，不再对其实施联合惩戒。财政部应及时将有关信息提供给国家信用信息共享平台，各单位在做出解除惩戒的决定后，应及时将相关情况通过国家信用信息共享平台反馈至国家发展改革委和财政部等部门。

四、严重违法失信会计人员黑名单管理办法

为落实党中央、国务院的有关指示精神和政策要求，建立健全会计人员诚信体系，2019年9月23日，财政部制定并发布《严重违法失信会计人员黑名单管理办法（征求意见稿）》（以下简称《管理办法》），明确黑名单的认定标准和有关程序，旨在对严重违法失信会计人员实施联合惩戒，使会计人员“一处失信、处处受限”，为守信会计人员营造良好的工作环境和社会氛围；为构建以信用为基础的新型会计人员监管机制搭建制度基础；为健全社会信用体系，营造公平诚信的市场环境提供重要支撑。

《管理办法》包括第一章总则，第二章会计人员黑名单的认定，第三章会计人员黑名单信息的归集、共享和发布，第四章实施联合惩戒，第五章会计人员黑名单的移除，第六章附则，总计二十四条，主要内容如下：

（一）严重违法失信会计人员黑名单的管理工作及主管部门

会计人员黑名单管理工作包括认定、移出、共享、发布等。

财政部指导全国会计人员黑名单管理工作。

各省、自治区、直辖市、计划单列市财政厅（局），新疆生产建设兵团财政局（以下统称省级财政部门）负责本地区会计人员黑名单的管理工作；中共中央直属机关事务管理局、国家机关事务管理局财务管理司按照各自权限分别负责中央在京单位会计人员黑名单的管理工作；中央军委后勤保障部财务局负责本系统会计人员黑名单的管理工作。

（二）严重违法失信会计人员的含义

严重违法失信会计人员，是指在从事会计核算、实行会计监督等会计工作过程中，违反《会计法》有关规定，受到刑事处罚或行政处罚的会计人员。

会计人员，是指符合《会计人员管理办法》规定的会计人员。在会计师事务所、代理记账机构中从事代理记账业务的人员，也属于会计人员。

（三）严重违法失信行为

会计人员因下列行为受到刑事处罚或行政处罚的，属于严重违法失信行为：

（1）提供虚假财务会计报告；

（2）伪造、变造会计凭证、会计账簿，编制虚假财务会计报告；

（3）隐匿或故意销毁依法应当保存的会计凭证、会计账簿、财务会计报告；

（4）授意、指使、强令会计机构、会计人员及其他人员伪造、变造会计凭证、会计账簿，编制虚假财务会计报告或者隐匿、故意销毁依法应当保存的会计凭证、会计账簿、财务会计报告；

（5）贪污、挪用公款、职务侵占等与会计职务有关的违法行为。

（四）会计人员黑名单的认定

认定部门应以刑事处罚、行政处罚等处理结果为依据，将符合严重违法失信行为情形的

当事人列入会计人员黑名单。

拟将当事人列入会计人员黑名单的，应告知当事人列入的事实、理由和依据。当事人自被告知之日起10个工作日内，有权向认定部门提交书面陈述、申辩及相关证明材料，认定部门应在收到申诉材料之日起15个工作日内给予书面答复。

因严重违法失信行为，受到行政处罚的，列入会计人员黑名单的有效期为5年，自行政处罚生效之日起计算；受到刑事处罚的，列入会计人员黑名单的有效期为永久。

（五）会计人员黑名单信息的归集、共享、发布

省级财政部门和中央有关主管单位应将会计人员黑名单信息归集到全国会计人员管理服务平台。

财政部应通过全国信用信息共享平台将会计人员黑名单信息推送至相关部门和单位；省级财政部门应通过本地区信用信息共享平台将会计人员黑名单信息推送至本地区相关部门和单位。

相关部门和单位应按照《合作备忘录》的有关规定，依据所适用的法律法规对列入黑名单的对象实施联合惩戒。

（六）会计人员黑名单的移除

列入会计人员黑名单的，符合以下条件之一，经认定部门确认，应移出黑名单：

（1）经异议处理，会计人员黑名单认定有误。

认定部门通过核实发现存在错误的，应自查实后5个工作日内予以更正。

（2）列入会计人员黑名单的主要事实依据被撤销或变更，列入对象不再符合列入情形的。

认定部门应在撤销或变更后15个工作日内将其移出会计人员黑名单。

（3）会计人员黑名单列入情形发生改变，列入对象不再符合列入情形的。

认定部门应在列入情形改变后15个工作日内将其移出会计人员黑名单。

（4）列入会计人员黑名单的有效期届满，且期间未再发生严重违法失信行为。

认定部门应自期满后5个工作日内将其移出会计人员黑名单。

列入黑名单的对象在被列入期间，再次发生严重违法失信行为的，其移出时间自新的失信行为认定之日起重新计算。

【拓展学习】

关于对会计领域违法失信相关责任主体实施联合惩戒的合作备忘录

山东荣成市全民创建“诚信身份证”

世界诚信教育面面观

【同步练习】

同步练习

模块五　会计职业道德

【案例导入】

中央纪委国家监委网站2020年9月17日刊发题为《观察丨年轻干部的贪腐陷阱》的文章，披露“90后”女出纳员王某贪污巨额公款事件。

王某原为某离退休干部休养所出纳员，仅一年多的时间，她利用职务便利，侵吞、骗取公款多达720余万元。她将所得全部用于个人奢侈消费，在一间不到10平方米的房间里，堆满了各式各样的奢侈品，一件衣服6.4万元，一个包超过20万元……

肆意挥霍的背后，是王某对物质消费难以满足的欲望。“在工作、生活和网络游戏中，王某结交了大量‘出手阔绰’的朋友，养成了畸形的消费观念。”专案组人员介绍说，王某进入某离退休干部休养所工作不到一个月，就开始想方设法侵吞、骗取公共财物，用以满足消费欲望。买完东西，她会拍照发在社交媒体上，大家的“追捧”让她的虚荣心获得极大满足。

王某通过假的银行对账单，模仿自己上司的签字，使用现金支票，将公款转移到自己的银行账户。她还伪造医疗报销申请，将公款从报销款项中转出。

整个单位对王某的违法犯罪行为毫无察觉。后来，王某更加肆无忌惮，连现金支票都懒得用了，直接通过银联转账将单位账户的钱转到自己名下。

最终，因涉嫌贪污罪，三某被开除公职。2019年12月，王某被东城区人民法院判处有期徒刑十二年，并处罚金人民币100万元。

【案例解析】

本案中，王某错用“才智”敛财谋利，贪图享乐，不惜以身试法。她的违法行为严重违背了廉洁自律的会计职业道德规范。廉洁自律就是公私分明，不贪污钱财，不收受贿赂，保持清白；自己约束自己，自己控制自己的言行和思想。对于会计人员来讲，要坚持做到“常在河边走，就是不湿鞋”。

【立德树人】

王某给大家的教训是深刻的，受到的惩罚令人唏嘘，作为青年人一定要树立正确的世界观、人生观、价值观。

青年兴则国家兴，青年强则国家强。青年之于党和国家而言，最值得爱护、最值得期待。党的十八大以来，习近平总书记多次用“第一粒扣子”① 的生动比喻强调引导青年树立正确价值观的重要性，指出如果第一粒扣子扣错了，剩余的扣子都会扣错。人生的扣子从一开始就要扣好。

一、会计职业道德的含义与作用

（一）会计职业道德的含义

职业道德是指在一定职业活动中应遵循的、体现一定职业特征的、调整一定职业关系的职业行为准则和规范。我国《公民道德建设实施纲要》提出了职业道德的主要内容是：爱岗敬业、诚实守信、办事公道、服务群众、奉献社会。职业道德具有职业性、实践性、继承性、多样性等特征。

会计职业道德，是指在会计职业活动中应当遵循的、体现会计职业特征的、调整会计职业关系的职业行为准则和规范。会计职业道德规范的对象，既有单位会计人员，也有注册会计师。会计职业道德的含义应从以下几个方面来理解：

1. 会计职业道德是调整会计职业活动中各种利益关系的手段

会计工作的性质决定了在会计职业活动中要处理方方面面的经济关系，包括单位与单位、单位与国家、单位与投资者、单位与债权人、单位与职工、单位内部各部门之间及单位与社会公众之间的经济关系。当各经济主体的利益与国家利益、社会公众利益发生冲突的时候，会计职业道德不允许通过损害国家和社会公众利益而获取违法利益，但允许个人和各经济主体获取合法的自身利益。会计职业道德可以配合国家法律制度，调整职业关系中的经济利益关系，维护正常的经济秩序。

2. 会计职业道德具有相对稳定性

会计是一种专业技术性很强的职业。会计人员在从事会计职业的过程中，必须遵循其内在的客观经济规律和要求。人们面对的是共同的客观经济规律，因此，会计职业道德在社会经济关系的变迁中，始终保持自己的相对稳定性。比如诚实守信、客观公正等是对会计人员的普遍要求。没有任何一个社会制度能够容忍虚假会计信息，也没有任何一个经济主体会允许会计人员私自向外界提供或者泄露单位的商业秘密。

3. 会计职业道德具有广泛的社会性

会计职业道德的社会性是由会计职业活动所生成的产品决定的。会计不仅要为政府机构、企业管理层、金融机构等提供符合质量要求的会计信息，也要为投资者、债权人及社会公众服务，因其服务对象涉及面很广，提供的会计信息是公众产品，所以会计职业道德将影响国家和社会公众利益。会计信息质量直接影响着社会经济的发展和社会经济秩序的健康运行，会计职业道德必然受社会关注，具有广泛的社会性。

（二）会计职业道德的特征

会计职业道德除了具有职业道德的一般特征外，与其他职业道德相比，还具有如下

① 引导青年扣好第一粒扣子. 中国青年网，2022 年 5 月 12 日.

特征：

1. 具有一定的强制性

在我国，会计职业道德的许多内容都直接纳入会计法律制度当中，这使它具有一定的强制性。如我国的《中华人民共和国会计法》（以下简称《会计法》）、《会计基础工作规范》等都规定了会计职业道德的内容和要求。会计职业道德的这种独特的强制性，是由会计工作在市场经济活动中的特殊地位决定的。

2. 较多关注公众利益

会计职业的一个显著特征是会计职业活动与社会公众利益密切联系。在发生道德冲突时，要求会计人员要坚持准则，把社会公众利益放在第一位。

（三）会计职业道德的功能与作用

1. 会计职业道德的功能

（1）指导功能。指导功能，即指导会计人员行为的功能。会计职业道德规范作为一种指引或劝诫，表达了社会对会计人员行为的期望和要求，如爱岗敬业、诚实守信、廉洁自律、客观公正等。这种期望和要求如果被会计人员所认同，就会转变为会计人员自觉的行为；即使不被会计人员所认同，由于道德舆论的强大压力，也往往会被会计人员接受和遵循。

（2）评价功能。评价功能，即根据一定的道德标准对会计人员的行为进行评价。这一功能又可分解为褒扬的功能和谴责的功能。前者通过引起主体的自豪感和光荣感，对主体的动机和行为起鼓舞、激励的作用；后者通过引起主体的羞愧、内疚等情绪，对主体的动机和行为起抑制和纠错的作用。

（3）教化功能。道德具有引导人的行为的功能，这种引导的特点是，劝善戒恶，并辅之以社会舆论的赞扬或谴责，进而作用于人的道德良心和道德情感。这对于会计人员的思想、感情和行为，有一种潜移默化的塑造作用，不但能够影响会计人员当下的动机和行为，而且能够锤炼会计人员的道德品质，提高会计人员的道德境界。

2. 会计职业道德的作用

会计职业道德的作用，主要体现在以下四方面：

（1）会计职业道德是规范会计行为的基础。会计职业道德的具体规范引导、约束会计人员树立正确的职业观念，建立良好的职业品行，从而达到规范会计行为的目的。

（2）会计职业道德是实现会计目标的重要保证。会计目标就是为服务对象提供真实、可靠的会计信息。会计目标能否顺利实现，既取决于会计人员的专业技能水平，也取决于会计人员能否严格履行职业行为准则。因此，依靠会计职业道德规范约束会计人员的职业行为，是实现会计目标的重要保证。

（3）会计职业道德是对会计法律制度的重要补充。会计行为的规范化不仅要以会计法律、法规作保证，还要依赖会计人员的道德信念、道德品质来实现。会计职业道德是会计法律制度所不能替代的，是对会计法律制度的重要补充。

（4）会计职业道德是提高会计人员职业素养的内在要求。社会的进步和发展，对会计执业者的素质要求越来越高，倡导会计执业者进一步加强自我修养，提高专业胜任能力，有利于促进会计执业者整体素质的不断提高。

二、会计职业道德规范的内容

（一）爱岗敬业

爱岗敬业是爱岗与敬业的总称。爱岗就是会计人员应该热爱自己的本职工作，安心于本职岗位，忠于职守。敬业就是会计人员要用恭敬严肃的态度对待自己的职业，即对自己的工作要专心认真、负责任。爱岗和敬业互为前提，相互支持、相辅相成。爱岗是敬业的基石，敬业是爱岗的升华。

爱岗敬业是指忠于职守的事业精神，这是会计职业道德的基础。是否爱岗敬业是判断每个从业者是否有职业道德的首要标志。爱岗敬业的基本要求是：

（1）正确认识会计职业，树立职业荣誉感。会计人员只有正确地认识会计本质，明确会计在经济管理工作中的地位和重要性，树立职业荣誉感，才有可能去爱岗敬业。这是做到爱岗敬业的前提，也是首要要求。

（2）热爱会计工作，敬重会计职业。在我国各行各业的无数职业道德标兵的先进事迹告诉人们，对自己的工作充满热爱，对自己的岗位真正敬重，是做好本职工作的前提。会计人员只要树立了“干一行爱一行”的思想，就会发现会计职业中的乐趣；只有树立“干一行爱一行”的思想，才会刻苦钻研会计业务技能，才会努力学习会计业务知识。有了对本职工作的热爱，就会激发一种敬业精神，自觉自愿地执行职业道德的各种规范，不断改进自己的工作，在平凡的岗位上做出不平凡的业绩。

（3）安心工作，任劳任怨。安心本职工作，就是以从事会计工作为“乐”。只有安心本职工作，才能潜下心来对会计工作中不断出现的新问题去探索和研究。任劳任怨，要求会计人员具有不怕吃苦的精神和不计较个人得失的思想境界，这也是会计职业道德的要求。

（4）严肃认真，一丝不苟。从业者对自己本职工作的热爱，必定会体现在对工作所必需的职业技能的态度上，体现在对自己工作成果的追求上，这就是对工作严肃认真、一丝不苟，对技术精益求精。会计工作是一项严肃细致的工作，没有严肃认真的工作态度和一丝不苟的工作作风，就容易出现偏差。对一些损失浪费、违法乱纪的行为和一切不合法不合理的业务开支，要严肃认真地对待，把好费用支出关。将严肃认真、一丝不苟的职业作风贯穿于会计工作的始终，不仅要求数字计算准确，手续清楚完备，而且绝不能有“都是熟人不会错”的想法和“马马虎虎”的工作作风。

（5）忠于职守，尽职尽责。忠于职守表现为三个方面，即忠实于国家、忠实于服务主体、忠实于社会公众。忠于职守要求在各种复杂的情况下，能够抵制各种诱惑，忠实地履行岗位职责。尽职尽责表现为会计人员对自己应承担的责任和义务所表现出的一种责任感和义务感。会计人员在进行会计事项的处理中，当集体利益与职工个人利益或国家利益与单位利益发生冲突时，会计人员应该承担起维护国家利益或集体利益的责任。

（二）诚实守信

诚实守信是做人的基本准则，也是会计职业道德的精髓。

诚实守信要求会计人员在职业活动中讲求信用，保守秘密，对实际发生的经济业务进行真实、完整的会计核算。会计诚信的基本要求是：

（1）做老实人，说老实话，办老实事，不搞虚假。

（2）保密守信，不为利益所诱惑。所谓保密守信，就是指会计人员在履行自己的职责时，应树立保密观念，做到保守商业秘密，对机密资料不外传、不外泄，守口如瓶。

秘密主要有国家秘密、商业秘密和个人隐私三类。会计人员保守的主要是单位的商业秘密。在市场经济中，商业秘密可以带来经济利益，有些甚至关系到经济主体的生死存亡。会计人员因职业特点经常接触到单位和客户的商业秘密，如单位的财务状况、经营状况、成本资料及重要单据、经济合同等。因而，会计人员应依法保守单位秘密，这是会计人员应尽的义务，也是诚实守信的具体体现。

泄密，不仅是一种不道德的行为，也是违法行为。我国有关法律制度对会计人员保守秘密作了相关的规定。如《注册会计师法》第十九条规定：“注册会计师对执行业务中知悉的商业秘密，负有保密义务”；财政部印发的《会计基础工作规范》第二十三条规定：“会计人员应当保守本单位的商业秘密。除法律规定和单位领导人同意外，不能私自向外界提供或者泄露单位的会计信息。”

（3）执业谨慎，信誉至上。诚实守信，要求会计人员在执业中始终保持应有的谨慎态度，对客户和社会公众尽职尽责，形成“守信光荣，失信可耻”的氛围，以维护职业信誉。首先，相关会计人员在执业时，在选择客户时应当谨慎，不要为追求自己的所得，一味地迎合客户的不正当要求，接受违背职业道德的附加条件。其次，要注意评估自身的业务能力，正确判断自身的知识、经验和专业能力能否胜任所承担的委托业务。再次，要严格按照独立审计准则和执业规范、程序实施审计，对审计中发现的违反国家统一的会计制度及国家相关法律制度的经济业务事项，应当按照规定在审计报告中予以充分反映。最后，在接受委托业务后，应积极完成所委托的业务，认真履行合同，维护委托人的合法权益，不得擅自终止合同、解除委托，不得超出委托人委托范围从事活动，以免当事人的利益受到损害。

（三）廉洁自律

廉洁就是不贪污钱财，不收受贿赂，保持清白。自律是指自律主体按照一定的标准，自己约束自己、自己控制自己的言行和思想的过程。廉洁是自律的基础，自律是廉洁的保证。自律性不强就很难做到廉洁，不廉洁就谈不上自律。

廉洁自律是会计职业道德的前提，也是会计职业道德的内在要求。会计人员整天与钱财打交道，只有首先做到自身廉洁，严格约束自己，才能要求别人廉洁，才能理直气壮地阻止或防止别人侵占集体利益，正确行使反映和监督的会计职责，保证各项经济活动正常进行。廉洁自律的基本要求是：

（1）树立正确的人生观和价值观。人生观是人们对人生的目的和意义的总的观点和看法。价值观是指人们对于价值的根本观点和看法，它是世界观的一个重要组成部分。会计人员要树立科学的人生观和价值观，自觉抵制享乐主义、个人主义和拜金主义等错误的思想，这是在会计工作中做到廉洁自律的思想基础。

（2）公私分明，不贪不占。公私分明是指严格划分公与私的界限，公是公，私是私。公私分明，才能廉洁奉公，一尘不染。如果公私不分，就会出现以权谋私的腐败现象，甚至出现违法违纪行为。

廉洁自律的天敌就是“贪”和“欲”。在会计工作中，大量的钱财要经过会计人员之手，所以，很容易诱发会计人员的“贪”和“欲”。一些会计人员贪图金钱和物质上的享受，利用职务之便，自觉或不自觉地行“贪”。有的被动受贿，有的主动索贿，有的贪污、挪用公款，有的监守自盗，有的集体贪污。究其根本原因，是这些会计人员忽视了世界观的自我改造，放松了道德的自我修养，弱化了职业道德的自律。

（3）遵纪守法，一身正气。会计人员不仅要遵纪守法，而且要敢于运用法律所赋予的权利，与违法乱纪行为做斗争。

（四）客观公正

客观是指按事物的本来面目去反映，不掺杂个人的主观意愿，也不为他人意见所左右。公正就是平等、公平、正直，没有偏失。客观是公正的基础，公正是客观的反映。

客观公正是会计职业道德所追求的理想目标，是会计职业道德的灵魂。对于会计职业和会计工作而言，客观主要包括以下两层含义：一是真实性，即以客观事实为依据，真实地记录和反映实际经济业务事项；二是可靠性，即会计核算要准确，记录要可靠，凭证要合法。公正主要包括以下三层含义：一是国家的会计准则、制度要公正；二是执行会计准则、制度的人，即单位的管理层和会计人员应公正地开展会计核算和会计监督工作；三是注册会计师在进行审计鉴证时，应以超然独立的姿态，进行公平公正的判断和评价，出具客观、适当的审计意见。客观公正的基本要求是：

1. 依法办事

依法办事是会计工作保证客观公正的前提。会计人员记账、算账、报账和进行财产清查，需要熟悉并依据《会计法》《企业会计准则》《企业会计制度》等法律、法规和制度进行业务处理；注册会计师开展独立审计时，应依据《会计法》《注册会计师法》《中国注册会计师独立审计准则》等法律、法规的规定实施审计活动。总之，只有熟练掌握并严格遵守会计法律法规，才能客观公正地处理会计业务。

2. 实事求是

在实际生活中，要做到“客观公正”，最根本的是要有“实事求是”的科学态度。没有实事求是的严谨态度，就会主观、片面地看问题，就无法根据客观情况来公正地处理问题。

客观公正应贯穿于会计活动的整个过程：一是会计核算的过程要客观公正，即会计人员在具体业务处理时，或进行职业判断时，应保持客观公正的态度，实事求是、不偏不倚。二是最终处理结果要公正，即会计人员对经济业务的处理结果是公正的。

3. 如实反映

会计人员在处理经济业务时必须以实际发生的交易或事项为依据，如实反映企业的财务状况、经营成果和现金流量情况。会计人员应该具备正直诚实的品质，不偏不倚地对待有关利益各方。

（五）坚持准则

坚持准则是指会计人员在处理业务过程中，要严格按照会计法律制度办事，不为主观或他人意志左右。这里所说的“准则”，不仅指会计准则，而且包括会计法律、法规、国家统一的会计制度以及与会计工作相关的法律制度。

会计人员在进行核算和监督的过程中，只有坚持准则，才能以准则作为自己的行动指南；在发生道德冲突时，应坚持准则，以维护国家利益、社会公众利益和正常的经济秩序。

对于注册会计师，在进行审计业务时，应严格按照独立审计准则的有关要求和国家统一会计制度的规定，出具客观公正的审计报告。坚持准则的基本要求如下。

1. 熟悉准则

熟悉准则是指会计人员应了解和掌握《会计法》和国家统一的会计制度及与会计相关的法律制度，这是遵循准则、坚持准则的前提。只有熟悉准则，才能按准则办事，才能遵纪守法，才能保证会计信息的真实性、完整性。

2. 遵循准则

遵循准则即执行准则。会计人员在会计核算和监督时要自觉地严格遵守各项准则、自律在先，同时也要求他人遵守准则，将单位具体的经济业务事项和经济行为与国家统一的会计制度相对照，先做出是否合法合规的判断，对不合法的经济业务不予受理。在实际工作中，由于科技的发展和社会环境的变化，会计业务日趋复杂，因而准则规范的内容也会不断变化和完善。这就要求会计人员要经常学习，准确地理解和执行准则。

3. 敢于同违法行为做斗争

会计人员在履行职责时，如果发生道德冲突，应坚持准则，敢于同违反会计法律法规和财务制度的现象做斗争，确保会计信息的真实性和完整性。

在实践中，会计人员坚持准则，依法办事，可能会受到单位负责人和其他方面的阻挠、刁难甚至打击报复。《会计法》规定，单位负责人对本单位会计信息的真实性和完整性负责。这就强化了单位负责人对单位会计工作的法律责任，改善了会计人员的执法环境。

（六）提高技能

提高技能是指会计人员通过学习、培训和实践等途径，持续提高会计职业技能，以达到和维持足够的专业胜任能力的活动。会计职业技能包括会计理论水平、会计实务操作能力、职业判断能力、自动更新知识能力、提供会计信息的能力、沟通交流能力以及职业经验等。

作为一名会计工作者必须不断地提高其职业技能，这既是会计人员的义务，也是在职业活动中做到客观公正、坚持准则的基础，是参与管理的前提。提高技能的基本要求如下。

1. 具有不断提高会计专业技能的意识和愿望

随着市场经济的发展、全球经济一体化以及科学技术的日新月异，会计在经济发展中的作用越来越明显，对会计的要求也越来越高，会计人才的竞争也越来越激烈。会计人员只有具备不断提高会计专业技能的意识和愿望，才能不断进取，才会主动地求职、求学，勤学苦练，精益求精，使自身的专业技能不断提高，使自己的知识不断更新，从而掌握过硬的本领，在会计人才的竞争中立于不败之地。

2. 具有勤学苦练的精神和科学的学习方法

专业技能的提高和学习不可能是一劳永逸的事，必须持之以恒，不间断地学习、充实和提高。只有具有锲而不舍的“勤学”精神，才能不断提高自己的业务水平、理论水平、操作技能和职业判断能力，以适应不断变化的新形势和新情况的需要。同时，还要掌握科学的学习方法，在学中思，在思中学，通过积极参加社会实践活动，在实践中提高职业技能，真正做到学以致用。

（七）参与管理

参与管理，简单地讲就是间接参加管理活动，为管理者当参谋，为管理活动服务。参与管理要求会计人员积极主动地向单位领导反映本单位的财务、经营状况及存在的问题，主动提出合理化建议，积极参与市场调研和预测，参与决策方案的制订和选择，参与决策的执行、检查和监督，为领导者的经营管理和决策活动当好助手和参谋。参与管理的基本要求如下。

1. 努力钻研业务，熟悉财经法规和相关制度，提高业务技能，为参与管理打下坚实的基础

娴熟的业务和精湛的技能，是会计人员参与管理的前提。会计人员只有努力钻研业务，不断提高业务技能，深刻领会财经法规和相关制度，才能有效地参与管理；会计人员只有业务娴熟，并具有精湛的技能，才能更好地参与管理，为改善经营管理、提高经济效益服务。

2. 熟悉服务对象的经营活动和业务流程，使管理活动更具针对性和有效性

会计人员应当熟悉本单位的生产经营、业务流程和管理情况，掌握单位的生产经营能力、技能设备条件、产品市场及资料状况等情况。只有如此，才能充分利用会计工作的优势，为改善单位内部管理、提高经济效益服务。

（八）强化服务

强化服务就是要求会计人员具有良好的服务态度、强烈的服务意识和优秀的服务质量。在工作中，会计人员不仅要有热情、耐心、诚恳的工作态度，待人平等礼貌，而且遇到问题要以商量的口吻，充分尊重服务对象和其他部门的意见。做到大事讲原则，小事讲风格，沟通讲策略，用语讲准确，建议看场合。

强化服务的结果，就是奉献社会。强化服务、奉献社会是会计职业道德的出发点和归宿。强化服务的基本要求如下。

1. 强化服务意识

会计人员要树立强烈的服务意识，要摆正自己的工作位置，管钱管账是自己的工作职责，参与管理是自己的义务。切不可养成“官大办得快，官小办得慢，无官拖着办”“利多马上办，利少慢慢办，无利事不办”的工作作风。

2. 提高服务质量

提高服务质量是强化服务的关键。单位会计人员的服务质量表现在：是否真实地记录单位的经济活动，向有关方面提供可靠的会计信息；是否积极主动地向单位领导反映经营活动情况和存在的问题，提出合理化建议，协助领导决策，参与经营管理活动。注册会计师的服务质量表现在，是否以客观、公正的态度正确评价委托单位的财务状况、经营成果，出具恰当的审计报告，为社会公众及信息使用者提供优质的审计信息。

三、会计职业道德与会计法律制度的关系

（一）会计职业道德与会计法律制度的联系

会计职业道德与会计法律制度有着共同的目标、相同的调整对象、承担着同样的职责，

两者联系密切。主要表现如下。

1. 两者在作用上相互补充、相互协调

在规范会计行为中，人们不可能完全依赖会计法律制度的强制功能而排斥会计职业道德的教化功能，会计行为不可能都由会计法律制度进行规范，不需要或不宜由会计法律制度进行规范的行为，可通过会计职业道德规范来实现；同时，那些基本的会计行为必须运用会计法律制度强制遵守。总之，会计职业道德是会计法律制度正常运行的社会和思想基础，会计法律制度是促进会计职业道德规范形成和遵守的重要保障。

2. 两者在内容上相互借鉴，相互吸收

会计法律制度中包含有会计职业道德规范的内容，同时，会计职业道德规范中也包含会计法律制度的某些条款。最初的会计职业道德规范就是对会计职业行为约定俗成的基本要求，后来制定的会计法律制度吸收了这些基本要求，便形成了会计法律制度。可以说，会计法律制度是会计职业道德的最低要求。

（二）会计职业道德与会计法律制度的区别

会计职业道德与会计法律制度的区别如下。

1. 两者的性质不同

会计法律制度体现统治阶级的愿望和意志，通过国家机器强制执行，具有很强的他律性。在同一社会里，只允许存在一种会计法律制度。会计职业道德主要依靠会计从业人员的自觉性，并依靠社会舆论和人的良心来实现，基本上是非强制执行的，具有很强的自律性。在同一社会里，会计职业道德不是唯一的。

2. 两者作用范围不同

会计法律制度侧重于调整会计人员的外在行为和结果，具有较强的客观性。会计职业道德不仅要调整会计人员的外在行为，还要调整会计人员内在的精神世界，具有较强的主观性。会计法律制度是对会计从业人员行为的最低限度的要求，会计职业道德调节的范围比会计法律制度广泛。违反会计职业道德的行为，不一定违反会计法律制度。

3. 两者表现形式不同

会计法律制度是通过一定的程序由国家立法部门或行政管理部门制定的，其表现形式是具体的、明确的、正式形成文字的成文规定。而会计职业道德出自会计人员的职业生活和职业实践，其表现形式既有明确的成文规定，也有不成文的规范，它存在于人们的意识和信念之中。即使是那些成文的会计职业道德与会计法律制度相比，在表现形式上也缺乏具体性和准确性，通常只是指出会计人员应当做或不应当做某种行为的一般原则和要求。

4. 实施保障机制不同

会计法律制度由国家强制力保障实施；会计职业道德既有国家法律的相应要求，又需要会计人员自觉地遵守。

5. 两者的评价标准不同

会计法律制度是以会计法律法规为依据，以会计人员享有的权利和应尽的义务为标准来判定其行为是否违法。而会计职业道德则以善恶为标准来判定会计人员的行为是否违背道德规范。

四、会计诚信与会计职业道德的关系

会计诚信要做老实人，说老实话，办老实事，不搞虚假，不为利益所诱惑，要执业谨慎，信誉为上。它是会计职业道德的最基本规范，是会计职业道德的精髓。

会计诚信和会计职业道德之间是部分与整体的关系，两者彼此作用，相互影响，互为促进。

1. 会计职业道德是会计诚信等规范的总体体现，带动会计诚信的提升

会计人员从事各种会计活动，要按照会计法律制度的规定、会计职业道德的要求，会计人员必须爱岗敬业、诚实守信、廉洁自律、客观公正、坚持准则、参与管理、强化服务。会计执业环境日益发展变化，会计人员的会计职业活动越来越复杂，这要求会计人员具有较好的会计职业道德素养。从事会计职业活动的会计人员在社会环境、企业环境的影响下，加之国家法制的不断完善、社会信用体系的构建、会计诚信奖惩机制的实施，会计人员的职业道德素养也会随之逐步提高，它势必带动会计诚信的提升，杜绝会计失信行为的发生，维护市场经济的良好秩序。

2. 会计诚信是会计职业道德的最高体现，促进会计职业道德的发展

会计诚信是市场经济运行的基础，能够维护市场经济秩序，保证市场经济的发展。会计职业道德是建立在市场经济活动与经济关系之上的，失去这个基础，会计职业道德无存在的意义。会计诚信是会计职业道德的基础与前提。随着经济活动的不断丰富和发展，企业资产所有者、债权人和经营者及社会公众都十分关注会计从业人员“生产”的会计信息的真实性、可靠性，人们对会计工作质量的期望和要求日益提高，促使会计从业人员更加诚实守信，进一步对会计人员坚持准则、客观公正、参与管理、强化服务等提出更高要求。因此，经济越发展，会计诚信越重要，对会计职业道德的要求也越高。

由此可见，会计诚信于整个会计职业道德而言，具有引领、保证的作用，是会计职业道德的最高体现。

【拓展学习】

《财政部关于加强会计人员诚信建设的指导意见》

典型案例分析

【同步练习】

同步练习

第二单元

会计法律制度

模块一　会计法律制度的含义与构成

【案例导入】

河南省洛阳市某机动车检测有限公司负责人常某，财务负责人雷某某，另有四名会计人员。2017 年 7 月 10 日，以上六人因涉嫌隐匿、故意销毁会计凭证犯罪被洛阳市公安局长安路分局执行逮捕。2018 年 2 月 5 日，经法院审理，判决六人有期徒刑和罚金。

据悉，该公司自成立以来，一直使用公司专门印制的检测凭证用于账目核对，但通过少记收入（大约每天实际收入的一半）的方式逃避税款。

2016 年 4 月 1 日，洛阳市地税局稽查局对该公司开展稽查时，调取了该公司检测站未及时藏匿的 4 天使用的检测凭证（2015 年 12 月 26 日至 29 日）。

2016 年 4 月 5 日，被告人常某、雷某某等六人开会研究对策，常某要求在面对调查时，统一口径称这四天使用的内部检测凭证系检测站搞活动所用。随后，为了逃避税务稽查，防止税务机关发现真相，被告人常某指使雷某某等人将历年的内部检测凭证整理后用车辆拉走销毁。被销毁的凭证金额不低于 9824930 元。

【案例解析】

案例中财务负责人雷某某等六人的行为明显违反《中华人民共和国会计法》等法律制度，受到了应有的惩处。该法明确规定对于因做假账、隐匿或者故意销毁会计凭证等违法行为依法追究刑事责任。

会计法律制度是国家权力机关和行政机关制定的，关于会计工作的法律、法规、规章和规范性文件的总称，具体包括《中华人民共和国会计法》《中华人民共和国注册会计师法》《总会计师条例》《企业会计准则》等。会计法律制度要结合社会经济形势不断改进与完善，并以此提升国家治理能力。

【立德树人】

作为会计人员要自觉遵守各项法律制度，做到知法、守法、敬法。

全面依法治国是中国特色社会主义的本质要求和重要保障，党的十九大报告将坚持全面依法治国作为新时代坚持和发展中国特色社会主义的基本方略之一，提出了深化依法治国实践的时代要求，为中国特色社会主义法治实践向纵深发展指明了前进方向。深化依法治国实践，就要加大全民普法力度，建设社会主义法治文化，树立宪法法律至上、法律面前人人平等的法治理念。

党的二十大明确强调：全面依法治国是国家治理的一场深刻革命，关系党执政兴国，关系人民幸福安康，关系党和国家长治久安。

一、会计法律制度的概念

会计法律制度是国家权力机关和行政机关制定的关于会计工作的法律、法规、规章和规范性文件的总称，简称会计法规。会计法律制度是调整会计关系的法律规范。

会计关系是指会计机构和会计人员在办理会计事务过程中，以及国家在管理会计工作过程中发生的各种经济关系。在一个单位中，会计关系的主体为会计机构和会计人员，客体为与会计工作相关的具体事务。

二、会计法律制度的构成

我国会计法律制度主要包括会计法律、会计行政法规、会计部门规章和地方性会计法规，具体内容如表 2－1 所示。

表 2－1　会计法律制度构成

构成	定义	制定机关	效力及举例
会计法律	由全国人民代表大会及其常务委员会经过一定立法程序制定的有关会计工作的法律	全国人民代表大会及其常务委员会	会计法律制度中层次最高的法律规范，是制定其他会计法规的依据，也是指导会计工作的最高准则。 如：《中华人民共和国会计法》（以下简称《会计法》） 《中华人民共和国注册会计师法》（以下简称《注册会计师法》）
会计行政法规	会计行政法规是指由国务院制定并发布，或者国务院有关部门拟定并经国务院批准发布，调整经济生活中某些方面会计关系的法律规范	国务院或者国务院的有关部门	法律效力次于会计法律。 如：《企业财务会计报告条例》《中华人民共和国总会计师条例》（以下简称《总会计师条例》）
会计部门规章	会计部门规章是指国家主管会计工作的行政部门（即财政部）以及其他相关部委根据法律和国务院的行政法规、决定、命令，在本部门的权限范围内制定的、调整会计工作中某些方面内容的国家统一的会计准则制度和规范性文件	财政部	法律效力次于会计行政法规。 如：《代理记账管理办法》 《企业会计准则——基本准则》 《财政部门实施会计监督办法》
地方性会计法规	地方性会计法规是指在同宪法、会计法律、行政法规和国家统一的会计准则制度不相抵触的前提下，由省、自治区、直辖市人民代表大会或常务委员会根据本地区情况制定发布的关于会计核算、会计监督、会计机构和会计人员以及会计工作管理的规范性文件	省、自治区、直辖市人民代表大会或常务委员会	法律效力最低。 如：《云南省会计条例》

【拓展学习】

主要会计法律
制度修订与实施

【同步练习】

同步练习

模块二　会计工作管理体制

【案例导入】

浙江省财政厅财政监督局在2017年度会计师事务所执业质量专项检查中发现某县某会计师事务所及相关注册会计师存在严重执业质量问题。

检查组通过实地查阅审计报告底稿、财务账册，询问相关当事人，赴被审计单位实地检查等方式实施检查。发现该所出具《×县××有限公司2016年审计报告》时，未执行必要的审计程序、未取得充分恰当的审计证据，出具保留意见审计报告。具体包括：

1. 审计意见保留事项不完整；

2. ××有限公司银行存款期末余额列报为2.27万元，但实际上根据3家银行对账单数据合计仅为0.93万元，注册会计师未对发现的差异执行进一步的审计程序，未探究形成差异的原因；

3. 出具同一文号内容不一致的审计报告，供××有限公司申报2016年度省财政补偿资金。

省财政厅根据《中华人民共和国注册会计师法》第三十一条、第三十九条第一款、《会计师事务所审批和监督暂行办法》第六十四条规定，给予该所及签字注册会计师暂停执业六个月的行政处罚。

【案例解析】

本案例中浙江省财政厅财政监督局依法对会计师事务所进行检查，体现了我国会计工作的行政管理体制。

会计工作的管理体制是指划分会计工作管理职责权限关系的制度，包括会计工作组织形式、管理权限划分、管理机构设置等内容。它规定了中央、地方、部门、单位在各方面对会计工作的管理范围、职责权限及其相互关系。我国会计工作管理体制主要包括会计工作的行政管理、会计工作的行业管理和单位内部的会计工作管理。

《中华人民共和国会计法》规定，财政、审计、税务、人民银行、证券监管、保险监管等部门应当依照法律、行政法规规定的职责，对有关单位的会计资料实施监督检查。

【立德树人】

企业、政府各部门相关工作人员都应当通过接受教育、自我修养等渠道不断地提高职业道德水平，弘扬社会主义核心价值观，齐抓共管，确保社会经济良性运行。

职业道德是道德在职业实践活动中的具体体现。我国《公民道德建设实施纲要》提出的职业道德的基本内容是："爱岗敬业、诚实守信、办事公道、服务群众、奉献社会。"

爱岗敬业是职业道德的基础，是社会主义职业道德所倡导的首要规范；诚实守信是做人的基本准则，也是职业道德的精髓；诚实就是实事求是地待人做事，不弄虚作假；办事公道是指处理各种职业事务要公道正派、不偏不倚、客观公正、公平公开；服务群众是指听取群众意见，了解群众需要，端正服务态度，改进服务措施，提高服务质量；奉献社会是职业道德的出发点和归宿。

一、会计工作的行政管理

（一）会计工作行政管理体制

我国会计工作行政管理体制实行统一领导、分级管理的原则。《会计法》第七条规定，国务院财政部门主管全国的会计工作，县级以上地方各级人民政府财政部门管理本行政区域内的会计工作。

财政、审计、税务、人民银行、证券监管、保险监管等部门应当依照法律、行政法规规定的职责，对有关单位的会计资料实施监督检查。这一规定体现了财政部门与其他政府管理部门在管理会计事务中相互协作的关系。

（二）会计工作行政管理内容

会计工作行政管理的内容主要包括以下四个方面：

1. 制定国家统一的会计准则制度

《会计法》第八条规定：国家统一的会计制度，由国务院财政部门根据本法制定并公布。国务院有关部门可以依照本法和国家统一的会计制度制定对会计核算和会计监督有特殊要求的行业实施国家统一的会计制度的具体办法或者补充规定，报国务院财政部门审核批准。中国人民解放军总后勤部可以依照本法和国家统一的会计制度制定军队实施国家统一的会计制度的具体办法，报国务院财政部门备案。

国家实行统一的会计制度。国家统一的会计准则制度是指在全国范围内实施的会计管理方面的规范性文件，主要包括四个方面：

（1）国家统一的会计核算制度；

（2）国家统一的会计监督制度；

（3）国家统一的会计机构和会计人员管理制度；

（4）国家统一的会计工作管理制度。

2. 会计市场管理

财政部门是会计工作和注册会计师行业的主管部门，履行相应的会计管理职责。财政部门对违反会计法律和行政法规规定、扰乱会计秩序的行为，有权管理和规范。

会计市场的管理包括会计市场的准入管理、过程监管和退出管理三个方面。对会计出版市场、培训市场、境外“洋资格”的管理等也属于会计市场管理的范畴。

会计市场的准入管理包括注册会计师资格的取得、会计师事务所的设立、代理记账机构的设立等。

会计市场的运行管理是指财政部门对获准进入会计市场的机构和人员是否遵守各项法律法规执行业务所进行的监督和检查。

会计市场的退出管理是指财政部门对在执业过程中有违反《会计法》《中华人民共和国注册会计师法》（以下简称《注册会计师法》）行为的机构和个人进行处罚，情节严重的，吊销其职业资格，强制其退出会计市场。

3. 会计专业人才评价

会计专业人才是我国经济建设中不可或缺的重要力量，也是我国人才队伍的重要组成部分。目前我国已经基本形成阶梯式的会计人才评价机制，包括初级、中级、高级会计职称以及会计行业领军人才培养评价体系等。此外，对先进会计工作者的表彰奖励和对会计人员的继续教育等内容也属于会计人才评价的范畴。

4. 会计监督检查

财政部门实施的会计监督检查主要是会计信息质量检查和会计师事务所执业质量检查。财政部门对会计市场的监督还包括依法加强对会计行业自律组织的监督和指导。

财政部组织实施全国会计信息质量的检查工作，并依法对违法行为实施行政处罚；县级以上财政部门组织实施本行政区域内的会计信息质量检查工作，并依法对本行政区域单位或人员的违法行为实施行政处罚。

财政部组织实施全国会计师事务所的执业质量检查工作，并依法对违反《注册会计师法》的行为实施行政处罚。省、自治区、直辖市人民政府财政部门组织实施本行政区域内的会计师事务所执业质量检查工作，并依法对本行政区域内会计师事务所或注册会计师违反《注册会计师法》的行为实施行政处罚。

二、会计工作的自律管理

目前我国的会计行业自律组织主要有中国注册会计师协会、中国会计学会、中国总会计师协会等。

（一）中国注册会计师协会

中国注册会计师协会是依据《注册会计师法》和《社会团体登记条例》的有关规定设立的，在财政部和理事会领导下开展行业管理和服务的法定组织。

（二）中国会计学会

中国会计学会创建于1980年，是财政部所属由全国会计领域各类专业组织，以及会计理论界、实务界会计工作者自愿结成的学术性、专业性、非营利性社会组织。

（三）中国总会计师协会

中国总会计师协会是经财政部审核同意、民政部正式批准，依法注册登记成立的跨地区、跨部门、跨行业、跨所有制的非营利性国家一级社团组织，是总会计师行业的全国性自律组织。

三、单位内部的会计工作管理

（一）单位负责人的职责

单位负责人是指单位法定代表人或者法律、行政法规规定代表单位行使职权的主要负责人。单位负责人主要有两类，如表2-2所示。

表2-2　单位负责人类别

类别	概念	举例
单位的法定代表人	指依法代表法人单位行使职权的负责人	国有工业企业的厂长（经理）、公司制企业的董事长、国有机关的最高行政官员等
按照法律、行政法规的规定代表单位行使职权的负责人	具体指代表非法人单位行使职权的负责人	代表合伙企业执行合伙企业事务的合伙人、个人独资企业投资人等

单位负责人对本单位的会计工作和会计资料的真实性、完整性负责，保证会计机构、会计人员依法履行职责，不得授意、指使、强令会计机构和会计人员违法办理会计事项。

（二）会计机构的设置

各单位应当根据会计业务的需要，设置会计机构，或者在有关机构中设置会计人员并指定会计主管人员；不具备设置条件的，应当委托经批准设立从事会计代理记账业务的中介机构代理记账。

国有的和国有资产占控股地位或者主导地位的大、中型企业必须设置总会计师。总会计师的任职资格、任免程序、职责权限由国务院规定。设置总会计师的企业，不得设置与其职权重叠的副职。

（三）会计人员的选拔任用

从事会计工作的人员应具备专业能力、遵守职业道德。担任会计职务应当通过相应级别的会计专业技术资格考试或考评。如担任单位会计机构负责人（会计主管人员）的，除应具备专业能力、遵守职业道德外，还应当具备会计师以上专业技术职务资格或者从事会计工作3年以上经历；担任总会计师应当在取得会计师任职资格后主管一个单位或者单位内一个重要方面的财务会计工作不少于3年。

取得相关资格或者符合有关条件的会计人员能否具体从事相关工作，由所在单位自行决定。单位要加强对本单位会计人员的管理，依法合理设置会计岗位，督促会计人员按照国家统一的会计制度规定进行会计核算和监督。

（四）会计人员回避制度

《会计基础工作规范》规定，国家机关、国有企业、事业单位任用会计人员应当实行回避制度；单位领导人的直系亲属不得担任本单位的会计机构负责人、会计主管人员；会计机构负责人、会计主管人员的直系亲属不得在本单位会计机构中担任出纳工作。

直系亲属包括夫妻关系、直系血亲关系、三代以内旁系血亲以及近姻亲关系等，如图 2－1 所示。

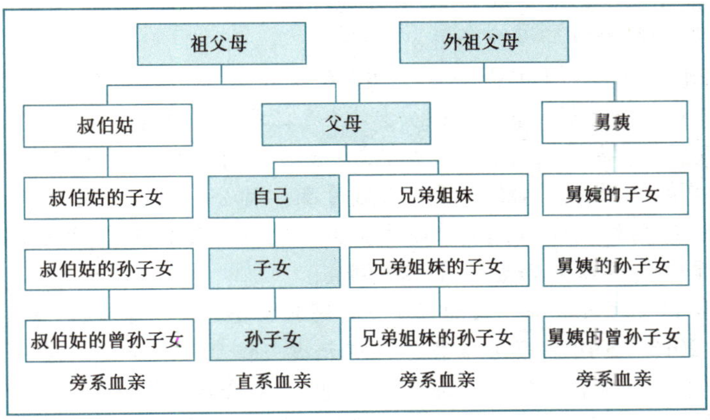

图 2－1　血亲关系

直系血亲关系指和自己有直接血缘关系的亲属，如父母子女，祖父母、外祖父母和孙子女、外孙子女等；三代以内旁系血亲指和自己有直接血缘关系的亲属，如兄弟姐妹、叔侄等；近姻亲关系指因结婚而形成的亲属关系，如岳父母和女婿、公婆和儿媳等。

【拓展学习】

会计行业协会的主要职责

典型案例分析

【同步练习】

同步练习

模块三　会计核算

【案例导入】

2019年我国证券市场屡屡发生上市公司财务造假事件，全年总计有198家上市公司发布过前期会计差错公告。2019年4月30日，KM药业有限公司300亿元货币资金“不翼而飞”，一时引起市场哗然一片。

KM药业有限公司是中药龙头企业。2019年4月29日，KM药业发布更正公告，称其2017年年报数据存在重大会计差错，存货少计195亿元，货币资金多计299亿元，资产负债表、利润表、现金流量表等几乎所有数据都需要更正，对2017年财务报告作出重大调整。

上海证券交易所立刻向KM药业发出监管函，称公司在财务管理、信息披露、内部控制等方面可能存在重大疑问，予以高度关注。此外，证监会已对KM药业审计机构正中珠江会计师事务所涉嫌未勤勉尽责立案调查。

2019年5月17日下午，证监会通报了KM药业调查进展。据证监会称，现已初步查明，KM药业披露的2016—2018年财务报告存在重大虚假信息，一是使用虚假银行单据虚增存款；二是通过伪造业务凭证进行收入造假；三是部分资金转入关联方账户，买卖公司股票。

KM药业有限公司的违法行为受到法律的制裁。

【案例解析】

本案例中KM药业有限公司伪造银行单据、业务凭证等会计凭证，并据此登记账簿、编制虚假财务报表，违反了《中华人民共和国会计法》关于会计核算的相关规定。

会计核算是以货币为主要计量单位，运用专门的方法，对特定主体一定时期的经济活动进行记录、计算和报告的反映。会计核算是会计的基本职能之一，是会计工作的重要环节。

各单位必须根据实际发生的经济业务事项进行会计核算，填制会计凭证，登记会计账簿，编制财务会计报告。任何单位不得以虚假的经济业务事项或者资料进行会计核算。以虚假的经济业务事项或资料进行会计核算，是严重的违法行为。

【立德树人】

会计核算制度使会计人员在进行会计核算时有章可循，从而有利于提高会计核算的质量。随着社会主义市场经济的不断深入和发展，会计核算越来越成为反映经济社会进步的重要渠道和手段。国家宏观经济管理部门、企业内部经营管理部门、资本市场的投资者等都需要通过会计核算了解企业经济运行情况。作为会计人员要切实做好企业会计核算工作，为我国的经济发展创造良好的信息环境。

强化公司的法律监督对全面依法治国具有重大促进作用。党的十九届五中全会明确了“十四五”时期“社会主义民主法治更加健全”和到2035年“基本建成法治国家、法治政府、法治社会”的目标任务，对推进法治中国建设作出重要部署。

党的二十大报告首次单独把法治建设作为专章论述、专门部署，这充分体现了以习近平同志为核心的党中央对全面依法治国的高度重视。

一、会计核算基本要求

（一）会计核算的依据

各单位必须根据实际发生的经济业务事项进行会计核算，填制会计凭证，登记会计账簿，编制财务会计报告。以虚假的经济业务事项或资料进行会计核算，是严重的违法行为。对此，《会计法》作出了禁止性规定，任何单位一旦违反，即是严重的违法行为，将受到法律的严厉制裁。

（二）对会计资料的基本要求

1. 会计资料的生成和提供必须符合国家统一的会计准则制度的规定

会计资料是指在会计核算过程中形成的，记录和反映实际发生的经济业务事项的会计专业资料，主要包括会计凭证、会计账簿、财务会计报告和其他会计资料。

会计资料作为记录会计核算过程和结果的重要载体，是国家进行宏观调控、经营者进行管理和投资者进行决策的重要依据。会计资料所记录和提供的信息也是重要的社会资源。会计资料必须符合国家统一的会计准则制定的规定。

使用电子计算机进行会计核算的，其软件及其生成的会计凭证、会计账簿、财务会计报告和其他会计资料，也必须符合国家统一的会计准则制定的规定。

2. 提供虚假的会计资料是违法行为

会计资料的真实性和完整性，是对会计资料最基本的质量要求，是会计工作的生命线，各单位必须严格按照《会计法》的要求执行，保证所提供的会计资料真实和完整。任何单位和个人都不得伪造变造会计凭证、会计账簿和其他会计资料，不得提供虚假的财务会计报告。

会计资料的真实性主要是指会计资料所反映的内容和结果，应当与本单位实际发生的经济业务内容及结果相一致。

会计资料的完整性主要是指构成会计资料的各项要素都必须齐全，使得会计核算能如实全面地记录和反映经济业务的发生情况，便于会计报表的使用者全面、准确地了解一个单位经济活动情况。

与会计资料的真实性和完整性相对应的是会计资料的不真实和不完整，其原因是多方面的，但伪造、变造会计资料是重要原因之一。具体内容如表 2－3 所示。

表 2－3　虚假会计资料种类

违法行为	概念	主要表现
伪造会计资料	该违法行为是指以虚假经济业务或者资金往来为前提，编制虚假的会计凭证、会计账簿和其他会计资料的行为，即无中生有	1. 伪造根本不存在的经济事项的原始凭证 2. 以存在的会计经济事项为基础，用夸大、缩小或者隐匿事实的手法进行伪造原始凭证，如制作假发票、假收据、假工资表等假的原始凭证 3. 由于会计人员审核不严或玩忽职守、丧失原则，以伪造的原始凭证为基础，填制记账凭证，如根据假发票凭空编制记账凭证的行为等

续表

违法行为	概 念	主要表现
变造会计凭证、账簿和其他会计资料	该违法行为是指用涂改、挖补等手段来改变会计凭证、会计账簿和其他会计资料，即篡改事实	1. 涂改原始凭证中的日期、数量、单价、金额等内容 2. 利用计算机、复印机等工具，对原始凭证进行二次处理 3. 由于会计人员审核不严或玩忽职守、丧失原则，以变造的原始凭证为依据，填制记账凭证，如根据涂改后的发票编制记账凭证的行为
提供虚假财务报告	该违法行为是指通过变造虚假的会计凭证、会计账簿和其他会计资料或者直接篡改财务会计报告上的数据，使财务会计报告不真实、不完整地反映真实财务状况和经营成果，借以误导和欺骗会计资料使用者的行为	1. 由于编制报表的依据（即会计凭证、会计账簿）不真实，导致财务会计报告不真实 2. 直接篡改报表中的数据导致财务报告不真实

二、会计核算资料

（一）会计凭证

会计凭证是指记录经济业务发生或者完成情况的书面证明，是登记账簿的依据。每个企业都必须按一定的程序填制和审核会计凭证，根据审核无误的会计凭证进行账簿登记，如实反映企业的经济业务。《中华人民共和国会计法》对会计凭证的种类、取得、审核、更正等内容进行了规定。

（二）会计账簿

会计账簿是指由一定格式的账页组成的，以经过审核的会计凭证为依据，全面、系统、连续地记录各项经济业务的簿籍。会计账簿是会计资料的重要组成部分，也是会计信息的主要载体之一。

依法设置会计账簿，是单位进行会计核算的最基本要求之一。各单位发生的各项经济业务事项应当在依法设置的会计账簿上统一登记、核算，《会计法》对会计账簿的种类、登记规则等内容进行了详细的规定。

（三）财务报表

财务报表是对企业财务状况、经营成果和现金流量的结构性表述。财务报表至少应当包括下列组成部分：资产负债表、利润表、现金流量表、所有者权益（或股东权益，下同）变动表、附注。财务报表上述组成部分具有同等的重要程度。

财务报表由单位负责人和主管会计工作的负责人、会计机构负责人（会计主管人员）签名并盖章；设置总会计师的单位，还须由总会计师签名并盖章。单位负责人应当保证财务报表真实、完整。

各单位应当按照法律、行政法规和国家统一的会计准则制度有关财务会计报告提供期限的规定，及时对外提供财务报表。财务报表须经注册会计师审计的，注册会计师及其所在的会计师事务所出具的审计报告应当随同财务报表一并提供。

三、会计档案管理

《会计档案管理办法》对会计档案的内容、管理部门、归档、移交、查阅、保管期限及会计档案的销毁等内容均有明确规定，各单位必须遵照执行。

（一）会计档案的内容

会计档案是指单位在进行会计核算等过程中接收或形成的，记录和反映单位经济业务事项的，具有保存价值的文字、图表等各种形式的会计资料，包括通过计算机等电子设备形成、传输和存储的电子会计档案。各单位的预算、计划、制度等文件材料属于文书档案，不属于会计档案。具体内容如表2 -4所示。

表 2 -4　　会计档案具体内容

档案类别	具体内容
1. 会计凭证类	包括原始凭证、记账凭证、汇总凭证和其他会计凭证
2. 会计账簿类	包括总账、明细账、日记账、固定资产卡片、其他辅助性账簿
3. 财务会计报告类	包括资产负债表、利润表、现金流量表、所有者权益（或股东权益，下同）变动表和附注
4. 其他会计资料	包括银行存款余额调节表、银行对账单、纳税申报表、会计档案移交清册、会计档案保管清册、会计档案销毁清册、会计档案鉴定意见书及其他具有保存价值的会计资料

（二）会计档案的管理部门

各级人民政府财政部门和档案行政管理部门共同负责会计档案工作的指导、监督和检查。

各单位必须加强对会计档案管理工作的领导，建立会计档案的立卷、归档、保管、查阅和销毁等管理制度，保证会计档案妥善保管、有序存放、方便查阅，严防毁损、散失和泄密。

（三）会计档案的归档

各单位每年形成的会计档案，应当按照归档要求，由会计机构负责整理立卷归档。采用电子计算机进行会计核算的单位，应当保存打印出的纸质会计档案。

（四）会计档案的移交

当年形成的会计档案，在会计年度终了后，可暂由会计机构保管一年，期满之后，应当由会计机构编制移交清册，移交本单位档案机构统一保管；未设立档案机构的，应当在会计机构内部指定专人保管。出纳人员不得兼管会计档案。

移交本单位档案机构保管的会计档案，原则上应当保持原卷册的封装。个别需要拆封重新整理的，档案机构应当会同会计机构和经办人员共同拆封整理，以分清责任。

单位之间交接会计档案的，交接双方应当办理会计档案交接手续。移交会计档案的单位，应当编制会计档案移交清册，列明应当移交的会计档案名称、卷号、册数、起止年度和档案编号、应保管期限、已保管期限等内容。交接会计档案时，交接双方应当按照会计档案移交清册所列内容逐项交接，并由交接双方的单位负责人负责监交。交接完毕后，交接双方经办人和监交人应当在会计档案移交清册上签名或盖章。

（五）会计档案的查阅

各单位应当建立健全会计档案查阅、复制登记制度。

各单位保存的会计档案不得借出。如有特殊需要，经本单位负责人批准，可以提供查阅或者复制，并办理登记手续。查阅或者复制会计档案的人员，严禁在会计档案上涂画、拆封和抽换。

我国境内所有单位的会计档案不得携带出境。

（六）会计档案的保管期限

会计档案保管期限分为永久、定期两类。会计档案的保管期限，从会计年度终了后的第一天算起。永久，是指会计档案须永久保存；定期，是指会计档案保存应达到法定的时间，定期保管期限一般分为 10 年和 30 年。《会计档案管理办法》规定的会计档案保管期限为最低保管期限。具体内容如表 2－5 所示。

表 2－5　　单位或其他组织会计档案保管期限

序号	档案名称	保管期限	备注
一	**会计凭证类**		
1	原始凭证	30 年	
2	记账凭证	30 年	
二	**会计账簿类**		
3	总账	30 年	
4	明细账	30 年	
5	日记账	30 年	
6	固定资产卡片		固定资产报废清理后保管 5 年
7	其他辅助性账簿	30 年	
三	**财务报告类**		
8	月度、季度、半年度财务报告	10 年	
9	年度财务报告	永久	
四	**其他会计资料**		
10	银行存款余额调节表	10 年	
11	银行对账单	10 年	
12	纳税申报表	10 年	
13	会计档案移交清册	30 年	
14	会计档案保管清册	永久	
15	会计档案销毁清册	永久	
16	会计档案鉴定意见书	永久	

（七）会计档案的鉴定与销毁

1. 会计档案的鉴定

单位应当定期对已到保管期限的会计档案进行鉴定，并形成会计档案鉴定意见书。经鉴定，仍需继续保存的会计档案，应当重新划定保管期限；对保管期满，确无保存价值的会计档案，可以销毁。会计档案鉴定工作应当由单位档案管理机构牵头，组织单位会计、审计、纪检监察等机构或人员共同进行。

2. 会计档案的销毁

经鉴定可以销毁的会计档案，其基本程序和要求如下：

（1）单位档案管理机构编制会计档案销毁清册，列明拟销毁会计档案的名称、卷号、册数、起止年度、档案编号、应保管期限、已保管期限和销毁时间等内容。

（2）单位负责人、档案管理机构负责人、会计管理机构负责人、档案管理机构经办人、会计管理机构经办人在会计档案销毁清册上签署意见。

（3）单位档案管理机构负责组织会计档案销毁工作，并与会计管理机构共同派员监销。监销人在会计档案销毁前应当按照会计档案销毁清册所列内容进行清点核对；在会计档案销毁后，应当在会计档案销毁清册上签名或盖章。

电子会计档案的销毁还应当符合国家有关电子档案的规定，并由单位档案管理机构、会计管理机构和信息系统管理机构共同派员监销。

3. 不得销毁的会计档案

保管期满但未结清的债权债务原始凭证和涉及其他未了事项的会计凭证不得销毁，纸质会计档案应当单独抽出立卷，电子会计档案单独转存，保管到未了事项完结时为止。单独抽出立卷或转存的会计档案，应当在会计档案鉴定意见书、会计档案销毁清册和会计档案保管清册中列明。

【拓展学习】

经济业务概述

典型案例分析

【同步练习】

同步练习

模块四　会计监督

【案例导入】

江苏省南通市某知名快餐连锁企业的出纳云朵（化名），从2011年开始侵占公司钱款，至2018年的7年间侵占公司资金1000多万元无人知晓，直到2018年4月她投案自首。南通市崇川区检察院以涉嫌职务侵占罪对犯罪嫌疑人云朵依法批准逮捕。

7年侵占1000多万元，居然没人察觉？云朵就是摸准各种规则的漏洞，连续破解三道监管“关卡”，不露声色地挪用公款。此案例中，监管制度上有几个弊端值得反思：第一，云朵作为公司出纳的权限太大，除了负责所有支出，甚至还可间接插手公司财务审计审查，埋下隐患；第二，公司会计书面审查对账单流于形式；第三，会计师事务所没有严格按规定行使专业审计权，询证函设计本身也存在漏洞；第四，银行审查意识淡薄。

资料来源：江海明珠报。

【案例解析】

本案例中，云朵利用职务之便7年间侵吞公司巨额资金1000多万元，无人察觉，暴露出公司会计监督不到位，财务管理漏洞很大。

会计监督是指单位内部的会计机构和会计人员、依法享有经济监督检查职权的政府有关部门、依法批准成立的社会审计中介组织，对国家机关、社会团体、企业事业单位经济活动的合法性、合理性和会计资料的真实性、完整性以及本单位内部预算执行情况所进行的监督。

会计监督有内部监督和外部监督之分。其中，单位内部会计监督包括内部控制和内部审计等；外部监督包括政府监督和社会监督。目前，我国实行的是单位内部监督、政府监督和社会监督“三位一体”的会计监督体系。

【立德树人】

会计人员应当树立“至真”意识。云朵的会计职业道德缺失是根本原因，会计人员应当将“至真”作为会计工作的生命线，诚实守信，廉洁自律。

会计人员应当树立风险意识。会计监督是规避风险的有力措施之一，会计造假、财务舞弊都是会计监督不力的表现，这不仅会导致经济金融风险，还会引发严重的廉政风险。在充满各种不确定性的当今社会，会计监督是对冲公共风险，构建经济社会发展确定性的基石。改进和加强会计监督，是坚持和完善党和国家监督体系、提升国家风险管控能力的重中之重。作为会计人员要在全面依法治国战略引领下，提升会计监督的法治化水平。

一、单位内部监督

（一）单位内部会计监督的概念

单位内部会计监督是指会计机构、会计人员依照法律的规定，通过会计手段对经济活动的合法性、合理性和有效性进行的一种监督。单位内部会计监督的主体是各单位的会计机构和会计人员。内部监督的对象是各单位的经济活动。

会计机构和会计人员对违反《会计法》和国家统一的会计制度规定的会计事项，有权拒绝办理或者按照职权予以纠正。

会计机构和会计人员发现会计账簿记录与实物、款项及有关资料不相符的，按照国家统一的会计制度的规定有权自行处理的，应当及时处理；无权处理的，应当立即向单位负责人报告，请求查明原因，做出处理。

会计机构和会计人员应当忠于职守，认真履行监督职责，不得放弃原则，不得失职、渎职，更不能与违法者同流合污。一切妨碍、阻挠会计机构、会计人员进行会计监督的行为都是违法行为。任何人都应支持会计机构、会计人员依法行使会计监督权。

（二）建立单位内部会计监督制度的要求

根据《会计法》的规定，各单位应当建立健全本单位内部会计监督制度和内部控制制度。单位内部会计监督制度应当符合以下要求：

（1）记账人员与经济业务事项或会计事项的审批人员、经办人员、财物保管人员的职责权限应当明确，并相互分离、相互制约；

（2）重大对外投资、资产处置、资金调度和其他重要经济业务事项的决策和执行的相互监督、相互制约的程序应当明确；

（3）财产清查的范围、期限和组织程序应当明确；

（4）对会计资料定期进行内部审计的办法和程序应当明确。

（三）内部控制

1. 内部控制的概念与目标

对企业而言，内部控制是指由企业董事会、监事会、经理层和全体员工实施的、旨在实现控制目标的过程。对行政事业单位而言，内部控制是指单位为实现控制目标，通过制定制度、实施措施和执行程序，对经济活动的风险进行防范和管控。

企业内部控制的目标主要包括：合理保证企业经营管理合法合规、资产安全、财务报告及相关信息真实完整，提高经营效率和效果，促进企业实现发展战略。

行政事业单位内部控制的目标主要包括：合理保证单位经济活动合法合规、资产安全和使用有效、财务信息真实完整，有效防范舞弊和预防腐败，提高公共服务的效率和效果。

2. 内部控制的原则

内部控制的原则如表 2－6 所示。

表 2-6　内部控制的原则

原则	具体要求
全面性原则	内部控制应当贯穿决策、执行和监督的全过程，覆盖各种业务和事项，实现对经济活动的全面控制
重要性原则	内部控制应当在全面控制的基础上，关注重要经济活动和经济活动的重大风险
制衡性原则	企业内部控制应当在企业治理结构、机构设置及权责分配、业务流程等方面形成相互制约、相互监督，同时兼顾运营效率。行政事业单位内部控制应当在单位内部的部门管理、职责分工、业务流程等方面形成相互制约，相互监督
适应性原则	企业内部控制应当与企业经营规模、业务范围、竞争状况和风险水平等相适应，并随着情况的变化及时加以调整。行政事业单位内部控制应当符合国家有关规定和单位的实际情况，并随外部环境的变化、单位经济活动的调整和管理要求的提高，不断修订和完善
成本效益原则	企业内部控制应当权衡实施成本与预期效益，以适当的成本实现有效控制

3. 内部控制的责任人

对企业而言，董事会负责内部控制的建立健全和有效实施监督；监事会对董事会建立与实施内部控制进行监督；经理层负责组织领导企业内部控制的日常运行；企业应当成立专门机构或者指定适当的机构具体负责组织协调内部控制的建立实施及日常工作。

对行政事业单位而言，单位负责人对本单位内部控制的建立健全和有效实施负责。单位应当建立适合本单位实际情况的内部控制体系，并组织实施。

4. 内部控制的内容

企业建立与实施有效的内部控制，应当包括下列要素：

（1）内部环境。内部环境是企业实施内部控制的基础，一般包括治理结构、机构设置及权责分配、内部审计、人力资源政策、企业文化等。

（2）风险评估。风险评估是企业及时识别、系统分析经营活动中与实现内部控制目标相关的风险，合理确定风险应对策略。

（3）控制活动。控制活动是企业根据风险评估结果，采用相应的控制措施，将风险控制在可承受范围之内。控制措施一般包括：不相容职务分离控制、授权审批控制、会计系统控制、财产保护控制、预算控制、运营分析控制和绩效考评控制等。

（4）信息与沟通。信息与沟通是企业及时、准确地收集、传递与内部控制相关的信息，确保信息在企业内部、企业与外部之间进行有效沟通。

（5）内部监督。内部监督是企业对内部控制的建立与实施情况进行监督检查，评价内部控制的有效性，发现内部控制缺陷，并及时加以改进。内部监督分为日常监督和专项监督。日常监督是指企业对建立与实施内部控制的情况进行常规、持续的监督检查；专项监督是指在企业发展战略、组织结构、经营活动、业务流程、关键岗位员工等发生较大调整或变化的情况下，对内部控制的某一或者某些方面进行有针对性的监督检查。专项监督的范围和频率应当根据风险评估结果以及日常监督的有效性等予以确定。

行政事业单位建立与实施内部控制的具体工作包括：梳理单位各类经济活动的业务流程，明确业务环节，系统分析经济活动风险，确定风险点，选择风险应对策略。在此基础上根据国家有关规定建立健全单位各项内部管理制度并督促相关工作人员认真执行。

5. 企业及行政事业单位内部控制的控制措施和方法

企业内部控制措施和方法包括不相容职务分离控制、授权审批控制、会计系统控制、财产保护控制、预算控制、运营分析控制、绩效考评控制等。行政事业单位内部控制的措施和方法包括不相容岗位相互分离、内部授权审批控制、归口管理、预算控制、资产保护控制、会计控制、单据控制、信息公开控制、信息技术控制等。

(四) 内部审计

内部审计是和政府审计、社会审计并列的三种审计类型之一。内部审计可以对会计工作实行控制和再监督，是单位内部保证会计资料真实、完整的重要措施。

内部审计的基本内容如表 2－7 所示。

表 2－7　　内部审计的基本内容

<table>
<tr><th>项 目</th><th colspan="2">具体内容</th></tr>
<tr><td>概 念</td><td colspan="2">内部审计是指单位内部的一种独立客观的监督和评价活动，它通过单位内部独立的审计机构和审计人员审查和评价本部门、本单位财务收支和其他经营活动以及内部控制的适当性、合法性和有效性来促进单位目标的实现</td></tr>
<tr><td>内 容</td><td colspan="2">内部审计是一个不断发展变化的范畴，主要包括：财务审计、经营审计、经济责任审计、管理审计和风险管理等</td></tr>
<tr><td>特 点</td><td colspan="2">内部审计的审计机构和审计人员都设在本单位内部，具有内部性
审计的内容更侧重于经营过程是否有效、各项制度是否得到遵守与执行，具有服务性
审计结果的客观性和公正性较低，并且以建议性意见为主，具有相对独立性</td></tr>
<tr><td rowspan="3">作 用</td><td>预防保护作用</td><td>内部审计机构通过对会计部门工作的监督，有助于强化单位内部管理控制制度，及时发现问题纠正错误，填补管理漏洞，减少损失，保护资产的安全与完整，提高会计资料的真实性、可靠性</td></tr>
<tr><td>服务促进作用</td><td>内部审计机构作为企业内部的一个职能部门，熟悉企业的生产经营活动等情况，工作便利。因此，通过内部审计，可在企业改善管理、挖掘潜力、降低生产成本、提高经济效益等方面起到积极的促进作用</td></tr>
<tr><td>评价鉴证作用</td><td>内部审计是基于受托经济责任的需要而产生和发展起来的，是经营管理分权制的产物。随着企业单位规模的扩大，管理层次增多，对各部门经营业绩的考核与评价是现代管理不可缺少的组成部分。通过内部审计，可以对各部门活动作出客观、公正的审计结论和意见，起到评价和鉴证的作用</td></tr>
</table>

二、会计工作的政府监督

(一) 会计工作政府监督的概念

会计工作的政府监督主要是指财政部门代表国家对单位和单位中相关人员的会计行为实施的监督检查，以及对发现的违法会计行为实施的行政处罚。会计工作的政府监督是一种外部监督。

财政部门是会计工作政府监督的实施主体。除财政部门外，审计、税务、中国人民银行、国家金融监督管理总局、中国证券监督管理委员会等部门依照有关法律、行政法规规定的职责和权限，可以对有关单位的会计资料实施监督检查。

（二）财政部门会计监督的主要内容

财政部门实施会计监督检查的内容如表 2－8 所示。

表 2－8　　财政部门实施会计监督检查的内容

主要内容	具体内容
对单位依法设置会计账簿的检查	按照法律、行政法规和国家统一的会计准则制度的规定，应当设置会计账簿的单位是否设置账簿
	设置会计账簿的单位，其设置的账簿是否符合法律、行政法规和国家统一的会计准则制度要求
	单位是否存在账外设账的违法行为等
对单位会计资料真实性、完整性的检查	应当依法办理会计手续、进行会计核算的经济业务事项是否如实在会计凭证、会计账簿、财务会计报告和其他会计资料上反映
	填制的会计凭证、登记的会计账簿、编制的财务会计报告与实际发生的经济业务事项是否相符
	财务会计报告的内容是否符合有关法律、行政法规和国家统一的会计准则制度的规定
	其他会计资料是否真实、完整
	使用的会计软件及其生成的会计资料是否符合法律、行政法规和国家统一的会计准则制度的规定等
对单位会计核算情况的检查（即检查会计核算是否符合《会计法》和国家统一的会计准则制度的规定）	采用的会计年度、使用的记账本位币和会计记录文字是否符合有关规定
	填制或者取得的原始凭证、填制的记账凭证、登记的会计账簿是否符合有关规定
	财务会计报告的编制程序、报送对象和报送期限是否符合有关规定
	会计处理方法的采用和变更是否符合有关规定
	是否按照有关规定建立并实施内部会计监督制度
	会计档案的建立、保管和销毁是否符合有关规定
	会计核算是否有其他违法会计行为等
对单位会计人员任职资格的检查	会计机构负责人（会计主管人员）是否具备法律、行政法规和国家统一的会计准则制度规定的任职资格等
对会计师事务所出具的审计报告的程序和内容的检查	国务院财政部门和省、自治区、直辖市人民政府财政部门应当对会计师事务所出具审计报告的程序和内容进行监督检查。这是对社会中介组织监督职能的再监督，有利于会计监督职能的强化和完善

三、会计工作的社会监督

（一）会计工作社会监督的概念

会计工作的社会监督主要是指由注册会计师及其所在的会计师事务所依法对委托单位的经济活动进行审计、鉴证的一种外部监督。此外，单位和个人检举违反《会计法》和国家统一的会计准则制度规定的行为，也属于会计工作社会监督的范畴。

会计工作的社会监督是一种外部监督，是对单位内部监督的再监督，其特征是监督行为的独立性和有偿性。社会监督以其特有的中介性和公正性而得到法律认可，具有很强的权威性、公正性。

（二）注册会计师审计与内部审计的关系

注册会计师审计与内部审计既有联系又有区别，如表2－9所示。

表2－9　注册会计师审计与内部审计的关系

联系	1. 都是现代审计体系的重要组成部分	
	2. 都关注内部控制的健全性和有效性	
	3. 注册会计师审计可能涉及对内部审计成果的利用等	
区别	审计独立性不同	内部审计是本单位的一个职能部门，具有相对的独立性
		注册会计师审计则完全独立于被审计单位
	审计方式不同	内部审计依照单位经营管理的需要自行组织实施，具有较大的灵活性
		注册会计师审计则是受托审计，必须依照《注册会计师法》、职业准则、规则实施审计
	审计的职责和作用不同	内部审计的结果只对本部门、本单位负责，只作为本部门、本单位改进经营管理的参考，不对外公开
		注册会计师审计需要对外部投资者、债权人及其他利益相关者负责，对外出具审计报告具有鉴证作用
	接受审计的自愿程度不同	内部审计时，单位内部的组织必须接受内部审计人员的监督
		注册会计师审计时，委托人可自由选择会计师事务所

（三）注册会计师的业务范围

注册会计师执行业务，应当加入会计师事务所。注册会计师可以承办审计业务和会计咨询、会计服务业务。注册会计师承办业务，由其所在的会计师事务所统一受理并与委托人签订委托合同。会计师事务所对本所注册会计师承办的业务承担民事责任。

注册会计师的业务范围如表2－10所示。

表2－10　注册会计师的业务范围

执行业务	具体业务范围
审计业务	1. 审查企业会计报表，出具审计报告
	2. 验证企业资本，出具验资报告
	3. 办理企业合并、分立、清算事宜中的审计业务，出具有关的报告
	4. 法律、行政法规规定的其他审计业务

续表

执行业务	具体业务范围
会计咨询、会计服务业务	1. 设计财务会计制度
	2. 担任会计顾问，提供会计、财务、税务和其他经济管理咨询
	3. 代理记账
	4. 代理纳税申报
	5. 代办申请注册登记，协助拟定合同、协议、章程及其他经济文件
	6. 培训会计人员
	7. 审核企业前景财务资料
	8. 资产评估

【拓展学习】

注册会计师

【同步练习】

同步练习

模块五　会计机构与会计人员

【案例导入】

2019年5月，广东省某公司的财务经理邓女士，离职后索要正常工资反被公司状告。该公司认为，因邓女士任职期间未认证全部发票，导致其预先缴纳了548342.2元税费，并因其资金来源为公司借贷而得，又损失利息49351元，因此公司要求邓女士赔偿对应税款和利息共计597693.2元。但邓女士有证据已履行了工作交接手续，将未认证事项和日常认证情况缘由都已交接清楚，故法院对该公司的状告不予支持。

【案例解析】

本案例的关键点是会计人员的会计工作交接。

公司主张将近60万元的赔偿，为何状告无果？本案例中，全因会计人员离职时严格按照会计法律制度规定进行工作交接和资料交接，完全可以称得上是“交接范本”，从本案例中也足以看出工作交接的重要性。若邓女士没有按规定交接，试想一下，结果又如何？这就要求，不仅是离职的员工需要办理会计工作交接手续，新入职接手的、因病暂时不能工作的会计人员也必须办理会计工作交接手续。

根据《中华人民共和国会计法》第四十一条规定：会计人员调动工作或者离职，必须与接管人员办清交接手续。一般会计人员办理交接手续，由会计机构负责人（会计主管人员）监交；会计机构负责人（会计主管人员）办理交接手续，由单位负责人监交，必要时主管单位可以派人会同监交。

【立德树人】

作为社会的一员，会计人员首先应当严格遵守法律制度，恪守职业道德，以身作则。遵纪守法是对每个会计从业者的最低要求；其次，会计人员应当培养严谨的工作作风，工作中要一丝不苟，细致入微，尽量避免差错，只有这样才能实现个人和企业单位双赢，构建和谐的工作关系。

一、会计机构的设置

（一）办理会计事务的组织方式

各单位办理会计事务的组织方式有三种：

（1）单独设置会计机构；

（2）有关机构中配置专职会计人员；

（3）实行代理记账。

（二）会计机构负责人的任职资格

会计机构负责人（会计主管人员）是指在一个单位内部具体负责会计工作的中层领导人员。设置会计机构的，应该配备会计机构负责人；在有关机构中配备专职会计人员的，应该在专职会计人员中指定会计主管人员。

担任单位会计机构负责人（会计主管人员）的，应当具备会计师以上专业技术职务资格或者从事会计工作3年以上经历。

二、会计工作的岗位设置

会计工作组织机构设置如图2－2所示。

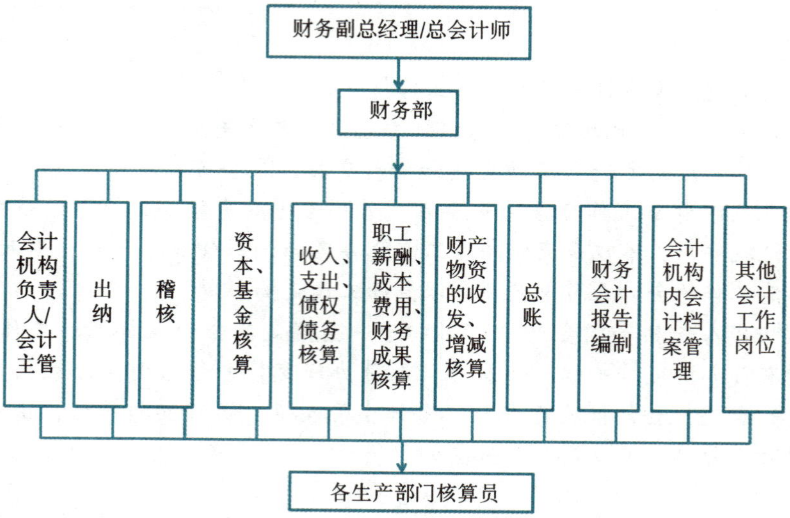

图 2－2　会计工作组织机构设置

会计工作岗位设置的基本内容如表 2－11 所示。

表 2－11　　会计工作岗位设置的基本内容

岗位知识点	基本内容	
概念	会计岗位是指单位会计机构内部根据业务分工而设置的从事会计工作、办理会计事项的具体职位	
会计岗位设置要求	按需设岗	业务活动规模大、业务过程复杂、经济业务量较多和管理较严格的单位，会计机构相应较大，会计机构内部的分工相应较细，会计人员和岗位也相应较多
		业务活动规模小、业务过程简单、经济业务量较少和管理要求不高的单位，会计机构相应较小，会计机构内部的分工会相应较粗，会计人员和岗位也相应较少
	符合内部牵制的要求	1. 内部牵制制度原则，即机构分离、职务分离、钱账分离、物账分离等 2. 对出纳等岗位的职责和限制性规定 3. 有关部门或领导对限制性岗位的定期检查办法
	建立岗位责任制	1. 会计机构内部岗位责任制是指明确各项具体会计工作的职责范围、具体内容和要求，并落实到每个会计工作岗位或会计人员的一种会计工作责任制度； 2. 会计岗位责任制是单位会计人员履行会计岗位职责，提高工作效率的有效保证。因此，各单位应当建立会计岗位责任制
	建立轮岗制度	1. 对会计人员的工作岗位应当有计划地进行轮换，以促进会计人员全面熟悉业务和不断提高业务素质 2. 会计人员轮岗，不仅是会计工作本身的需要，也是加强会计人员队伍建设的需要 3. 定期、不定期地轮换会计人员的工作岗位，也有利于增强会计人员之间的团结合作意识，进一步完善单位内部控制制度

续表

岗位知识点	基本内容
主要会计工作岗位	1. 总会计师（或行使总会计师职权）岗位 2. 会计机构负责人或者会计主管人员岗位 3. 出纳岗位 4. 稽核 5. 资本、基金核算 6. 收入、支出、债权债务核算 7. 职工薪酬、成本费用、财务成果核算 8. 财产物资的收发、增减核算 9. 总账 10. 财务会计报告编制 11. 会计机构内会计档案管理 12. 其他会计工作岗位 开展会计电算化和管理会计的单位，可以根据需要设置相应工作岗位，也可以与其他工作岗位相结合

会计工作岗位可以一人一岗、一人多岗或者一岗多人，凡是涉及款项和财务收付、结算及登记的任何一项工作，必须由两人或两人以上分工办理，以起到相互制约的作用。出纳不得兼管稽核、会计档案保管和收入、费用、债权债务账目的登记工作；出纳以外的人员不得经管库存现金、有价证券、票据。

会计机构中对正式移交之前的会计档案进行保管的工作岗位属于会计岗位，但档案管理部门中对正式移交之后的会计档案进行保管的会计档案管理岗位，不再属于会计岗位。单位内部审计、社会审计和政府审计等工作相关的岗位也不属于会计岗位。

三、会计工作的交接

会计工作交接，也称会计人员工作交接，是指会计人员工作调动、离职或因病暂时不能工作，应与接管人员办理交接手续的一种工作程序。

（一）交接的范围

会计人员工作交接的范围有：

（1）会计人员临时离职或因病不能工作、需要接替或代理的，会计机构负责人（会计主管人员）或单位负责人必须指定专人接替或者代理，并办理会计工作交接手续；

（2）临时离职或因病不能工作的会计人员恢复工作时，应当与接替或代理人员办理交接手续；移交人员因病或其他特殊原因不能亲自办理移交手续的，经单位负责人批准，可由移交人委托他人代办交接，但委托人应当对所移交的会计凭证、会计账簿、财务会计报告和其他有关资料的真实性、完整性承担法律责任。

（二）交接程序

会计人员工作调动或者因故离职，必须将本人所经管的会计工作全部移交给接替人员。没有办清交接手续的，不得调动或者离职。

具体办理会计工作交接，应按以下程序进行：

1. 提出交接申请

会计人员在向单位或者有关机关提出调动工作或者离职的申请时，应当同时向会计机构提出会计交接申请，以便会计机构早做准备，安排其他会计人员接替工作。为了防止调动工作或者离职申请被批准后少数会计人员不办理会计交接手续，单位或者有关机关在批准其申请前，应当主动与本单位的会计机构负责人沟通，了解该会计人员是否申请办理交接手续，以及会计机构的意见等。交接申请的内容通常应当包括：申请人姓名、申请调动工作或者离职的缘由、时间、会计交接的具体安排、有无重大报告事项或者建议等。

2. 办理移交手续前的准备工作

会计人员在办理会计工作交接前，必须做好以下准备工作：

（1）已经受理的经济业务尚未填制会计凭证的，应当填制完毕；

（2）尚未登记的账目，应当登记完毕，结出余额，并在最后一笔余额后加盖经办人印章；

（3）整理好应该移交的各项资料，对未了事项和遗留问题要写出书面说明材料；

（4）编制移交清册，列明应该移交的会计凭证、会计账簿、财务会计报告、公章、库存现金、有价证券、支票簿、发票、文件、其他会计资料和物品等内容；实行会计电算化的单位，从事该项工作的移交人员应在移交清册上列明会计软件及密码、数据盘、磁带等内容；

（5）机构负责人（会计主管人员）移交时，应将财务会计工作、重大财务收支问题和会计人员等情况，向接替人员介绍清楚。

3. 移交点收

移交人员离职前，必须将本人经管的会计工作，在规定的期限内，全部向接管人员移交清楚。接管人员应认真按照移交清册逐项点收。具体要求包括：

（1）库存现金要根据会计账簿记录余额进行当面点交，不得短缺。接替人员发现不一致或“白条顶库”现象时，移交人员在规定期限内负责查清处理。

（2）有价证券的数量要与会计账簿记录一致，有价证券面额与发行价不一致时，按照会计账簿余额交接。

（3）会计凭证、会计账簿、财务会计报告和其他会计资料必须完整无缺，不得遗漏。如有短缺，必须查清原因，并在移交清册中加以说明，由移交人员负责。

（4）银行存款账户余额要与银行对账单核对相符，如有未达账项，应编制银行存款余额调节表调节相符；各种财产物资和债权债务的明细账户余额要与总账有关账户的余额核对相符；对重要实物要实地盘点，对余额较大的往来账户要与往来单位、个人核对。

（5）公章、收据、空白支票、发票、科目印章以及其他物品等必须交接清楚。

（6）实行会计电算化的单位，交接双方应在电子计算机上对有关数据进行实际操作，确认有关数字正确无误后，方可交接。

4. 专人负责监交

监交的具体要求如表 2－12 所示。

表 2－12 监交的具体要求

交接人员	监交人
一般会计人员	会计机构负责人（会计主管人员）
会计机构负责人（会计主管人员）	由单位负责人监交，必要时，主管单位可以派人会同监交
主管部门派人会同监交的情况	1. 所属单位领导人不能监交，如因单位撤并而办理交接
	2. 所属单位领导人不能尽快监交，需要由上级主管单位派人督促监交
	3. 不宜由单位领导人单独监交，而需要上级主管单位会同监交，所属单位负责人与办理交接手续的会计机构负责人有矛盾，在交接时单位负责人有可能会借机刁难
	4. 上级主管单位认为存在某些问题需要派人会同监交的

5. 交接后的有关事宜

（1）会计工作交接完毕后，交接双方和监交人在移交清册上签名或盖章，并在移交清册上注明：单位名称，交接日期，交接双方和监交人的职务、姓名，移交清册页数以及需要说明的问题和意见等；

（2）接管人员应继续使用移交前的账簿，不得擅自另立账簿，以保证会计记录前后衔接，内容完整；

（3）移交清册一般应填制一式三份，交接双方各执一份，存档一份。

（三）交接人员的责任

交接工作完成后，移交人员所移交的会计凭证、会计账簿、财务会计报告和其他会计资料是在其经办会计工作期间内发生的，应当对这些会计资料的真实性、完整性承担法律责任，即便接替人员在交接时因疏忽没有发现所交接会计资料存在真实性、完整性方面的问题，如事后发现仍应由原移交人员负责，原移交人员不应以会计资料已移交而推脱责任，接替人员不对移交过来材料的真实性、完整性负法律上的责任。

四、会计专业技术资格与职务

（一）会计专业技术资格

会计专业技术资格是指担任会计专业职务的任职资格。

会计专业技术资格分为初级资格、中级资格和高级会计资格三个级别。目前，初级、中级资格的取得实行全国统一考试制度，符合报名条件的人员，均可报考。其中，初级会计资格考试科目包括初级会计实务和经济法基础；中级会计资格考试科目包括中级会计实务、财务管理和经济法。高级会计师资格的取得实行考试与评审相结合制度，专业考试科目为高级会计实务。

通过全国统一考试取得初级或中级会计专业技术资格的会计人员，表明其已具备担任相应级别会计专业技术职务的任职资格。用人单位可根据工作需要和德才兼备的原则，从获得会计专业技术资格的会计人员中择优录取。对于已取得中级会计资格并符合国家有关规定的，可聘任会计师职务；对于已取得初级会计资格的人员，如大专毕业且担任会计员职务满 2 年，或中专毕业且担任会计员职务满 4 年，或者不具备规定学历但担任会计员职务满 5 年，并符合国家有关规定的，可聘任助理会计师职务。不符合以上条件的人员，可聘任会计员职务。

（二）会计专业职务

根据1986年4月中央职称改革工作领导小组转发财政部制定的《会计专业职务试行条例》的规定，会计专业职务分为高级会计师、会计师、助理会计师、会计员。其中，高级会计师为高级职称，会计师为中级职称，助理会计师与会计员为初级职称。

根据2017年1月中共中央办公厅、国务院办公厅《关于深化职称制度改革的意见》，要健全职称层级设置，各职称系列均设置初级、中级、高级职称，其中高级职称分为正高级和副高级，初级职称分为助理级和员级，各单位可根据需要仅设置助理级。目前未设置正高级职称的职称系列均设置到正高级，以拓展专业技术人才职业发展空间。

会计专业人员，必须拥护中国共产党的领导，热爱祖国，坚持四项基本原则，遵守和执行《中华人民共和国会计法》，积极为社会主义建设事业服务。

会计专业职务的主要工作职责和任职条件如表2－13所示。

表2－13　会计专业职务的主要工作职责和任职条件

专业职务	主要工作职责	任职条件
会计员	负责具体审核和办理财务收支，填制记账凭证，登记会计账簿，编制会计报表和办理其他会计事务	1. 初步掌握财务会计知识和技能 2. 熟悉并能按照执行有关会计法规和财务会计制度 3. 能担负一个岗位的财务会计工作 4. 大学专科或中等专业学校毕业，在财务会计工作岗位上见习1年期满
助理会计师	1. 负责草拟一般的财务会计制度、规定、办法 2. 解释、解答财务会计法规、制度中的一般规定 3. 分析检查某一方面或某些项目的财务收支和预算的执行情况等	1. 掌握一般的财务会计基础理论和专业知识 2. 熟悉并能正确执行有关的财经方针、政策和财务会计法规、制度 3. 能担负一个方面或某个重要岗位的财务会计工作 4. 取得硕士学位或取得第二学士学位或研究生班结业证书，具备履行助理会计师职责的能力；或者大学本科毕业后在财务会计工作岗位上见习1年期满；或者大学专科毕业并担任会计员职务2年以上；或者中等专业学校毕业并担任会计员职务4年以上
会计师	1. 负责草拟比较重要的财务会计制度、规定、办法 2. 解释、解答财务会计法规、制度中的重要问题 3. 分析、检查财务收支和预算执行情况，培养初级会计人才	1. 较系统地掌握财务会计基础理论和专业知识 2. 掌握并能正确贯彻执行有关的财经方针、政策和财务会计法规、制度 3. 具有一定的财务会计工作经验，能担负一个单位或管理一个地区、一个部门、一个系统某个方面的财务会计工作 4. 取得博士学位并具有履行会计师职责的能力；或者取得硕士学位并担任助理会计师职务2年左右；或者取得第二学士学位或研究生班结业证书并担任助理会计师职务2～3年；或者大学本科或专科毕业并担任助理会计师职务4年以上 5. 掌握一门外语
高级会计师	1. 负责草拟和解释、解答一个地区、一个部门、一个系统或在全国施行的财务会计法规、制度、办法 2. 组织和指导一个地区或一个部门、一个系统的经济核算和财务会计工作 3. 培养中级以上会计人才	1. 较系统地掌握经济、财务会计理论和专业知识 2. 具有较高的政策水平和丰富的财务会计工作经验，能担负一个地区、一个部门或一个系统的财务会计管理工作 3. 取得博士学位并担任会计师职务2～3年；或者取得硕士学位、第二学士学位或研究生班结业证书，或者大学本科毕业并担任会计师职务5年以上 4. 较熟练地掌握一门外语

五、会计专业技术人员继续教育

根据《会计专业技术人员继续教育规定》，国家机关、企业、事业单位以及社会团体等组织（以下简称用人单位）具有会计专业技术资格的人员，或不具备会计专业技术资格但从事会计工作的人员（以下简称《会计专业技术人员》）享有参加继续教育的权利和接受继续教育的义务。用人单位应当保障本单位会计专业技术人员参加继续教育的权利。

具有会计专业技术资格的人员应当自取得会计专业技术资格的次年开始参加继续教育，并在规定时间内取得规定学分。不具有会计专业技术资格但从事会计工作的人员应当自从事会计工作的次年开始参加继续教育，并在规定时间内取得规定学分。

会计专业技术人员继续教育内容包括公需科目和专业科目。

公需科目包括专业技术人员应当普遍掌握的法律法规、政策理论、职业道德、技术信息等基本知识，专业科目包括会计专业技术人员从事会计工作应当掌握的财务会计、管理会计、财务管理、内部控制与风险管理、会计信息化、会计职业道德、财税金融、会计法律法规等相关专业知识。财政部会同人力资源和社会保障部根据会计专业技术人员能力框架，定期发布继续教育公需科目指南、专业科目指南，对会计专业技术人员继续教育内容进行指导。

会计专业技术人员可以自愿选择参加继续教育的形式。

会计专业技术人员继续教育的形式有：

（1）参加县级以上地方人民政府财政部门、人力资源和社会保障部门，新疆生产建设兵团财政局、人力资源和社会保障局，中共中央直属机关事务管理局，国家机关事务管理局（以下统称继续教育管理部门）组织的会计专业技术人员继续教育培训、高端会计人才培训、全国会计专业技术资格考试等会计相关考试、会计类专业会议等。

（2）参加会计继续教育机构或用人单位组织的会计专业技术人员继续教育培训。

（3）参加国家教育行政主管部门承认的中专以上（含中专，下同）会计类专业学历（学位）教育；承担继续教育管理部门或行业组织（团体）的会计类研究课题，或在有国内统一刊号（CN）的经济、管理类报刊上发表会计类论文；公开出版会计类书籍；参加注册会计师、资产评估师、税务师等继续教育培训。

（4）继续教育管理部门认可的其他形式。

会计专业技术人员继续教育采用的课程、教学方法，应当适应会计工作要求和特点。同时，积极推广网络教育等方式，提高继续教育教学和管理的信息化水平。

会计专业技术人员参加继续教育实行学分制管理，每年参加继续教育取得的学分不少于90学分。其中，专业科目一般不少于总学分的三分之二。会计专业技术人员参加继续教育取得的学分，在全国范围内当年度有效，不得结转以后年度。

用人单位应当建立本单位专业技术人员继续教育与任用、晋升相衔接的激励机制，将参加继续教育情况作为专业技术人员考核评价、岗位聘用的重要依据。会计专业技术人员参加继续教育情况，应当作为聘任会计专业技术职务或者申报评定上一级资格的重要条件。

对会计专业技术人员参加继续教育情况实行登记管理。

【拓展学习】

会计人员继续教育学分计量标准

典型案例分析

【同步练习】

同步练习

模块六　会计违法行为的法律责任

【案例导入】

2005 年 2 月 5 日至 2016 年 4 月，宋某某担任绍兴王朝大酒店有限公司法定代表人，负责该酒店财务事项。期间，宋某某为少缴纳税款，采用酒店部分现金收入不入酒店财务账的方式设立“小金库”，“小金库”账户内钱款用于股东工资、年终奖等酒店支出，账目涉及金额达上千万元。

2016 年 3 月起，绍兴市地方税务局稽查局对绍兴王朝大酒店有限公司进行税务检查。检查发现该酒店不仅存在设立“小金库”的情况，还存在 2004～2012 年原始记账凭证缺失 171 本、记账用计算机硬盘破损无法恢复等情况。

该局多次要求酒店提供账本，但酒店一直未提供。后该局于 2016 年 11 月 16 日将绍兴王朝大酒店有限公司涉嫌隐匿、故意销毁会计凭证、会计账簿的犯罪线索及相关证据移送公安机关。公安机关立案侦查后提交检察院审查起诉，检察院以“隐匿会计凭证、会计账簿罪”对绍兴王朝大酒店有限公司提起公诉，以“隐匿、故意销毁会计凭证、会计账簿罪”对宋某某提起公诉。

法院审理后认为，被告单位绍兴王朝大酒店有限公司为逃避查处拒不提供依法应当保存的会计凭证、会计账簿，情节严重，其行为已构成隐匿会计凭证、会计账簿罪。被告人宋某某是被告单位绍兴王朝大酒店有限公司隐匿会计凭证、会计账簿的直接负责的主管人员，其行为亦构成隐匿会计凭证、会计账簿罪。

【案例解析】

本案例中，绍兴王朝大酒店有限公司以及法定代表人宋某某涉嫌多种会计违法行为，应当分别处以行政责任和刑事责任。

根据《中华人民共和国会计法》第四十二条之规定，私设会计账簿（“小金库”）的；未按照规定保管会计资料，致使会计资料毁损、灭失的，由县级以上人民政府财政部门责令限期改正，可以对单位并处三千元以上五万元以下的罚款；对其直接负责的主管人员和其他直接责任人员，可以处二千元以上二万元以下的罚款。

根据《中华人民共和国刑法》第一百六十二条之规定，判决被告单位绍兴王朝大酒店有限公司犯隐匿会计凭证、会计账簿罪，判处罚金人民币十万元；被告人宋某某犯隐匿会计凭证、会计账簿罪，判处有期徒刑一年，并处罚金人民币十万元。

【立德树人】

知法守法光荣，造假失信可耻！违法、失信必将受到法律的惩处，营造遵纪守法、诚实守信的良好社会环境，是每个人义不容辞的责任和担当。

遵纪守法是每个公民的基本准则。作为一个社会主义的发展中大国，大力弘扬法治精神，增强公民的法律意识，对于稳定社会秩序、维护国家利益、实现长治久安，具有至关重要的意义。会计人员应当按照会计法律、法规和国家统一会计制度和程序和要求进行会计工作，保证所提供的会计信息合法、真实、准确、及时、完整。

加强诚信文化建设，大力弘扬社会主义核心价值观，推动形成崇尚诚信、践行诚信的良好风尚，是新时代赋予我们的责任，会计人员应当积极行动起来，做诚信践行者的优秀代表。

一、法律责任概述

法律责任是指违反法律规定的行为应当承担的法律后果。《会计法》规定的法律责任主要有行政责任和刑事责任。

（一）行政责任

行政责任是指犯有一般违法行为的单位或个人，依照法律、法规的规定应承担的法律责任。行政责任主要有行政处罚和行政处分两种方式，具体内容如表 2－14 所示。

表 2－14　　行政责任基本内容

知识点＼法律责任	行政处罚	行政处分
概 念	行政处罚是指行政机关或其他行政主体依法定职权和程序对违反行政法规但尚未构成犯罪的行政管理相对人给予行政制裁的具体行政行为	行政处分是对国家工作人员故意或者过失侵犯行政相对人的合法权益所实施的法律制裁
对 象	违反《中华人民共和国会计法》行为的单位和个人	仅限于直接负责的国家工作人员

续表

知识点 \ 法律责任	行政处罚	行政处分
形 式	1. 罚款 2. 责令限期改正	1. 警告 2. 记过 3. 记大过 4. 降级 5. 撤职 6. 开除

（二）刑事责任

刑事责任是指犯罪行为应当承担的法律责任，即对犯罪分子依照刑事法律的规定追究其法律责任。刑事责任包括主刑和附加刑两种。主刑分为管制、拘役、有期徒刑、无期徒刑和死刑。附加刑分为罚金、剥夺政治权利、没收财产。对犯罪的外国人，也可以独立或附加适用驱逐出境。

二、会计违法行为的法律责任

（一）不依法设置会计账簿等会计违法行为的法律责任

1. 不依法设置会计账簿等会计违法的行为

根据《会计法》的规定，违反会计法规应承担法律责任的行为主要包括以下几点：

（1）不依法设置会计账簿的行为。是指违反《会计法》和国家统一的会计制度的规定，应当设置会计账簿的单位不设置会计账簿或者未按规定的种类、形式及要求设置会计账簿的行为。

（2）私设会计账簿的行为。是指不在依法设置的会计账簿上对经济业务事项进行统一会计核算，而另外私自设置会计账簿进行会计核算的行为，即俗称的“两本账”“账外账”。

（3）未按照规定填制、取得原始凭证或者填制、取得的原始凭证不符合规定的行为。

（4）以未经审核的会计凭证为依据登记会计账簿或者登记会计账簿不符合规定的行为。

（5）随意变更会计处理方法的行为。会计处理方法的变更会直接影响会计资料的质量和可比性，按照《会计法》和国家统一的会计制度的规定，不得随意变更会计处理方法。

（6）向不同的会计资料使用者提供的财务会计报告编制依据不一致的行为。财务会计报告应当根据登记完整、核对无误的会计账簿记录和其他相关会计资料编制，使用的计量方法、确认原则、统计标准应当一致，做到数字真实、计算准确、内容完整、说明清楚。不得向不同的会计资料使用者提供编制依据不一致的财务会计报告。

（7）未按照规定使用会计记录文字或者记账本位币的行为。

（8）未按照规定保管会计资料，致使会计资料毁损、灭失的行为。

（9）未按照规定建立并实施单位内部会计监督制度或者拒绝依法实施的监督或者不如实提供有关会计资料及有关情况的行为。

（10）任用会计人员不符合《会计法》规定的行为。

2. 不依法设置会计账簿等会计违法应承担的法律责任

根据《会计法》的规定，有上述行为之一的，应承担法律责任，如表 2 – 15 所示。

表 2－15 会计违法行为的法律责任

会计违法行为	法律责任
不依法设置会计账簿等会计违法行为	1. 由县级以上人民政府财政部门责令限期改正 2. 可以对单位并处三千元以上五万元以下的罚款 3. 对其直接负责的主管人员和其他直接责任人员，可以处二千元以上二万元以下的罚款 4. 属于国家工作人员的，还应当由其所在单位或者有关单位依法给予行政处分 5. 构成犯罪的，依法追究刑事责任 6. 会计人员有上述所列行为之一，情节严重的，五年内不得从事会计工作

（二）其他会计违法行为的法律责任

其他会计违法行为的法律责任如表 2－16 所示。

表 2－16 其他会计违法行为的法律责任

其他会计违法行为	法律责任
伪造、变造会计凭证、会计账簿、编制虚假财务会计报告	1. 构成犯罪的，依法追究刑事责任 2. 尚不构成犯罪的，由县级以上人民政府财政部门予以通报 3. 可以对单位并处五千元以上十万元以下的罚款 4. 对其直接负责的主管人员和其他直接责任人员，可以处三千元以上五万元以下的罚款 5. 属于国家工作人员的，还应当由其所在单位或者有关单位依法给予撤职直至开除的行政处分 6. 其中的会计人员，五年内不得从事会计工作
隐匿或者故意销毁依法应当保存的会计凭证、会计账簿、财务会计报告	1. 构成犯罪的，依法追究刑事责任 2. 不构成犯罪的，由县级以上人民政府财政部门予以通报 3. 可以对单位并处五千元以上十万元以下的罚款 4. 对其直接负责的主管人员和其他直接责任人员，可以处三千元以上五万元以下的罚款 5. 属于国家工作人员的，还应当由其所在单位或者有关单位依法给予撤职直至开除的行政处分 6. 违法的会计人员，五年内不得从事会计工作
授意、指使、强令会计机构、会计人员及其他人员伪造、变造会计凭证、会计账簿，编制虚假财务会计报告或者隐匿、故意销毁依法应当保存的会计凭证、会计账簿、财务会计报告	1. 构成犯罪的，依法追究刑事责任 2. 不构成犯罪的，可以处五千元以上五万元以下的罚款 3. 属于国家工作人员的，由所在单位或者有关单位依法给予降级、撤职、开除的行政处分
单位负责人对会计人员实行打击报复	1. 构成犯罪的，依法追究刑事责任 2. 尚不构成犯罪的，由其所在单位或者有关单位依法给予行政处分 3. 对受打击报复的会计人员，应当恢复其名誉和原有职务、级别

【拓展学习】

"直接负责的主管人员"与"其他直接责任人员"的区别

典型案例分析

【同步练习】

同步练习

第三单元

结算法律制度

模块一　现金结算

【案例导入】

为构建和谐的现金流通环境，降低社会现金流通总成本并防控风险，中国人民银行下发了《关于开展大额现金管理试点的通知》，决定自2020年7月1日起陆续在河北省、浙江省和深圳市试点开展大额现金管理工作，试点期为2年。

大额现金业务是指单位或个人客户在银行机构柜面或大额高速自助存取款设备上发生的、管理起点金额（含）之上的、有现金实物交接的单笔现金存取业务。各地对公账户管理金额起点均为50万元，对私账户管理金额起点分别为河北省10万元、浙江省30万元、深圳市20万元。

根据试点方案，试点地区金融机构要规范大额取现预约业务。银行需要明确客户预约时间、渠道方式、信息要素，并保存预约信息，向试点地区央行报送。

根据试点方案，大额存取要登记。客户提取、存入起点金额之上的现金，应在办理业务时进行登记。试点地区央行确定本地区客户登记的信息要素，要求银行业金融机构采集、保存、统计上报登记信息。

【案例解析】

根据我国社会经济发展的实际情况，中国人民银行下发了《关于开展大额现金管理试点的通知》，为现金收支的管理规定增加大手笔。此次规范大额现金主要是为了打击犯罪、维护国家经济金融安全。由于现金具有不记名、不可追踪等特点，大额现金容易为贪污腐败、偷逃税等洗钱犯罪行为和地下经济活动提供便利，可能危及国家经济金融秩序和安全。

现金收支管理规定主要包括：现金结算的范围、现金使用的限额、现金收支管理的基本要求、大额现金管理规定等。

【立德树人】

根据《关于开展大额现金管理试点的通知》，大额现金存取活动全面进入央行的信息管理系统，使大额现金监管透明化，使偷税漏税、贪污腐败及洗钱等违法犯罪活动无处藏身，为国家金融秩序稳定提供更强大的法律保障。同时加速推动人民币数字化时代的全面到来，使数字货币逐渐成为公众支付生活的主流，减少纸币的流通和使用，低碳消费，绿色发展，充分体现了新时代“创新、绿色”的发展理念，充分体现了党的二十大中国式现代化之“人与自然和谐共生的现代化”的发展理念。

一、现金结算的含义

（一）现金结算的含义

现金结算是指在商品交易、劳务供应等经济往来中，直接使用现金进行应收应付款结算的一种行为。在我国主要适用于单位与个人之间的款项收付，以及单位之间的转账结算起点金额以下的零星小额收付。

（二）现金结算的特点

现金结算具有直接便利、不安全性、不易宏观控制和管理费用较高等特点。

二、现金结算的范围

现金的使用范围是指按照国家规定，可以使用现金进行结算的范围。根据国务院发布的《现金管理暂行条例》的规定，开户单位可以在下列范围内使用现金：

（1）职工工资、津贴；

（2）个人劳务报酬；

（3）根据国家规定颁发给个人的科学技术、文化艺术、体育等各种奖金；

（4）各种劳保、福利费用以及国家规定的对个人的其他支出；

（5）向个人收购农副产品和其他物资的价款；

（6）出差人员必须随身携带的差旅费；

（7）结算起点以下的零星支出；

（8）中国人民银行确定需要支付现金的其他支出。

上述款项结算起点为1000元。结算起点的调整，由中国人民银行确定，报国务院备案。除上述第（5）、第（6）项外，开户单位支付给个人的款项，超过使用现金限额的部分，应当以支票或者银行本票支付；确需全额支付现金的，经开户银行审核后，予以支付现金。

三、现金使用的限额

现金限额，是指为保证各单位日常零星支付的需要，按规定允许留存现金的最高数额。开户单位之间的经济往来，除在本条例规定的范围内可以使用现金外，应当通过开户银行进行转账结算。

库存现金的限额，由开户银行根据开户单位的实际需要予以核定。库存现金的限额一般按照单位3~5天日常零星开支所需的现金数额确定。远离银行机构或交通不便的开户单位，其库存现金的限额核定天数可适当放宽到5天以上，但最多不得超过15天的日常零星开支需要量。经核定的库存现金限额，开户单位必须严格遵守。

一个单位在几家银行开户的，只能在一家银行开设现金结算户支取现金，由该家开户银行负责核定开户单位的库存现金限额和进行现金管理监督。库存现金限额一般每年核定一次。

对没有在银行单独开立账户的附属单位也要实行现金管理，必须保留的现金，也要核定限额，其限额包括在开户单位的库存限额之内。商业和服务行业的找零备用现金也要根据营业额核定定额，但不包括在开户单位的库存现金限额之内。

四、现金收支管理的基本要求

（一）现金收支

各单位的现金收入，除由出纳人员按规定从开户银行提取外，还包括：职工报销差旅费时交回的剩余借款、备用金退回款、收取结算起点以下的零星收入款、收取不能到账的单位或个人的销售收入、收取个人的罚款、无法查明原因的现金溢余等。其他收款业务必须通过开户银行进行转账结算。

开户单位支付现金，可以从本单位库存现金限额中支付或者从开户银行提取，不得从本单位的现金收入中直接支付（即坐支）。因特殊情况需要坐支现金的，应当事先报经开户银行审查批准，由开户银行核定坐支范围和限额。坐支单位应当定期向开户银行报送坐支金额和使用情况。

现金支出主要用于支付职工工资及津贴、支付农副产品收购价款、本单位出差人员差旅费、支付备用金、零星购置办公用品等。

（二）建立健全现金核算和内部控制制度

1. 钱账分管制度

“管钱的不管账，管账的不管钱。”专职出纳人员负责办理现金收付业务和现金保管业务，非出纳人员不得经管现金收付业务和现金保管业务；出纳人员不得兼管稽核、会计档案保管和收入、费用、债权债务账目的登记工作。

2. 现金收支授权批准制度

明确本单位现金开支范围；制定各种报销凭证，规定报销手续和具体办法；确定各种现金开支业务的授权批准权限；严格执行现金支付业务办理程序。

3. 日清月结制度

日清月结是出纳人员办理现金出纳工作的基本原则和要求，也是避免出现长款、短款的重要措施。所谓日清月结，就是出纳员办理现金出纳业务，必须做到按日清理，按月结账。这里所说的按日清理，是指出纳员应对当日的经济业务进行清理，全部登记日记账，结出库存现金账面余额，并与库存现金实地盘点数核对相符。

4. 现金清查制度

现金清查制度是指在出纳人员自身对库存现金进行检查清查的基础上，还应指定专人定期或不定期地进行核查，以确保库存现金的完整，防止不法行为的发生。现金清查一般采用突击盘点法，不预先通知出纳人员，以防其预先做手脚，清查时出纳人员应始终在场。

5. 现金管理制度

现金管理制度是指超过库存限额的现金应当在当日下班前送存开户银行。日常业务收付的现金及限额内的库存现金，一律存放在专用保险柜内；单位的库存现金不准以个人名义存入银行，不准保留账外公款；不准用不符合制度规定的凭证顶替库存现金，即不得“白条抵库”；对库存现金应实行分类保管；建立保险柜的配备使用制度，主要由出纳人员保管、开启，保险柜内不得存放私人财物，更换出纳人员时应及时更换保险柜密码。

【拓展学习】

巴菲特的现金观　　典型案例分析

【同步练习】

同步练习

模块二　支付结算概述

【案例导入】

王玖（化名）是一名“90后”的小伙子，一直想着外出做生意赚大钱。2019年，为了支持王玖创业，父亲老王拿出自己全部积蓄，交给他做贩卖虾和大米的生意。

王玖信心满满地外出闯荡。转眼到了2019年年底，王玖一盘算，一年下来，自己几乎没赚到钱，空手回家过年感觉不好意思。王玖想到曾经开货车时“见识”过有人制作假支票，自己干脆请人做假支票给父亲，想等以后生意做大赚了钱之后再将这笔钱补给父亲。

王玖通过网络购买了两张空白假支票，又找人将空白支票上的内容填全，伪造了一张五万元、一张八万元的支票。王玖将这两张支票交给父亲老王，谎称是2019年做贩米生意时收到的货款，2020年4月才可以到上海去取。老王没有丝毫怀疑地收下了两张支票。

眼看着支票付款日期临近，老王多次催促王玖取款，王玖一直找借口拖延，老王开始怀疑这些支票的真实性。2020年8月，老王找到自己的朋友，询问如何查验支票真伪。得知，这是中国银行的支票，可以到银行查证。老王随即来到附近的中国银行某支行询问，工作人员告知老王两张支票均是假的，并当场拨打电话报警。

案发后，王玖自动投案，如实供述了自己的罪行。

法院审理后认为，被告人王玖故意伪造银行支票，其行为构成伪造金融票证罪。其自动投案，并能如实供述自己的罪行，系自首，可以从轻处罚。法院依法判决王玖犯伪造金融票证罪，判处拘役四个月，并处罚金人民币二万元。

【案例解析】

案例中王玖因为“不好意思”，铤而走险伪造中国银行的转账支票，其行为触犯法律，受到应有的惩处。票据和结算凭证是办理支付结算的工具，必须按规定的要求使用，不得伪造变造。

根据《支付结算办法》第九条的规定，单位、个人和银行办理支付结算，必须使用按中国人民银行统一规定印制的票据凭证和统一规定的结算凭证。未使用按中国人民银行统一规定印制的票据，票据无效；未使用中国人民银行统一规定格式的结算凭证，银行不予受理。

根据《中华人民共和国刑法》第一百七十七条规定，伪造、变造金融票证罪，是指伪造、变造汇票、本票、支票，伪造、变造委托收款凭证、汇款凭证、银行存单等其他银行结算凭证，伪造、变造信用证或者附随的单据、文件或者伪造信用卡的行为。

【立德树人】

王玖的行为警醒我们：从事经营活动应当恪守诚信，不弄虚作假，否则承担失德失信、商誉尽失的后果，还有可能违法犯罪葬送人生美好前途。新时代会计专业技能人才尤其要重视恪守诚信、遵规守纪的职业素养涵养。

一、支付结算的含义

（一）支付结算的含义

根据《支付结算办法》的规定，支付结算是指单位、个人在社会经济活动中使用票据、信用卡和汇兑、托收承付、委托收款等结算方式进行货币给付及其资金清算的行为，其主要功能是完成资金从一方当事人向另一方当事人的转移。

银行、城市信用合作社、农村信用合作社（以下统一简称银行）以及单位（含个体工商户）和个人是办理支付结算的主体。其中，银行是支付结算和资金清算的中介机构。未经中国人民银行批准的非银行金融机构和其他单位不得作为中介机构经营支付结算业务。但法律、行政法规另有规定的除外。

（二）支付结算的特征

（1）支付结算必须通过中国人民银行批准的金融机构进行。

（2）支付结算的发生取决于委托人的意志。

（3）实行统一领导、分级管理。

（4）支付结算是一种要式行为。

（5）支付结算必须依法进行。

二、支付结算的主要法律依据

支付结算方面的法律、法规和制度主要包括：《票据法》《票据管理实施办法》《支付结算办法》《现金管理暂行条例》《中国人民银行银行卡业务管理办法》《人民币银行结算账户管理办法》《异地托收承付结算办法》《电子支付指引（第一号）》等。

三、支付结算的基本原则

支付结算的基本原则有：

（1）恪守信用，履约付款。

（2）谁的钱进谁的账，由谁支配。

（3）银行不垫款。

四、办理支付结算的要求

（一）办理支付结算的基本要求

（1）办理支付结算必须使用中国人民银行统一规定的票据和结算凭证，未使用中国人民银行统一规定的票据，票据无效；未使用中国人民银行统一规定的结算凭证，银行不予受理。

（2）办理支付结算必须按统一的规定开立和使用账户。

（3）填写票据和结算凭证应当全面规范，做到数字正确，要素齐全，不错不漏，字迹清楚，防止涂改。票据和结算凭证金额以中文大写和阿拉伯数字同时记载，二者必须一致，否则，银行不予受理。

（4）票据和结算凭证上的签章和记载事项必须真实，不得变造伪造。

（二）支付结算凭证填写的要求

（1）票据的出票日期必须使用中文大写。月为壹、贰和壹拾的，日为壹至玖和壹拾、贰拾和叁拾的，应在其前加“零”；日为拾壹至拾玖的，应在其前加“壹”；大写日期未按要求规范填写的，银行可予受理，但由此造成损失的，由出票人自行承担。

（2）中文大写金额数字应用正楷或行书填写，不得自造简化字。如果金额数字书写中使用繁体字，也应受理。

（3）中文大写金额数字前应标明“人民币”字样，大写金额数字应紧接“人民币”字样填写，不得留有空白。

（4）中文大写金额数字到“元”为止的，在“元”之后应写“整”（或“正”字），到“角”为止的，在“角”之后可以不写“整”或“正”字。大写金额数字有“分”的，

“分”后面不写“整”或“正”字。

（5）阿拉伯小写金额数字前面，均应填写人民币符号“￥”。

（6）阿拉伯小写金额数字中有“0”的，中文大写应按照汉语语言规律、金额数字构成和防止涂改的要求进行书写。

票据和结算凭证的金额、出票或签发日期、收款人名称不得更改，更改的票据无效；更改的结算凭证，银行不予受理。

【拓展学习】

典型案例分析

【同步练习】

同步练习

模块三　银行结算账户

【案例导入】

2022年12月的一天，某企业客户法定代表人李铭（化名）前往广东省中山市建设银行某网点，要求注销前几天刚刚开立的单位银行结算账户。经网点进一步了解得知，该客户以本人身份证登记注册企业后，开立单位银行结算账户并出借给中介使用，事后发现账户被用于赌博非法交易平台收取赌资，担心因此被追究法律责任，故急忙前来网点办理账户注销。但由于其营业执照、公章、印鉴等资料全部都交由了中介使用，无法办理销户手续。于是在银行人员的指导下赶紧对相关资料物品先行挂失，并前往市场监管局注销企业，控制风险。

该银行网点负责人提醒广大市民日常加强对当前不法分子诈骗手法的了解，增强法律意识，提高反诈骗能力，切勿因一时贪念落入犯罪团队圈套，随意虚假注册企业、出租出借银行账户，一旦账户被非法中介或团伙用于电信网络诈骗、网络赌博、洗钱、传销等非法活动，将需要承担相关法律后果。

【案例解析】

案例中李铭将刚刚开立的银行结算账户出借给中介使用，严重违反《人民币银行结算账户管理办法》的相关规定。依据第六十五条，存款人使用银行结算账户不得有下列行为：

（一）违反本办法规定将单位款项转入个人银行结算账户。

（二）违反本办法规定支取现金。

（三）利用开立银行结算账户逃废银行债务。

（四）出租、出借银行结算账户。

（五）从基本存款账户之外的银行结算账户转账存入、将销货收入存入或现金存入单位信用卡账户。

（六）法定代表人或主要负责人、存款人地址以及其他开户资料的变更事项未在规定期限内通知银行。

非经营性的存款人有上述所列（一）至（五）项行为的，给予警告并处以1000元罚款；经营性的存款人有上述所列（一）至（五）项行为的，给予警告并处以5000元以上3万元以下的罚款；存款人有上述所列第（六）项行为的，给予警告并处以1000元的罚款。

【立德树人】

银行不断加强对银行账户管理秩序的整肃和服务提升，整治乱开账户、出租、出借、出售账户等行为，有效防范各类资金风险，尤其在反洗钱、反逃税、反贪污腐败和案件侦破、征信体系建设等领域发挥着重要作用，体现了“服务人民、诚信至上、创新服务”的新时代服务理念。

一、银行结算账户的含义

（一）银行结算账户的含义

银行结算账户，是指银行为存款人在经办银行开立的办理资金收付结算的活期存款账户。其中，“银行”是指在中国境内经批准经营支付结算业务的银行业金融机构；“存款人”是指在中国境内开立银行结算账户的机关、团体、部队、企业、事业单位、其他组织（以下简称单位）、个体工商户和自然人。

（二）银行结算账户的分类

银行结算账户按存款人不同分为单位银行结算账户和个人银行结算账户。单位银行结算账户按用途分为基本存款账户、一般存款账户、专用存款账户和临时存款账户。

个体工商户凭营业执照以字号或经营者姓名开立的银行结算账户纳入单位银行结算账户管理。存款人凭个人身份证件以自然人名称开立的银行结算账户为个人银行结算账户。

二、银行结算账户管理应当遵守的基本原则

（1）一个基本账户原则。单位银行结算账户的存款人只能在银行开立一个基本存款账户。

（2）自主选择银行原则。存款人可以根据需要自主选择银行，除国家法律、行政法规和国务院另有规定外，任何单位和个人不得强令存款人到指定银行开立银行结算账户。

（3）守法合规原则。不得利用银行结算账户进行偷逃税款、逃避债务、套取现金及其他违法犯罪活动。

（4）存款信息保密原则。除国家法律、行政法规另有规定外，银行有权拒绝任何单位或个人查询。

三、银行结算账户的开立、变更和撤销

（一）银行结算账户的开立

存款人开立的银行结算账户，需要核准的，应及时报送中国人民银行当地分支行核准；不需要核准的，应在开户之后的法定期限内向中国人民银行当地分支行备案。银行结算账户开立应遵循下列程序：提交开户申请书和有关证明材料；签订账户管理协议；开户银行审查；向人民银行当地支行备案或核准；中国人民银行核准，资料退回报送银行。

银行应将存款人的开户申请书、相关的证明文件和银行审核意见等开户资料报送中国人民银行当地分行，经其核准后办理开户手续；对符合开立一般存款账户、其他专用存款账户和个人银行结算账户条件的，银行应办理开户手续，并于开户之日起5个工作日内通过账户管理系统向中国人民银行当地分行备案。

银行应建立存款人预留签章卡片。存款人为单位的，其预留签章为该单位的公章或财务专用章加其法定代表人（单位负责人）或其授权的代理人的签名或者盖章。

（二）银行结算账户的变更

存款人银行结算账户有法定变更事项的，应于5个工作日内书面通知开户银行并提供有关证明；开户银行办理变更手续并于2个工作日内向中国人民银行当地分支行报告。

（三）银行结算账户的撤销

银行结算账户有下列情形之一的即可撤销：被撤并、解散、宣告破产或关闭的；注销、被吊销营业执照的；因迁址需要变更开户银行的；其他原因需要撤销银行结算账户的。

存款人有前两项情形的，应于5个工作日内向开户银行提出撤销银行结算账户的申请。存款人尚未清偿其开户银行债务的，不得申请撤销银行结算账户。开户银行对已开户1年，但未发生任何业务的账户，应通知存款人自发出通知30日内到开户银行办理销户手续，逾期视同自愿销户。

四、银行结算账户

（一）基本存款账户

基本存款账户是指存款人因办理日常转账结算和现金收付需要而开立的银行结算账户。

基本存款账户是存款人的主要账户。一个单位只能选择一家银行的一个营业机构开立基本存款账户，开立基本存款账户是开立其他银行结算账户的前提。其使用范围包括：存款人日常经营活动的资金收付及其工资、奖金和现金的支取。

可以申请开立基本存款账户的单位是：凡是具有民事权利能力和民事行为能力，并依法

独立享有民事权利和承担民事义务的法人和其他组织，均可以开立基本存款账户。具体包括：企业法人；非法人企业；机关、事业单位；团级（含）以上军队、武警部队及分散执勤的支（分）队；社会团体；民办非企业组织；异地常设机构；外国驻华机构；个体工商户；居民委员会、村民委员会、社区委员会；单位设立的独立核算的附属机构，包括食堂、招待所、幼儿园；其他组织（如业主委员会、村民小组等组织）。需出具的文件包括营业执照正本或批文或证明或登记证，如有税务登记证也需出具。

（二）一般存款账户

一般存款账户是指存款人因借款或其他结算需要，在基本存款账户开户银行以外的银行营业机构开立的银行结算账户。

一般存款账户用于办理存款人借款转存、借款归还和其他结算的资金收付。该账户可以办理现金缴存，但不得办理现金支取。

存款人开立一般存款账户没有数量限制。存款人开立一般存款账户，应向开户银行出具下列证明文件：开立基本存款账户规定的证明文件；基本存款账户开户许可证；存款人因向银行借款需要，应出具借款合同；存款人因资金结算需要，应出具有关证明。开立一般存款账户，实行备案制，无须中国人民银行核准。

（三）专用存款账户

专用存款账户是指存款人按照法律、行政法规和规章，对有特定用途的资金进行专项管理和使用而开立的银行结算账户。

专用存款账户的使用范围包括：基本建设资金；更新改造资金；财政预算外资金；粮、棉、油收购资金；证券交易结算资金；期货交易保证金；信托基金；住房基金；社会保障基金；金融机构存放同业资金；收入汇缴资金和业务支出资金；党、团、工会设在单位的组织机构经费和其他需要专项管理和使用的资金；单位银行卡备用金；政策性房地产开发资金；其他需要专项管理和使用的资金等。

单位银行卡账户的资金必须由其基本存款账户转账存入，该账户不得办理现金收付业务。财政预算外资金、证券交易结算资金、期货交易保证金和信托基金专用存款账户不得支取现金。基本建设资金、更新改造资金、政策性房地产开发资金、金融机构存放同业资金账户需要支取现金的，应在开户时报中国人民银行当地分支行批准。收入汇缴账户除向其基本存款账户或预算外资金财政专用存款账户划缴款项外，只收不付，不得支取现金。

业务支出账户除从其基本存款账户拨入款项外，只付不收，其现金支取必须按照国家现金管理的规定办理。粮、棉、油收购资金，社会保障基金，住房基金和党、团、工会经费等专用存款账户支取现金应按照国家现金管理的规定办理。

（四）临时存款账户

临时存款账户是指存款人因临时需要并在规定期限内使用而开立的银行结算账户。有下列情况的，存款人可以申请开立临时存款账户：设立临时机构，如设立工程指挥部、摄制组、筹备领导小组等；异地临时经营活动，如建筑施工及安装（不超过项目合同个数）单位等在异地的临时经营活动；注册验资；境外（含港澳台地区）机构在境内从事经营活动等。

临时存款账户支取现金，应按照国家现金管理的规定办理。注册验资的临时存款账户在验资期间只收不付。注册验资的资金汇缴人应与出资人的名称一致。临时存款账户的有效期最长不得超过2年。

（五）个人银行结算账户

个人银行结算账户是指自然人因投资、消费、结算等而开立的可办理支付结算业务的存款账户，如缴纳水电费、归还银行房贷、车贷等均应通过个人银行结算账户进行。个人银行结算账户用于办理个人转账收付和现金存取，而储蓄账户仅限于办理现金存取业务，不得办理转账结算。

根据《人民币银行结算账户管理办法》（以下简称《办法》）的规定，下列款项可以转入个人银行结算账户：

（1）工资、奖金收入；

（2）稿费、演出费等劳务收入；

（3）债券、期货、信托等投资的本金和收益；

（4）个人债券或产权转让收益；

（5）个人贷款转存；

（6）证券交易结算资金和期货交易保证金；

（7）继承、赠予款项；

（8）保险理赔、保费退还等款项；

（9）纳税退还；

（10）农、副、矿产品销售收入；

（11）其他合法款项。

使用支票、信用卡等信用支付工具的，办理汇兑、定期借记、定期贷记、借记卡等结算业务的，可以申请开立个人银行结算账户。需出具的证明文件有身份证、户口簿、驾驶证、护照等有效证件。

个人银行结算账户使用中应注意下列问题：单位从其银行结算账户支付给个人银行结算账户的款项，每笔超过5万元的，应向其开户银行提供付款依据；从单位银行结算账户支付给个人银行结算账户的款项应纳税的，税收代扣单位付款时应向其开户银行提供完税证明；储蓄账户仅限于办理现金存取业务，不得办理转账结算。

（六）异地银行结算账户

存款人有下列情形之一的，可以在异地开立有关银行结算账户：营业执照注册地与经营地不在同一行政区域（跨省、市、县）需要开立基本存款账户的；办理异地借款和其他结算需要开立一般存款账户的；存款人因附属的非独立核算单位或派出机构发生的收入汇缴或业务支出需要开立专用存款账户的（如回笼异地货款、支付异地营销开支）；异地临时经营活动需要开立临时存款账户的（如文艺团体在异地的演出活动、生产厂家在异地的展销活动等）；自然人根据需要在异地开立个人银行结算账户的。

五、违反银行账户管理法律制度的法律责任

（1）存款人在开立、撤销银行结算账户的过程中，有下列行为之一的，对非经营性的存款人，给予警告并处以1000元的罚款；对经营性的存款人，给予警告并处以1万元以上3万元以下的罚款；构成犯罪的，移交司法机关依法追究刑事责任。

①违反规定开立银行结算账户的。

②伪造、变造证明文件欺骗银行开立银行结算账户。

③违反规定不及时撤销银行结算账户。

（2）存款人使用银行结算账户时，有下列行为之一的，对非经营性的存款人，给予警告并处以1000元罚款；对经营性的存款人，给予警告并处以5000元以上3万元以下的罚款。

①违反规定将单位款项转入个人银行结算账户。

②违反规定支取现金。

③利用开立银行结算账户逃废银行债务。

④出租、出借银行结算账户。

⑤从基本存款账户之外的银行结算账户转账存入、将销货收入存入或现金存入单位信用卡账户。

法定代表人或主要负责人、存款人地址以及其他开户资料的变更事项未在规定期限内通知银行的，给予警告并处以1000元的罚款。

（3）存款人违反规定，伪造、变造、私自印制开户登记证的存款人，属非经营性的处以1000元罚款；属经营性的处以1万元以上3万元以下的罚款；构成犯罪的，移交司法机关依法追究刑事责任。

（4）银行在银行结算账户的开立中有下列行为之一的，给予警告，并处以5万元以上30万元以下的罚款；对该银行直接负责的高级管理人员、其他直接负责的主管人员、直接责任人员按规定给予纪律处分；情节严重的，中国人民银行有权停止对其开立基本存款账户的核准，责令该银行停业整顿或者吊销经营金融业务许可证；构成犯罪的，移交司法机关依法追究刑事责任。

①违反《办法》规定为存款人多头开立银行结算账户。

②明知或应知是单位资金，而允许以自然人名称开立账户存储。

（5）银行在银行结算账户的使用中有下列行为时，给予警告，并处以5000元以上3万元以下的罚款；对该银行直接负责的高级管理人员、其他直接负责的主管人员、直接责任人员按规定给予纪律处分；情节严重的，中国人民银行有权停止对其开立基本存款账户的核准，构成犯罪的，移交司法机关依法追究刑事责任。

①提供虚假开户申请资料欺骗中国人民银行许可开立基本存款账户、临时存款账户、预算单位专用存款账户。

②开立或撤销单位银行结算账户，未按《办法》规定在其基本存款账户开户登记证上予以登记、签章或通知相关开户银行。

③违反《办法》第四十二条规定办理个人银行结算账户转账结算。

④为储蓄账户办理转账结算。

⑤违反规定为存款人支付现金或办理现金存入。

⑥超过期限或未向中国人民银行报送账户开立、变更、撤销等资料。

【拓展学习】

法人、法人代表和法定代表人的区分

典型案例分析

【同步练习】

同步练习

模块四 票据结算方式

【案例导入】

根据上海票据交易所发布《2020年票据市场发展回顾》显示，2020年初，新型冠状病毒感染疫情对国内外经济的平稳运行均造成明显的影响和冲击。但在市场各方的共同努力下，票据（商业汇票）市场快速恢复正常运行，充分发挥了政策传导、支持实体的市场功能，为宏观经济企稳回升发挥了积极的推动作用。

2020年全年票据市场业务总量148.24万亿元，同比增长12.77%。其中，承兑22.09万亿元，增长8.41%；背书47.19万亿元，增长1.55%；贴现13.41万亿元，增长7.67%；交易64.09万亿元，增长25.81%。全年票据转贴现加权平均利率为2.71%，同比下降60个基点；质押式回购利率为1.87%，下降64个基点；贴现利率为2.98%，下降47个基点。

票据市场全力抗击疫情，支持社会经济发展成效显著。

【案例解析】

本案例中所述“票据”专指商业汇票，报告公布了商业汇票2020年相关发展数据。

《中华人民共和国票据法》中规定的“票据”包括商业汇票、银行支票、银行汇票、银行本票等。使用这些票据进行结算总称为票据结算方式。

票据是由出票人依法签发的，约定自己或者委托付款人在见票时或指定的日期向收款人或持票人无条件支付一定金额的有价证券。

票据行为包括：出票、背书、承兑、保证。

【立德树人】

2020年票据数据的发展变化充分体现了票据市场各参与主体在全力抗击疫情、推动复产复工中的担当和作为，也说明各行各业全力以赴，坚决打赢新冠肺炎疫情的人民战争，充分体现了中国特色社会主义制度的优越性和党的二十大“以人民为中心”的发展思想。

一、票据结算概述

（一）票据的概念与种类

广义的票据包括各种有价证券，如股票、国库券、企业债券、发票、提单等。狭义的票据仅指《中华人民共和国票据法》（以下简称《票据法》）上规定的票据。根据我国《票据法》的规定，票据是由出票人依法签发的，约定自己或者委托付款人在见票时或指定的日期向收款人或持票人无条件支付一定金额的有价证券。

在我国，票据主要包括银行汇票、商业汇票、银行本票和支票。

（二）票据的特征与功能

1. 票据的特征

（1）票据是“完全有价证券”。即票据权利完全证券化，票据权利与票据本身融为一体、不可分离，也就是说，票据权利的产生、行使、转让和消灭都离不开票据。完全有价证券这一特征可以通过票据的“设权证券”“提示证券”“交付证券”和“缴回证券”等特征来体现。

（2）票据是“文义证券”。即票据上的一切票据权利义务必须严格依照票据记载的文义而定，文义之外的任何理由、事项均不得作为根据，即使文义记载有错，也不得用票据之外的其他证明方法变更或补充。

（3）票据是“无因证券”。即票据如果符合《票据法》规定的条件，票据权利就成立，持票人不必证明取得票据的原因，仅以票据文义请求履行票据权利。但当票据债务人根据《票据法》第十二条的规定，认为持票人是以欺诈、偷盗或者胁迫等手段取得票据，或者明知有上述情形出于恶意取得票据，或者因为重大过失取得票据，持票人应当对自己持票的合法性负责举证。

（4）票据是“金钱债权证券”。即票据上体现的权利性质是财产权而不是其他权利，财产权的内容是请求支付一定的金钱而不是物品。

（5）票据是“要式证券”。即票据的制作、形式、文义都有规定的格式和要求，必须符合《票据法》的规定。

（6）票据是“流通证券”。即票据可以流通转让，有了流通转让，票据的功能才能充分发挥，衔接企业的产供销活动，使经济金融运行畅通，因此，票据贵在流通。与一般财产权相比，票据权利的转让灵活简便，无须通知债务人，通过背书行为直接转让。

2. 票据的功能

（1）支付功能。即票据可以充当支付工具，代替现金使用。对于当事人来讲，用票据支付可以消除现金携带的不便，避免点钞的麻烦，节省计算现金的时间。

（2）汇兑功能。即票据可以代替货币在不同地方之间运送，方便异地之间的支付。如果异地之间使用货币，需要运送或携带，不仅费时费力，而且也不安全。大额货币的运送更是如此。如果只拿着一张票据到异地支付，相对而言既安全又方便。

（3）信用功能。即票据当事人可以凭借自己的信誉，将未来才能获得的金钱作为现在的金钱来使用。

（4）结算功能。即债务抵销功能。简单的结算是互有债务的双方当事人各签发一张本票，待两张本票都到到期日可以相互抵销债务。若有差额，由一方以现金支付。

（5）融资功能。即融通资金或调度资金。票据的融资功能是通过票据的贴现、转贴现和再贴现实现的。

（三）票据行为

票据行为是指票据当事人以发生票据债务为目的、以在票据上签名或盖章为权利与义务成立要件的法律行为，包括出票、背书、承兑和保证四种。

1. 出票

出票是指出票人签发票据并将其交付给收款人的票据行为。出票包括两个行为：一是出票人依照《票据法》的规定做成票据，即在原始票据上记载法定事项并签章；二是交付票据，即将做成的票据交付给他人占有。这两者缺一不可。

2. 背书

背书是在票据背面或者粘单上记载有关事项并签章的行为。以背书的目的为标准，可以将背书分为转让背书和非转让背书。转让背书是指以转让票据权利为目的的背书；非转让背书是指以授予他人行使一定的票据权利为目的的背书。非转让背书包括委托收款背书和质押背书。

3. 承兑

承兑是指汇票付款人承诺在汇票到期日支付汇票金额并签章的行为，仅适用于商业汇票。承兑不得附有条件；承兑附有条件的，视为拒绝承兑。付款人承兑汇票后，应承担到期付款的责任。

4. 保证

保证是指票据债务人以外的人，为担保特定债务人履行票据债务而在票据上记载有关事项并签章的行为。被保证的票据，保证人应当与被保证人对持票人承担连带责任。票据到期后得不到付款的，持票人有权向保证人请求付款，保证人应当足额付款。保证人清偿票据债务后，可以行使持票人对被保证人及其前手的追索权。

（四）票据当事人

当事人是指在票据法律关系中，享有票据权利、承担票据义务的主体。票据当事人分为基本当事人和非基本当事人。票据基本当事人是指在票据做成和交付时就已经存在的当事人，包括出票人、付款人和收款人三种。汇票和支票的基本当事人有出票人、付款人与收款人；本票的基本当事人有出票人与收款人。

1. 基本当事人

（1）出票人。出票人是指依法定方式签发票据并将票据交付给收款人的人。银行汇票的出票人为银行；商业汇票的出票人为银行以外的企业和其他组织；银行本票的出票人为出票银行；支票的出票人，为在银行开立支票存款账户的企业、其他组织和个人。

（2）收款人。收款人是指票据正面记载的到期后有权收取票据所载金额的人。

（3）付款人。付款人是指出票人委托付款或自行承担付款责任的人。商业承兑汇票的付款人是合同中应给付款项的一方当事人，也是该汇票的承兑人；银行承兑汇票的付款人是承兑银行；支票的付款人是出票人的开户银行；本票的付款人是出票人。

2. 非基本当事人

非基本当事人是指在票据做成并交付后，通过一定的票据行为加入票据关系而享有一定权利、承担一定义务的当事人，包括承兑人、背书人、被背书人、保证人等。

（1）承兑人。承兑人是指接受汇票出票人的付款委托，同意承担支付票款义务的人，是汇票主债务人。

（2）背书人与被背书人。背书人是指在转让票据时，在票据背面或粘单上签字或盖章，并将该票据交付给受让人的票据收款人或持有人。被背书人是指被记名受让票据或接受票据转让的人。背书后，被背书人成为票据新的持有人，享有票据的所有权利。

（3）保证人。保证人是指为票据债务提供担保的人，由票据债务人以外的第三人担当。保证人在被保证人不能履行票据付款责任时，以自己的金钱履行票据付款义务，然后取得持票人的权利，向票据债务人追索。

（五）票据权利与责任

1. 票据权利

票据权利是指票据持票人向票据债务人请求支付票据金额的权利，包括付款请求权和追索权。

付款请求权，是指持票人向汇票的承兑人、本票的出票人、支票的付款人出示票据要求付款的权利，是第一顺序权利，又称主要票据权利。行使付款请求权的持票人可以是票据记载的收款人或最后被背书人；担负付款请求权付款义务的主要是主债务人。

票据追索权，是指票据当事人行使付款请求权遭到拒绝或有其他法定原因存在时，向其前手请求偿还票据金额及其他法定费用的权利，是第二顺序权利，又称偿还请求权利。行使追索权的当事人除票据记载的收款人和最后被背书人外，还可能是代为清偿票据债务的保证人、背书人。

2. 票据责任

票据责任是指票据债务人向持票人支付票据金额的责任。它是基于债务人特定的票据行为（如出票、背书、承兑等）而应承担的义务，不具有制裁性质，主要包括付款义务和偿还义务。

票据债务人承担票据责任一般有四种情况：

（1）汇票承兑人因承兑而承担的付款责任；

（2）本票出票人因出票而承担自己付款的责任；

（3）支票付款人在与出票人有资金关系时承担付款责任；

（4）汇票、本票、支票的背书人，汇票、支票的出票人、保证人，在票据不获承兑或不获付款时承担付款清偿责任。

二、银行支票

（一）支票的概念及适用范围

支票是指由出票人签发的、委托办理支票存款业务的银行在见票时无条件支付确定的金额给收款人或者持票人的票据。单位和个人的各种款项结算，均可以使用支票。2007 年 7 月 8 日，中国人民银行宣布，支票可以实现全国范围内互通使用。支票的基本当事人包括出票人、付款人和收款人。支票可以背书转让，但用于支取现金的支票不能背书转让。

（二）支票的种类

支票分为现金支票（见图 3－1）、转账支票（见图 3－2）和普通支票（见图 3－3）三种。支票上印有“现金”字样的为现金支票，现金支票只能用于支取现金。支票上印有“转账”字样的为转账支票，转账支票只能用于转账。支票上未印有“现金”或“转账”字样的为普通支票，普通支票可以用于支取现金，也可以用于转账。在普通支票左上角划两条平行线的，为划线支票，划线支票只能用于转账，不得支取现金。

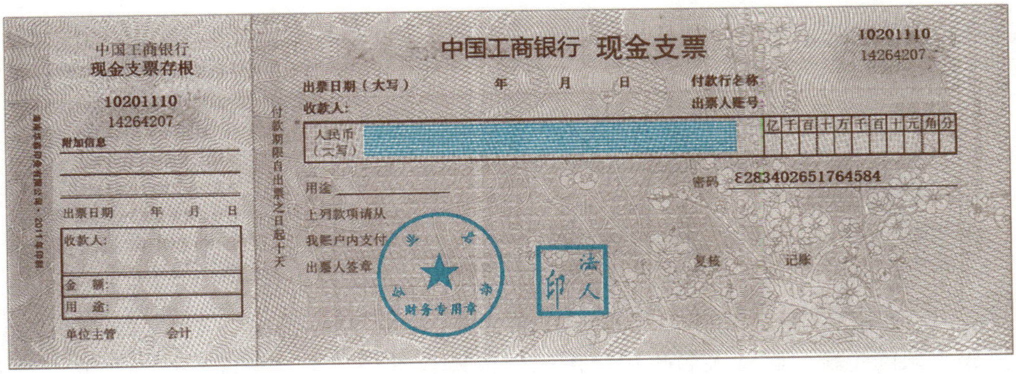

图 3－1 现金支票

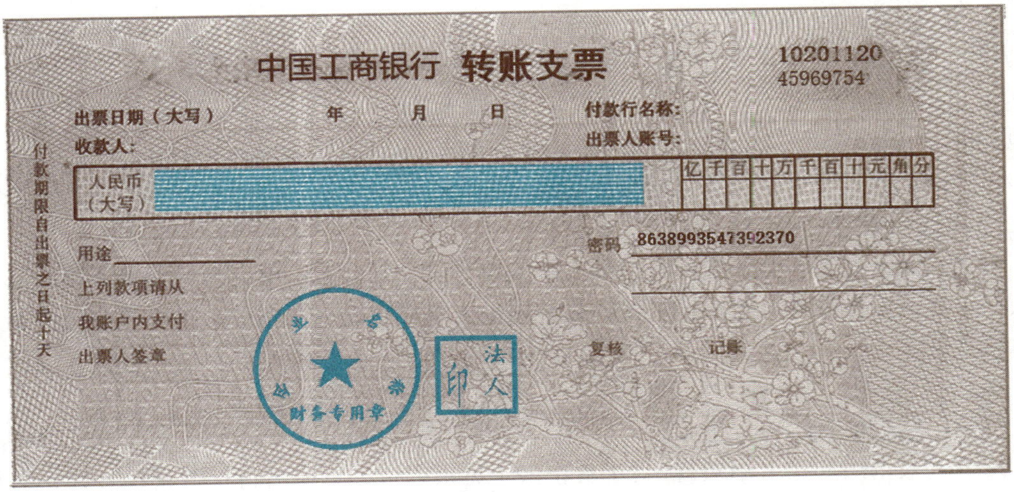

图 3－2 转账支票

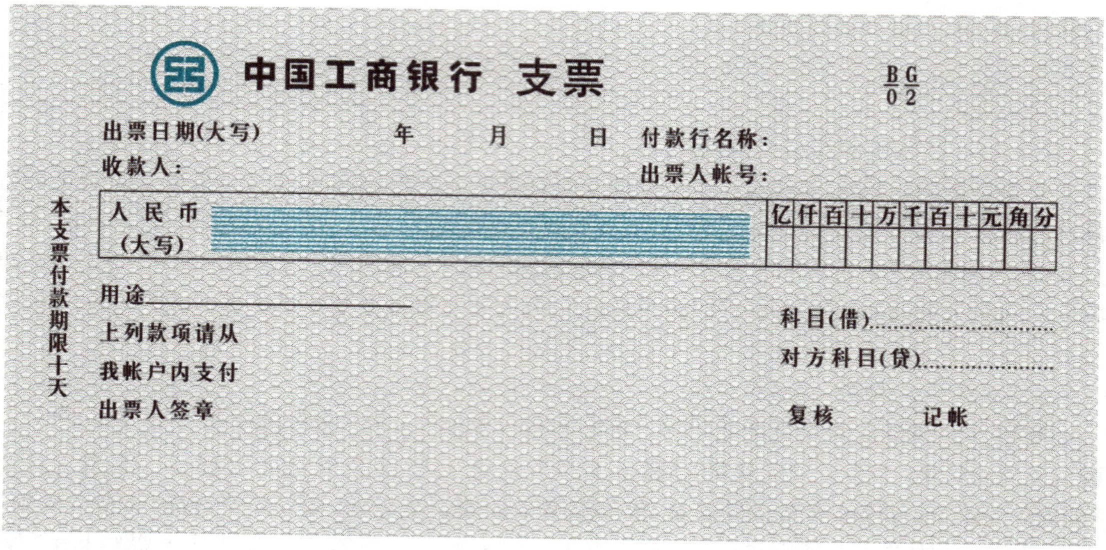
中国工商银行 支票

BG 02

出票日期(大写) 年 月 日 付款行名称：

收款人： 出票人帐号：

本支票付款期限十天

人民币（大写）	亿	仟	百	十	万	千	百	十	元	角	分

用途

上列款项请从

我帐户内支付

出票人签章

科目(借)

对方科目(贷)

复核 记帐

图3－3 普通支票

（三）支票的出票

1. 支票的绝对记载事项

（1）表明“支票”的字样；

（2）无条件支付的委托；

（3）确定的金额；

（4）付款人名称；

（5）出票日期；

（6）出票人签章。

其中支票的金额、收款人名称可以由出票人授权补记，未补记前不得背书转让和提示付款。

2. 支票的相对记载事项

（1）付款地。支票上未记载付款地的，付款人的营业场所为付款地。

（2）出票地。支票上未记载出票地的，出票人的营业场所、住所或者经常居住地为出票地。

另外，出票人可以在支票上记载自己为收款人。

3. 出票的效力

出票人做成支票并交付之后，出票人必须在付款人处存有足够支付的资金，以保证支票票款的支付；当付款人对支票拒绝付款或者超过支票付款提示期限的，出票人应向持票人承担付款责任。

（四）支票的付款

我国《票据法》第九十条规定：“支票限于见票即付，不得另行记载付款日期，另行记载付款日期的，该记载无效。”

1. 提示付款期限

支票的持票人应当自出票日起 10 日内提示付款；异地使用的支票，其提示付款的期限由中国人民银行另行规定。

2. 付款

出票人在付款人处的存款足以支付支票金额时，付款人应当在见票当日足额付款。

3. 付款责任的解除

付款人依法支付支票金额的，对出票人不再承担受委托付款的责任，对持票人不再承担付款的责任。但是，付款人以恶意或者有重大过失付款的除外。恶意或者有重大过失付款是指付款人在收到持票人提示的支票时，明知持票人不是真正的票据权利人，支票的背书以及其他签章系属伪造，或者付款人不按照正常的操作程序审查票据等情形。在此情况下，付款人不能解除付款责任。由此造成损失的，由付款人承担赔偿责任。

（五）支票的办理要求

1. 签发支票的要求

（1）签发支票应当使用碳素墨水或墨汁填写，中国人民银行另有规定的除外。

（2）签发现金支票和用于支取现金的普通支票，必须符合国家现金管理的规定。

（3）支票的出票人签发支票的金额不得超过付款时在付款人处实有的存款金额。禁止签发空头支票。

（4）支票的出票人预留银行签章是银行审核支票付款的依据；银行也可以与出票人约定使用支付密码，作为银行审核支付支票金额的条件。

（5）出票人不得签发与其预留银行签章不符的支票；使用支付密码的，出票人不得签发支付密码错误的支票。

（6）出票人签发空头支票、签章与预留银行签章不符的支票，以及使用支付密码的地区，支付密码错误的支票，银行应予以退票，并按票面金额处以 5% 但不低于 1000 元的罚款；持票人有权要求出票人赔偿支票金额 2% 的赔偿金。对屡次签发的，银行应停止其签发支票。

2. 兑付支票的要求

（1）持票人可以委托开户银行收款或直接向付款人提示付款。用于支取现金的支票仅限于收款人向付款人提示付款。

（2）持票人委托开户银行收款时，应作委托收款背书，在支票背面背书人签章栏签章，记载“委托收款”字样、背书日期，在被背书人栏记载开户银行名称，并将支票和填制的进账单送交开户银行。

（3）持票人持用于转账的支票向付款人提示付款时，应在支票背面背书人签章栏签章，并将支票和填制的进账单交送出票人开户银行。

收款人持用于支取现金的支票向付款人提示付款时，应在支票背面“收款人签章”处签章，持票人为个人的，还需交验本人身份证件，并在支票背面注明证件名称、号码及发证机关。

三、商业汇票

（一）商业汇票的概念和种类

商业汇票是指由出票人签发的，委托付款人在指定日期无条件支付确定金额给收款人或者持票人的票据。商业汇票的付款期限，最长不得超过6个月。

根据承兑人不同，商业汇票分为商业承兑汇票（见图3－4）和银行承兑汇票（见图3－5）。商业承兑汇票由银行以外的付款人承兑，银行承兑汇票由银行承兑。商业汇票的付款人为承兑人。

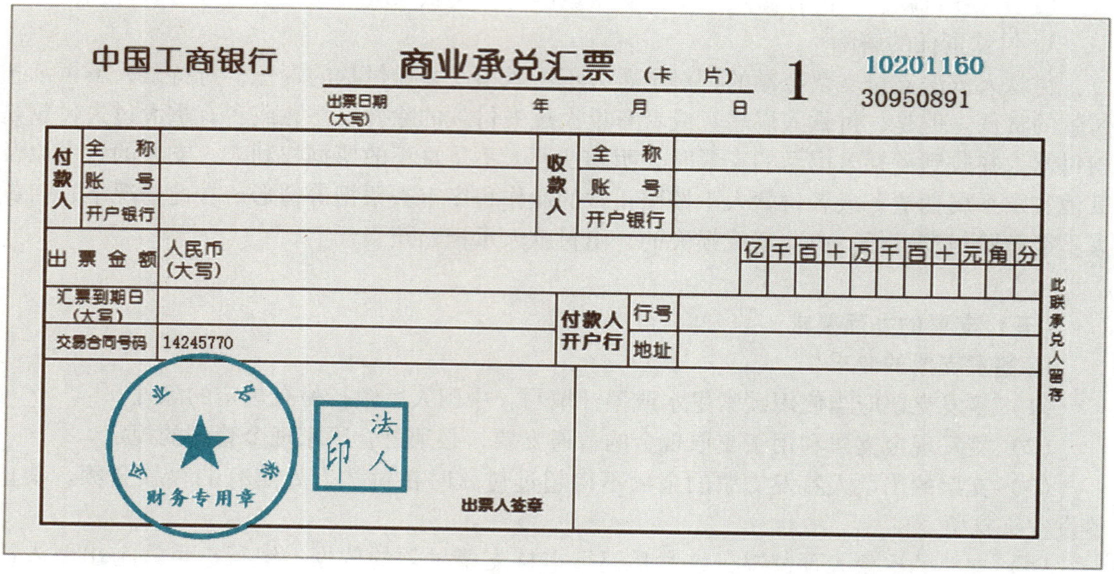

中国工商银行 商业承兑汇票（卡 片） 1 10201160 30950891

出票日期（大写） 年 月 日

付款人	全 称		收款人	全 称	
	账 号			账 号	
	开户银行			开户银行	
出票金额	人民币（大写）			亿千百十万千百十元角分	
汇票到期日（大写）			付款人开户行	行号	
交易合同号码	14245770			地址	

财务专用章 法人印 出票人签章

此联承兑人留存

图3－4 商业承兑汇票

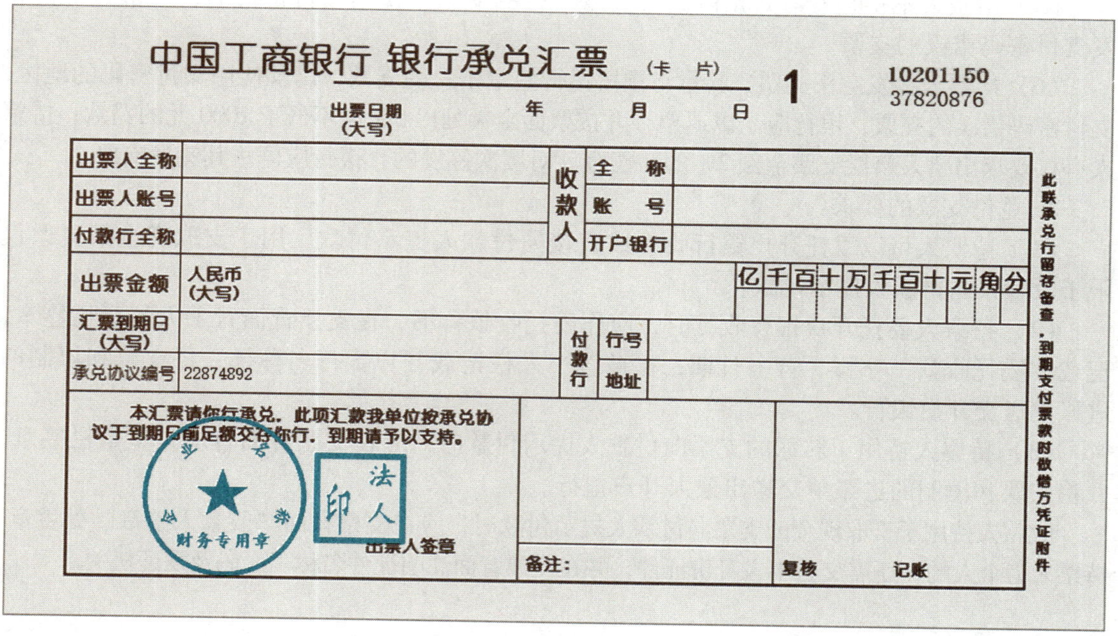

中国工商银行 银行承兑汇票（卡 片） 1 10201150 37820876

出票日期（大写） 年 月 日

出票人全称		收款人	全 称	
出票人账号			账 号	
付款行全称			开户银行	
出票金额	人民币（大写）		亿千百十万千百十元角分	
汇票到期日（大写）		付款行	行号	
承兑协议编号	22874892		地址	

本汇票请你行承兑，此项汇款我单位按承兑协议于到期日前足额交存你行，到期请予以支持。

财务专用章 法人印 出票人签章

备注： 复核 记账

此联承兑行留存备查，到期支付票款时做借方凭证附件

图3－5 银行承兑汇票

（二）商业汇票的出票

1. 出票人的确定

商业汇票的出票人，为在银行开立存款账户的法人以及其他组织，与付款人具有真实的委托付款关系，具有支付汇票金额的可靠资金来源。银行承兑汇票的出票人必须具备下列三个条件：

（1）是在承兑银行开立存款账户的法人以及其他组织；

（2）与承兑银行具有真实的委托付款关系；

（3）资信状况良好，具有支付汇票金额的可靠资金来源。

2. 商业汇票的绝对记载事项

签发商业汇票必须记载下列事项，缺少其中一项记载，商业汇票无效：

（1）表明“商业承兑汇票”或“银行承兑汇票”的字样；

（2）无条件支付的委托；

（3）确定的金额；

（4）付款人名称；

（5）收款人名称；

（6）出票日期；

（7）出票人签章。

3. 商业汇票的相对记载事项

相对记载事项的内容主要包括：

（1）汇票上未记载付款日期的，视为见票即付；

（2）汇票上未记载付款地的，付款人的营业场所、住所或者经常居住地为付款地；

（3）汇票上未记载出票地的，出票人的营业场所、住所或者经常居住地为出票地。

此外，汇票上可以记载非法定记载事项，但这些事项不具有汇票上的效力。

4. 商业汇票出票的效力

出票人依照《票据法》的规定完成出票行为之后，票据上的效力即产生。包括：

（1）对收款人的效力。收款人取得出票人发出的汇票后，即取得票据权利，一方面就票据金额享有付款请求权；另一方面，在该请求权不能满足时，享有追索权。同时，收款人享有依法转让票据的权利。

（2）对付款人的效力。出票行为是单方行为，付款人并不因此而有付款义务。只是基于出票人的付款委托使其具有承兑人的地位，在其对汇票进行承兑后，即成为汇票上的主债务人。

（3）对出票人的效力。出票人签发汇票后，即承担保证该汇票承兑和付款的责任。出票人在汇票得不到承兑或者付款时，应当向持票人清偿法律规定的金额和费用。即收款人或持票人在向付款人行使票据权利而得不到满足时，出票人必须就此承担票据责任。从法律上讲，该责任是一种担保责任，即担保汇票的承兑和付款。

（三）商业汇票的承兑

承兑是指汇票付款人承诺在汇票到期日支付汇票金额的票据行为。承兑是汇票特有的制度。商业承兑汇票可以由付款人签发并承兑，也可以由收款人签发交由付款人承兑。

1. 承兑的程序

（1）提示承兑：定日付款或者出票后定期付款的汇票，持票人应当在汇票到期日前向付款人提示承兑；见票后定期付款的汇票，持票人应当自出票日起 1 个月内向付款人提示承兑；汇票未按规定期限提示承兑的，持票人丧失对其前手的追索权；见票即付的汇票无须提示承兑。

（2）承兑成立：

①承兑时间。付款人对向其提示承兑的汇票，应当自收到提示承兑的汇票之日起 3 日内承兑或者拒绝承兑。如果付款人在 3 日内不作承兑与否表示的，则应视为拒绝承兑。持票人可以请求其作出拒绝承兑证明，向其前手行使追索权。

②接受承兑。付款人收到持票人提示承兑的汇票时，应当向持票人签发收到汇票的回单。回单上应当记明汇票提示承兑日期并签章。回单是付款人向持票人出具的已收到请求承兑汇票的证明。

③承兑的格式。付款人承兑汇票的，应当在汇票正面记载“承兑”字样和承兑日期并签章；见票后定期付款的汇票，应当在承兑时记载付款日期。汇票上未记载承兑日期的，以 3 天承兑期的最后一日为承兑日期。上列应记载事项必须记载于汇票的正面。

④退回已承兑的汇票。付款人依承兑格式填写完毕应记载事项并将已承兑的汇票退回持票人后才产生承兑的效力。

2. 承兑的效力

（1）汇票到期日，承兑人必须向持票人无条件地支付汇票上的金额，否则其必须承担迟延付款责任；

（2）承兑人必须对汇票上的一切权利人承担责任，该等权利人包括付款请求权人和追索权人；

（3）承兑人不得以其与出票人之间的资金关系来对抗持票人，拒绝支付汇票金额；

（4）承兑人的票据责任不因持票人未在法定期限提示付款而解除。

3. 承兑不得附有条件

付款人承兑商业汇票，不得附有条件；承兑附有条件的，视为拒绝承兑。银行承兑汇票的承兑银行，应当按照票面金额向出票人收取万分之五的手续费。

（四）商业汇票的付款

商业汇票的付款，是指付款人依据票据文义支付票据金额，以消灭票据关系的行为。

1. 提示付款

持票人应当按照下列法定期限提示付款：

（1）见票即付的汇票，自出票日起 1 个月内向付款人提示付款。

（2）定日付款、出票后定期付款或者见票后定期付款的汇票，自到期日起 10 日内向承兑人提示付款。

持票人未按照上述规定期限提示付款的，在作出说明后，承兑人或者付款人仍应当继续对持票人承担付款责任。

2. 支付票款

持票人付款提示后，付款人依法审查无误后必须无条件地在当日按票据金额足额支付给持票人。否则，应承担迟延付款的责任。

持票人获得付款的，应当在汇票上签收，并将汇票交给付款人。在实践中，持票人和付款人的收款或付款行为往往是通过委托银行代理进行的。受托收款或付款的银行不是汇票的当事人，只是代理人，因此，他们只能依照委托，按汇票上记载的内容进行资金结算。

付款人及其代理付款人付款时，应当审查汇票背书的连续性，并审查提示付款人的合法身份证明或者有效证件。如果付款人及其代理付款人以恶意或者有重大过失付款的，应当自行承担责任。如果付款人对定日付款、出票后定期付款或者见票后定期付款的汇票在到期日前付款，由付款人自行承担所产生的责任。

3. 付款的效力

付款人依法足额付款后，全体汇票债务人的责任解除。

（五）商业汇票的背书

商业汇票（见图3－6）的背书，是指以转让商业汇票权利或者将一定的商业汇票权利授予他人行使为目的，按照法定的事项和方式在商业汇票背面或者粘单上记载有关事项并签章的票据行为。出票人在汇票上记载“不得转让”字样，则该汇票不得转让。

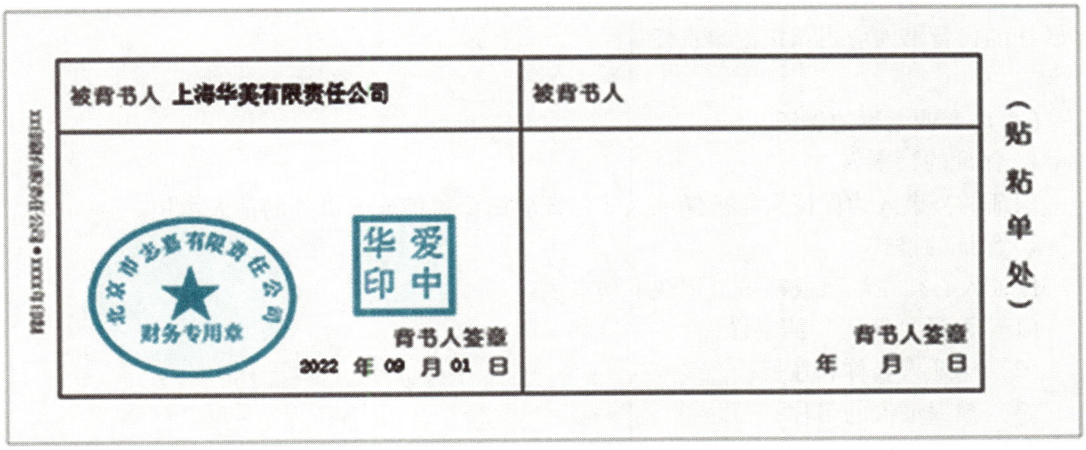

图3－6 背书

1. 背书的事项

背书是一种要式行为，必须符合法定的形式。背书的记载事项包括：

（1）背书签章和背书日期的记载。背书由背书人签章并记载背书日期。背书未记载日期的，视为在汇票到期日前背书。背书人背书时，必须在票据上签章，背书才能成立，否则，背书行为无效。

（2）被背书人名称的记载。汇票以背书转让或者以背书将一定的汇票权利授予他人行使时，必须记载被背书人名称。如果背书人未记载被背书人名称即将票据交付他人的，持票人在票据被背书人栏内记载自己的名称与背书人记载具有同等法律效力。

（3）禁止背书的记载。背书人在汇票上记载“不得转让”字样，其后手再背书转让的，原背书人对后手的被背书人不承担保证责任。

（4）背书时粘单的使用。票据凭证不能满足背书人记载事项的需要，可以加附粘单，黏附于票据凭证上。第一位使用粘单的背书人必须将粘单粘接在票据上，并且在汇票和粘单的粘接处签章，否则该粘单记载的内容即为无效。

（5）背书不得记载的内容。背书不得记载的内容有两项：一是附有条件的背书；二是部分背书。背书时附有条件的，所附条件不具有汇票上的效力；部分背书是指背书人在背书时，将汇票金额的一部分或者将汇票金额分别转让给两人以上的背书。将汇票金额的一部分转让的背书或将汇票金额分别转让给两人以上的背书无效。

2. 背书连续

背书连续是指在票据转让中，转让汇票的背书人与受让汇票的被背书人在汇票上的签章依次前后衔接。如果背书不连续，付款人可以拒绝向持票人付款，否则付款人应自行承担责任。

背书连续主要是指背书在形式上连续，如果背书在实质上不连续，如有伪造签章等，付款人仍应对持票人付款。但是，如果付款人明知持票人不是真正的票据权利人，则不得向持票人付款，否则应自行承担责任。

3. 法定禁止背书

被拒绝承兑、被拒绝付款或者超过付款提示期限三种情形下的汇票，不得背书转让；背书转让的，背书人应当承担汇票责任。

（六）商业汇票的保证

1. 保证的当事人

保证的当事人为保证人与被保证人。保证应由汇票债务人以外的他人承担。

2. 保证的格式

保证人必须在汇票或粘单上记载下列事项：

（1）表明“保证”的字样；

（2）保证人名称和住所；

（3）被保证人的名称；

（4）保证日期；

（5）保证人签章。

3. 保证的效力

（1）保证人的责任。保证人对合法取得汇票的持票人所享有的汇票权利，承担保证责任。但是，被保证人的债务因汇票记载事项欠缺而无效的除外。被保证的汇票，保证人应当与被保证人对持票人承担连带责任。汇票到期后得不到付款的，持票人有权向保证人请求付款，保证人应当足额付款。

（2）共同保证人的责任。保证人为两人以上的，保证人之间承担连带责任。也就是说，在共同保证的情况下，持票人可以不分先后向保证人中的一人、数人或者全体就全部票据金额及有关费用行使票据权利，共同保证人不得拒绝。

（3）保证人的追索权。保证人清偿汇票债务后，可以行使持票人对被保证人及其前手的追索权。

四、银行汇票

（一）银行汇票的概念和适用范围

银行汇票是由出票银行签发的，在见票时按照实际结算金额无条件支付给收款人或者持票人的票据。单位和个人在异地、同城或同一票据交换区域的各种款项结算，均可使用银行汇票。

银行汇票一式四联，第一联为卡片，在承兑行支付票款时用作付出传票；第二联为银行汇票，与第三联解讫通知一并由汇款人自带，在兑付行兑付汇票后此联做联行往来账付出传票；第三联解讫通知，在兑付行兑付后随报单寄签发行，由签发行做余款收入传票；第四联是多余款通知，在签发行结清后交汇款人。

（二）银行汇票的记载事项

银行汇票（见图3－7）的记载事项有：

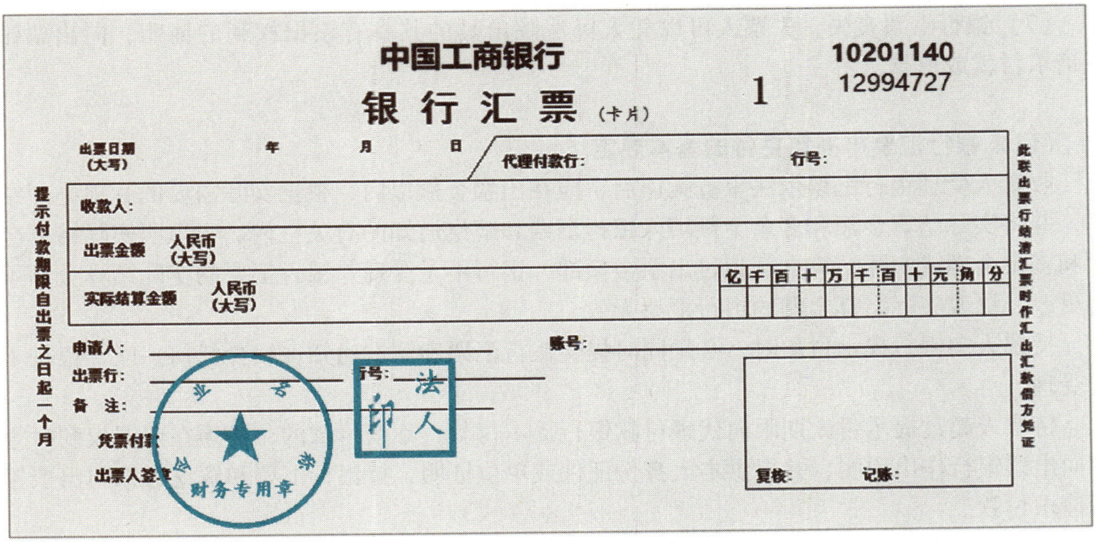
中国工商银行
银行汇票（卡片） 1
10201140
12994727
出票日期（大写） 年 月 日
代理付款行： 行号：
提示付款期限自出票之日起一个月
收款人：
出票金额 人民币（大写）
实际结算金额 人民币（大写）
亿	千	百	十	万	千	百	十	元	角	分

申请人： 账号：
出票行： 行号：
备注：
凭票付款
出票人签章
复核： 记账：
此联出票行结清汇票时作汇出汇款借方凭证

图3－7 银行汇票的记载事项

（1）表明“银行汇票”的字样；

（2）无条件支付的承诺；

（3）确定的金额；

（4）付款人名称；

（5）收款人名称；

（6）出票日期；

（7）出票人签章。

汇票上未记载上述事项之一的，汇票无效。

（三）银行汇票的基本规定

（1）银行汇票可以用于转账，标明“现金”字样的银行汇票也可以提取现金。

（2）银行汇票的付款人为银行汇票的出票银行，银行汇票的付款地为代理付款人或出票人所在地。

（3）银行汇票的出票人在票据上的签章，应为经中国人民银行批准使用的该银行汇票专用章加其法定代表人或其授权经办人的签名或者盖章。

（4）银行汇票的提示付款期限为自出票日起一个月内。持票人超过付款期限提示付款的，代理付款人（银行）不予受理。

（5）银行汇票可以背书转让，但填明“现金”字样的银行汇票不得背书转让。银行汇票的背书转让以不超过出票金额的实际结算金额为准。未填写实际结算金额或实际结算金额超过出票金额的银行汇票不得背书转让。

（6）填明“现金”字样和代理付款人的银行汇票丧失，可以由失票人通知付款人或者代理付款人挂失止付。

（7）银行汇票丧失，失票人可以凭人民法院出具的其享有票据权利的证明，向出票银行请求付款或退款。

（四）银行汇票申办和兑付的基本规定

收款人受理银行汇票依法审查无误后，应在出票金额以内，根据实际需要的款项办理结算，并将实际结算金额和多余金额填入银行汇票和解讫通知的有关栏内。未填明实际结算金额和多余金额或实际结算金额超过出票金额的，银行不予受理。银行汇票的实际结算金额不得更改，更改实际结算金额的银行汇票无效。

持票人向银行提示付款时，必须同时提交银行汇票和解讫通知，缺少任何一联，银行不予受理。

持票人超过提示付款期限向代理付款银行提示付款，不获付款的，必须在票据权利时效内向出票银行作出说明，并提供本人身份证件或单位证明，持银行汇票和解讫通知向出票银行请求付款。

（五）兑付银行汇票的基本程序和规定

（1）收款人受理银行汇票时，应审查下列事项：银行汇票和解讫通知是否齐全、汇票号码和记载的内容是否一致；收款人是否确为本单位或本人；银行汇票是否在提示付款期限内；必须记载的事项是否齐全；出票人签章是否符合规定，是否有压数机压印的出票金额，并与大写出票金额一致；出票金额、出票日期、收款人名称是否更改，更改的其他记载事项是否由原记载人签章证明。

被背书人受理银行汇票时，除审查上述收款人应审查的事项外，还应审查银行汇票是否记载实际结算金额，有无更改，其金额是否超过出票金额；背书是否连续，背书人签章是否符合规定，背书时使用粘单的，是否按规定签章；背书人为个人的，应验证其个人身份证件。

（2）收款人对申请人交付的银行汇票审查无误后，应在出票金额以内，根据实际需要的款项办理结算，并将实际结算金额和多余金额准确、清晰地填入银行汇票和解讫通知的有关栏内。未填明实际结算金额和多余金额或实际结算金额超过出票金额的，银行不予受理。银行汇票的实际结算金额不得更改，更改实际结算金额的银行汇票无效。

（3）持票人向银行提示付款时，必须同时提交银行汇票和解讫通知，缺少任何一联，银行不予受理。在银行开立存款账户的持票人向开户银行提示付款时，应在汇票背面“持票人向银行提示付款签章”处签章，签章须与预留银行签章相同，并将银行汇票和解讫通知、进账单送交开户银行。银行审查无误后办理转账。

（4）持票人超过期限向代理付款银行提示付款不获付款的，必须在票据权利时效内向出票银行作出说明，并提供本人身份证件或单位证明，持银行汇票和解讫通知向出票银行请求付款。

五、银行本票

（一）银行本票的概念

银行本票是出票人签发的，承诺自己在见票时无条件支付确定的金额给收款人或者持票人的票据。

（二）银行本票的适用范围

单位和个人在同一票据交换区域需要支付的各种款项，均可以使用银行本票（见图3－8）。银行本票可以用于转账，注明“现金”字样的银行本票可以用于支取现金。

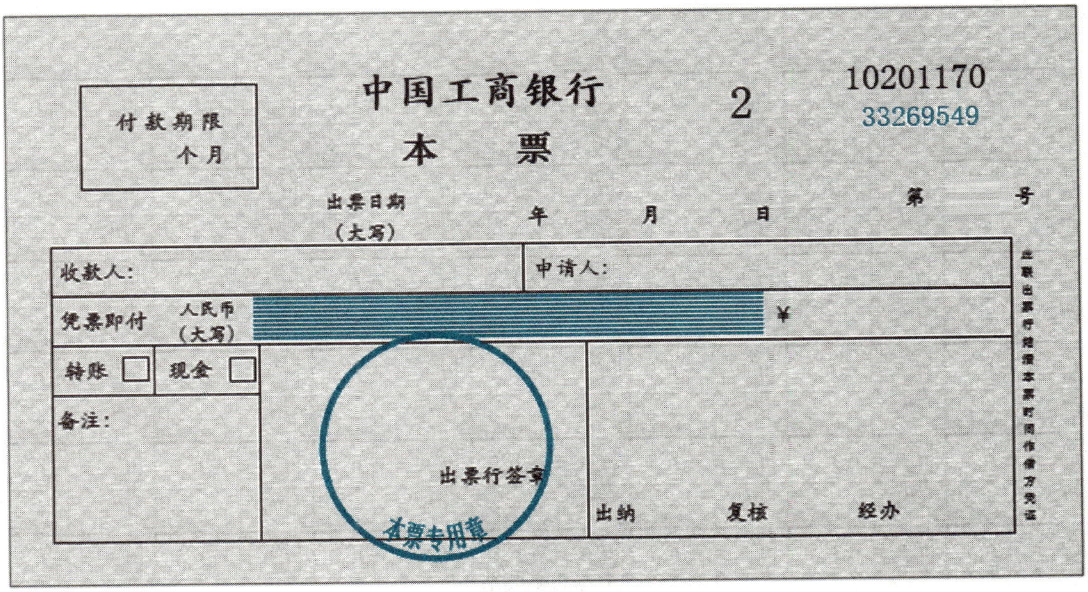
付款期限 个月
中国工商银行
本 票
2
10201170
33269549
出票日期（大写） 年 月 日
第 号
收款人：
申请人：
凭票即付 人民币（大写）
¥
转账 □ 现金 □
备注：
出票行签章
本票专用章
出纳 复核 经办
二联 出票行结清本票时作借方凭证

图3－8 银行本票

（三）银行本票的记载事项

银行本票必须记载下列事项：

（1）表明“银行本票”的字样；
（2）无条件支付的承诺；
（3）确定的金额；
（4）收款人名称；
（5）出票日期；
（6）出票人签章。

申请人或收款人为单位的，不得申请签发现金银行本票。

（四）银行本票的提示付款期限

银行本票见票即付。银行本票的提示付款期限自出票日起最长不得超过 2 个月。持票人超过付款期限提示付款的，代理付款人不予受理。本票的持票人未按照规定期限提示见票的，丧失对出票人以外的前手的追索权。

（五）银行本票的退款和丧失

申请人因银行本票超过提示付款期限或其他原因要求退款时，应将银行本票提交到出票银行。申请人为单位的，应出具该单位的证明；申请人为个人的，应出具本人的身份证件。出票银行对于在本行开立存款账户的申请人，只能将款项转入原申请人账户；对于现金银行本票和未在本行开立存款账户的申请人，才能退付现金。

银行本票丧失，失票人可以凭人民法院出具的其享有票据权利的证明，向出票银行请求付款或退款。

【拓展学习】

本票、汇票和支票的主要相同点和不同点

商业汇票贴现

典型案例分析

【同步练习】

同步练习

模块五　其他结算方式

【案例导入】

我国互联网支付自诞生以来，就表现出强大的生命力和竞争力，支付宝、银联商务、财付通分别以30.4%、18.6%和13.9%的市场份额占据市场的前三位。

互联网时代，人们生活趋于碎片化，大量随机性交易随之而来，互联网支付很好地满足了这一需求，更广阔地覆盖了用户生活轨迹和场景。互联网支付行业分析指出，互联网支付在第三方支付中比重逐年提升，从2011年的占比3.5%巨幅上升至2019年的占比74.6%，预计至2022年比重将再上升至85.2%。

截至2019年我国互联网支付综合支付交易规模增长至218.9万亿元，同比增长68%。互联网支付行业数据统计初步测算2020年我国互联网支付综合支付交易规模将达到312.4亿元左右，预计在2022年我国互联网支付综合支付交易规模将接近550万亿元。

【案例解析】

案例资料中所谓互联网支付即网上支付。

网上支付是电子支付的一种形式，它是指电子交易的当事人，包括消费者、厂商和金融机构，使用电子支付手段通过网络进行的货币或资金流转。网上支付的主要方式有网上银行和第三方支付。

支付结算的方式除了票据结算方式，还包括银行卡、汇兑、委托收款、托收承付、信用证、网上支付等其他结算方式。

随着互联网技术的发展，网上支付与网络科技融合程度会不断加深，要坚持科技创新不停步，砥砺奋进新征程，促进网上支付向更高水平发展。

【立德树人】

网上支付与时俱进、迅速发展，与传统支付手段相比，缩短了交易时间、减少了交易成本、简化了交易步骤，具有便捷性、快速性等特点，广受消费者接纳和使用，但网上支付受限于社会征信制度的建立健全与完善，以及电子商务法律与时俱进地跟进完善，要求新时代会计专业技能应具有更高诚信素养、法律素养和信息化素养，方能在新时代中国强国梦的实现进程中大展宏图，也是党的二十大“全面建设社会主义现代化高质量发展”的要求所需。

一、银行卡

（一）银行卡的概念

银行卡是指经批准由商业银行（含邮政金融机构）向社会发行的具有消费信用、转账结算、存取现金等全部或部分功能的信用支付工具。

（二）银行卡的分类

按不同标准，可以对银行卡做不同的分类。

（1）按是否具有透支功能分为信用卡和借记卡，前者可以透支，后者不具备透支功能。

信用卡按是否向发卡银行交存备用金分为贷记卡、准贷记卡两类。

贷记卡是指发卡银行给予持卡人一定的信用额度，持卡人可在信用额度内先消费、后还款的信用卡。准贷记卡是指持卡人须先按发卡银行要求交存一定金额的备用金，当备用金账户余额不足支付时，可在发卡银行规定的信用额度内透支的信用卡。

借记卡主要功能包括消费、存取款、转账、代收付、外汇买卖、投资理财、网上支付等。按功能不同分为转账卡（含储蓄卡）、专用卡和储值卡。转账卡是实时扣账的借记卡，具有转账结算、存取现金和消费功能。专用卡是具有专门用途、在特定区域使用的借记卡，具有转账结算、存取现金功能。“专门用途”是指在百货、餐饮、饭店、娱乐行业以外的用途。储值卡是发卡银行根据持卡人要求将其资金转至卡内储存，交易时直接从卡内扣款的预付钱包式借记卡。

（2）按币种不同分为人民币卡、外币卡。外币卡是持卡人与发卡银行以除人民币以外的货币作为清算货币的银行卡。

（3）按发行对象不同分为单位卡（商务卡）、个人卡。

（4）按信息载体不同分为磁条卡、芯片（IC）卡。芯片（IC）卡既可应用于单一的银行卡品种，又可应用于组合的银行卡品种。

（5）按照发行主体是否在境内分为境内卡和境外卡。

（三）银行卡账户与交易

1. 银行卡交易的基本规定

（1）单位人民币卡可办理商品交易和劳务供应款项的结算，但不得透支。单位卡不得支取现金。

（2）发卡银行对贷记卡的每笔取现都应当进行授权，每卡每日累计取现不得超过限定额度。发卡银行应当对持卡人在自动柜员机（ATM 机）取款设定交易上限，每卡每日累计提款不得超过 2 万元人民币。储值卡的面值或卡内币值不得超过 1000 元人民币。

（3）发卡银行应当遵守下列信用卡业务风险控制指标：同一持卡人单笔透支发生额个人卡不得超过 2 万元（含等值外币）、单位卡不得超过 5 万元（含等值外币）。同一账户月透支余额个人卡不得超过 5 万元（含等值外币），单位卡不得超过发卡银行对该单位综合授信额度的 3%。无综合授信额度可参照的单位，其月透支余额不得超过 10 万元（含等值外币）。外币卡的透支额度不得超过持卡人保证金（含储蓄存单质押金额）的 80%。

（4）准贷记卡的透支期限最长为 60 天。贷记卡的首月最低还款额不得低于其当月透支余额的 10%。

（5）发卡银行通过下列途径追偿透支款项和诈骗款项：扣减持卡人保证金、依法处理抵押物和质押物；向保证人追索透支款项；通过司法机关的诉讼程序进行追偿。

2. 银行卡的资金来源

单位卡账户的资金一律从其基本存款账户转账存入，不得交存现金，不得将销货收入的款项存入其账户。个人卡在使用过程中，需要向其账户续存资金的，只限于其持有的现金存入和工资性款项以及属于个人的劳务报酬收入转账存入。严禁将单位的款项存入个人卡账户。

（四）银行卡的计息和收费

1. 计息

（1）发卡银行对准贷记卡及借记卡（不含储值卡）账户内的存款，按照中国人民银行规定的同期同档次存款利率及计息办法计付利息。

（2）发卡银行对贷记卡账户的存款、储值卡（含 IC 卡的电子钱包）内的币值不计付利息。

（3）贷记卡持卡人非现金交易享受如下优惠条件：①免息还款期待遇。银行记账日至发卡行规定的到期还款日之间为免息还款期，最长为 60 天。②最低还款额待遇。持卡人在到期还款日前偿还所使用全部银行款项有困难的，可按发卡行规定的最低还款额还款。

贷记卡选择最低还款或超过批准的信用额度用卡，不得享受免息还款期待遇。贷记卡支取现金、准贷记卡透支，不享受免息还款期和最低还款额待遇。贷记卡透支按月计收复利，准贷记卡按月计收单利。透支利率为日利率 0.05%。

2. 收费

收费是指商业银行办理银行卡收单业务向商户收取结算手续费。

（五）银行卡申领、注销和挂失

1. 银行卡的申领

凡在中国境内金融机构开立基本存款账户的单位，可凭中国人民银行核发的开户许可证申领单位卡。单位卡可申领若干张，持卡人资格由申领单位法定代表人或其委托的代理人书面指定和注销。凡具有完全民事行为能力的公民，可凭本人有效身份证件及发卡银行规定的相关证明文件申领个人卡。个人卡的主卡持卡人，可为其配偶及年满 18 周岁的亲属申领附属卡，申领的附属卡最多不得超过两张，主卡持卡人也有权要求注销其附属卡。

2. 银行卡的注销

持卡人在还清全部交易款项、透支本息和有关费用后，可申请办理销户。

信用卡，持卡人还清透支本息后，有下列情形之一的，可办理销户：

（1）信用卡有效期满 45 天后，持卡人不更换新卡的；

（2）信用卡挂失满 45 天后，没有附属卡又不更换新卡的；

（3）信用卡被列入止付名单，发卡银行已收回其信用卡 45 天的；

（4）持卡人死亡，发卡银行已收回其信用卡 45 天的；

（5）持卡人要求销户或担保人撤销担保，并已交回全部信用卡 45 天的；

（6）信用卡账户两年（含）以上未发生交易的；

（7）持卡人违反其他规定，发卡银行认为应该取消资格的。

销户时，单位卡账户余额转入其基本存款账户，不得提取现金；个人卡账户可以转账结清，也可以提取现金。

3. 银行卡的挂失

持卡人丧失银行卡，应立即持本人身份证件或其他有效证明，并按规定提供有关信息，向发卡银行或代办银行申请挂失。

二、汇兑

（一）汇兑的概念和分类

汇兑是汇款人委托银行将其款项支付给收款人的结算方式。汇兑分为电汇和信汇两种，由汇款人自行选择。

1. 电汇

电汇是指汇款人将一定款项交存汇款银行，汇款银行通过电报或电子传真传给目的地的分行或代理行（汇入行），指示汇入行向收款人支付一定金额的一种汇款方式，电汇凭证如图3－9所示。

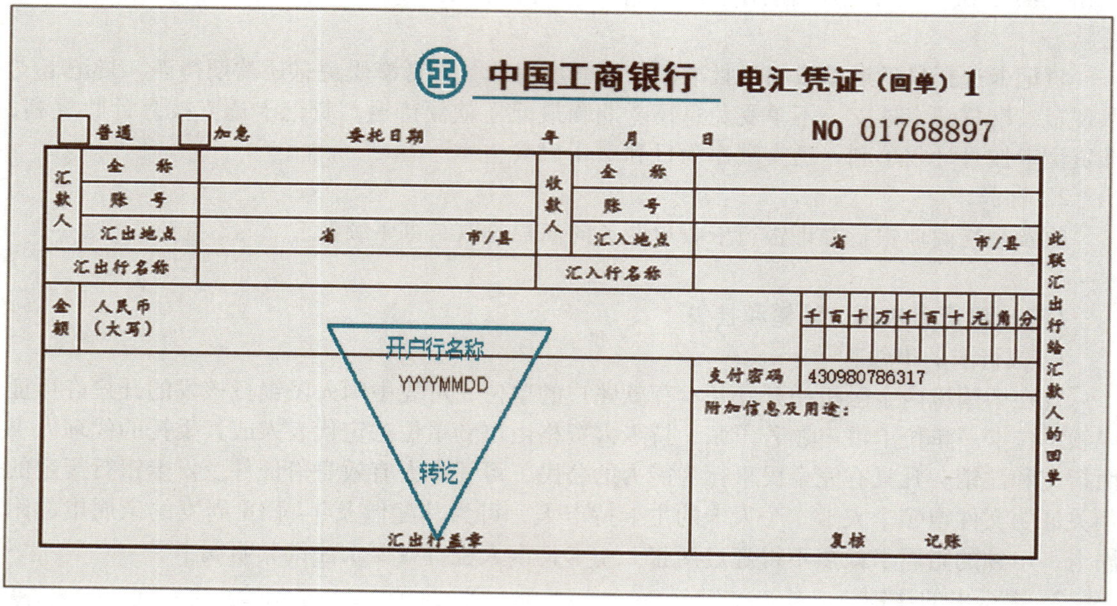
中国工商银行 电汇凭证（回单）1
普通 加急 委托日期 年 月 日
NO 01768897
汇款人 全称 账号 汇出地点 省 市/县
收款人 全称 账号 汇入地点 省 市/县
汇出行名称
汇入行名称
金额 人民币（大写）
千 百 十 万 千 百 十 元 角 分
开户行名称 YYYYMMDD 转讫
支付密码 430980786317
附加信息及用途：
汇出行盖章
复核 记账
此联汇出行给汇款人的回单

图 3－9 电汇凭证

2. 信汇

信汇是指汇款人向银行提出申请，同时交存一定金额及手续费，汇出行将信汇委托书以邮寄方式寄给汇入行，授权汇入行向收款人解付一定金额的一种汇兑结算方式。

单位和个人的各种款项的结算，均可使用汇兑结算方式，汇兑既可以用于提现，又可用于转账。

（二）办理汇兑的程序

办理汇兑的程序如图 3－10 所示。

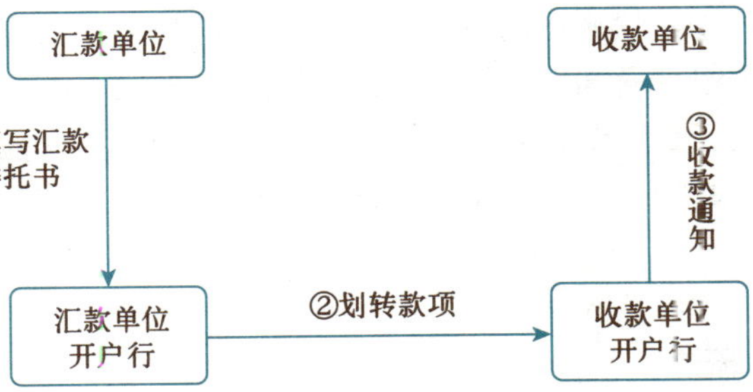

图 3-10　汇兑结算程序

1. 签发汇兑凭证

签发汇兑凭证必须记载下列事项：

（1）表明“信汇”或“电汇”的字样；

（2）无条件支付的委托；

（3）确定的金额；

（4）收款人名称；

（5）汇款人名称；

（6）汇入地点、汇入行名称；

（7）汇出地点、汇出行名称；

（8）委托日期；

（9）汇款人签章。

汇兑凭证上欠缺上列记载事项之一的，银行不予受理。汇兑凭证记载的汇款人名称、收款人名称，其在银行开立存款账户的，必须记载其账号。欠缺记载的，银行不予受理。

汇款人和收款人均为个人且需要在汇入银行支取现金的，应在信、电汇凭证的汇款金额大写栏，先填写“现金”字样，后填写汇款金额。

2. 银行受理

汇出银行受理汇款人签发的汇兑凭证，经审查无误后，应及时向汇入银行办理汇款，并向汇款人签发汇款回单。汇款回单只能作为汇出银行受理汇款的依据，不能作为该笔汇款已转入收款人账户的证明。

3. 汇入处理

汇入银行对开立存款账户的收款人，应将汇入款项直接转入收款人账户，并向其发出收账通知。收账通知是银行将款项确已收入收款人账户的凭据。

（三）汇兑的撤销和退汇

1. 汇兑的撤销

汇款人对汇出银行尚未汇出的款项可以申请撤销。申请撤销时，应出具正式函件或本人身份证件及原信、电汇回单。

2. 汇兑的退汇

汇款人对汇出银行已经汇出的款项可以申请退汇。转汇银行不得受理汇款人或汇出银行对汇款的撤销或退汇。对在汇入银行开立存款账户的收款人，由汇款人与收款人自行联系退汇；对未在汇入银行开立存款账户的收款人，汇款人应出具正式函件或本人身份证件以及原信、电汇回单，由汇出银行通知汇入银行。经汇入银行核实汇款却未支付，并将款项退回汇出银行，方可办理退汇。汇入银行对于收款人拒绝接受的汇款，应立即办理退汇。汇入银行对于向收款人发出取款通知，经过 2 个月无法交付的汇款，应主动办理退汇。

三、委托收款

（一）委托收款的概念

委托收款是指收款人委托银行向付款人收取款项的结算方式。单位和个人凭已承兑的商业汇票、债券、存单等付款人债务证明办理款项的结算，均可以使用委托收款结算方式，委托收款在同城、异地均可以使用，其结算款项的划回方式分为邮寄和电报两种，由收款人选用。

（二）委托收款的记载事项

签发的委托收款凭证必须记载下列事项：

（1）表明“委托收款”的字样；

（2）确定的金额；

（3）付款人名称；

（4）收款人名称；

（5）委托收款凭据名称及附寄单证张数；

（6）委托日期；

（7）收款人签章。

委托收款以银行以外的单位为付款人的，委托收款凭证必须记载付款人开户银行名称；委托收款以银行以外的单位为付款人的，委托收款凭证必须记载付款人开户银行名称。

委托收款以银行以外的单位或在银行开立存款账户的个人为收款人的，委托收款凭证必须记载收款人开户银行名称；以未在银行开立存款账户的个人为收款人的，委托收款凭证必须记载被委托银行名称。

（三）委托收款的结算规定

委托收款结算的程序如图 3－11 所示。

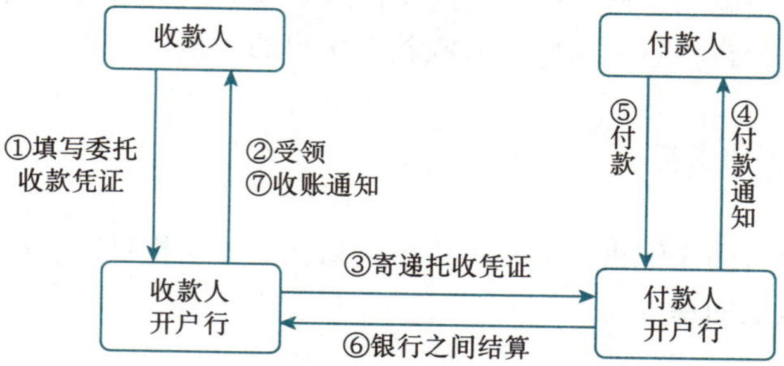

图 3－11　委托收款结算程序

1. 付款的规定

（1）以银行为付款人的，银行应在当日将款项主动支付给收款人。

（2）以单位为付款人的，银行通知付款人后，付款人应于接到通知当日书面通知银行付款。付款人未在接到通知日的次日起3日内通知银行付款的，视同付款人同意付款，银行应在付款人接到通知日的次日起第4日上午开始营业时，将款项划给收款人。

银行在办理划款时，付款人存款账户不能足额支付的，应通过被委托银行向收款人发出未付款项通知书。

2. 拒绝付款的规定

付款人审查有关债务证明后，对收款人委托收取的款项需要拒绝付款的，有权提出拒绝付款。

（1）以银行为付款人的，应自收到委托收款及债务证明的次日起3日内出具拒绝证明，连同有关债务证明、凭证寄给被委托银行，转交收款人。

（2）以单位为付款人的，应在付款人接到通知日的次日起3日内出具拒绝证明，持有债务证明的，应将其送交开户银行。银行将拒绝证明、债务证明和有关凭证一并寄给被委托银行，转交收款人。

四、托收承付

（一）托收承付的概念

托收承付是指根据购销合同由收款人发货后委托银行向异地付款人收取款项，由付款人向银行承认付款的结算方式。

（二）托收承付的记载事项

托收承付凭证必须记载下列事项：

（1）表明“托收承付”的字样；

（2）确定的金额；

（3）付款人的名称和账号；

（4）收款人的名称和账号；

（5）付款人的开户银行名称；

（6）收款人的开户银行名称；

（7）托收附寄单证张数或册数；

（8）合同名称、号码；

（9）委托日期；

（10）收款人签章。

使用托收承付结算方式的收款单位和付款单位，必须是国有企业、供销合作社以及经营管理较好并经开户银行审查同意的城乡集体所有制工业企业。

收付双方使用托收承付结算必须签有符合《民法典》的购销合同，并在合同上约定好使用托收承付结算方式。

办理托收承付结算的款项，必须是商品交易以及因商品交易而产生的劳务供应的款项。代销、寄销、赊销商品的款项不得办理托收承付结算。

托收承付结算每笔的金额起点为1万元，新华书店系统每笔的金额起点为1000元。

（三）托收承付的办理程序

托收承付的办理程序如图3－12所示。

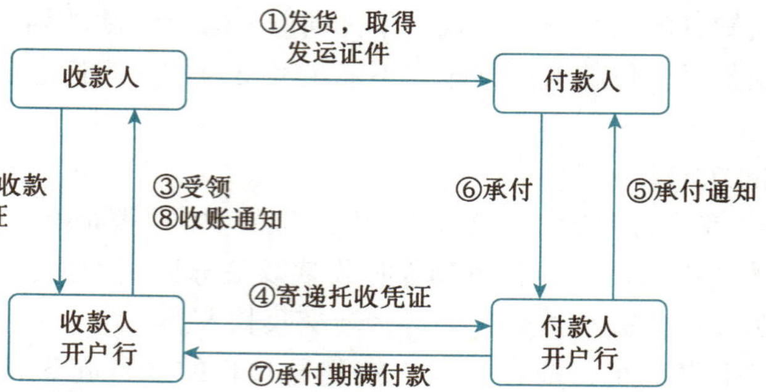

图3－12　托收承付的办理程序

1. 托收

收款人按照签订的购销合同发货后，应将托收承付凭证附发运凭证或其他符合托收承付结算的有关证明和交易单证送交银行，委托银行办理托收。

2. 承付

购货单位承付货款有验单承付和验货承付两种方式。验单承付期为3天，从购货单位开户银行发出通知的次日算起（承付期内遇法定节假日顺延）。验货付款的承付期为10天，从运输部门向付款人发出提货通知的次日算起，付款人在承付期内，未向银行表示拒绝付款，银行即视为承付，应在承付期满的次日上午将款项划给收款人。

付款方若在验单或验货时发现货物的品种、规格、数量、质量、价格等与合同规定不符，可在承付期内提出全部或部分拒付的意见。拒付款项应填写“拒绝承付理由书”送交其开户银行审查并办理拒付手续。

付款方在承付期满后，如果其银行账户内没有足够的资金承付货款，其不足部分作延期付款处理。延期付款部分要按一定比例支付赔偿金给收款方。待付款方账户内有款项支付时，由付款方开户银行将欠款及赔偿金一并划转给收款人。

五、国内信用证

（一）国内信用证的概念和适用范围

国内信用证（以下简称“信用证”），是指开证银行依照申请人的申请开立的、对相符交单予以付款的承诺。我国信用证为以人民币计价、不可撤销的跟单信用证。

信用证结算适用于银行为国内企事业单位之间货物和服务贸易提供的结算服务。信用证只限于转账结算，不得支取现金。

信用证按付款期限分为即期信用证和远期信用证。即期信用证，开证行应在收到相符单据次日起5个营业日内付款。远期信用证，开证行应在收到相符单据次日起5个营业日内确认到期付款，并在到期日付款。远期的表示方式包括：单据日后定期付款、见单后定期付款、固定日付款等可确定到期日的方式。信用证付款期限最长不超过1年。

（二）信用证业务当事人

（1）申请人：指申请开立信用证的当事人，一般为货物购买方或服务接受方。

（2）受益人：指接受信用证并享有信用证权益的当事人，一般为货物销售方或服务提供方。

（3）开证行：指应申请人申请开立信用证的银行。

（4）通知行：指应开证行的要求向受益人通知信用证的银行。

（5）交单行：指向信用证有效地点提交信用证项下单据的银行。

（6）转让行：指开证行指定的办理信用证转让的银行。

（7）保兑行：指根据开证行的授权或要求对信用证加具保兑的银行。

（8）议付行：指开证行指定的为受益人办理议付的银行，开证行应指定一家或任意银行作为议付信用证的议付行。

（三）办理国内信用证的基本程序

办理国内信用证的基本程序如图 3－13 所示。

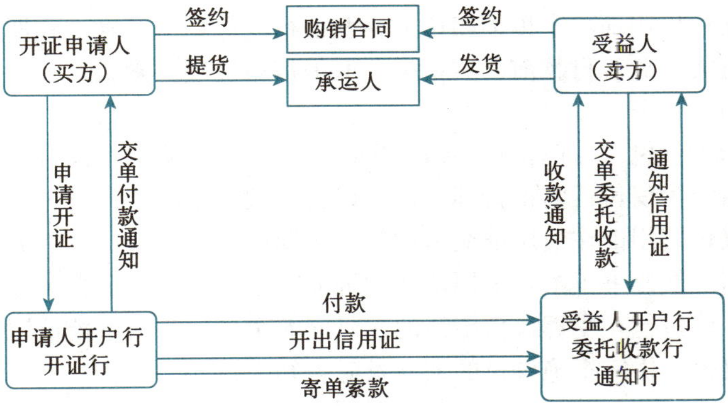

图 3－13 国内信用证的办理程序

1. 开证

（1）申请开立信用证。开证申请人申请办理开证业务时，应当填具开证申请书，申请人须提交其与受益人签订的贸易合同。

（2）受理开证。银行与申请人在开证前应签订明确双方权利义务的协议。开证行可要求申请人交存一定数额的保证金，并可根据申请人资信情况要求其提供抵押、质押、保证等合法有效的担保。

（3）开证。开立信用证可以采用信开和电开方式。信开信用证，由开证行加盖业务用章寄送通知行，同时应视情况需要以双方认可的方式证实信用证的真实有效性；电开信用证，由开证行以数据电文发送通知行。

信用证应使用中文开立，信用证应记载的基本条款包括：表明“国内信用证”的字样；开证申请人名称及地址；开证行名称及地址；受益人名称及地址；通知行名称；开证日期；信用证编号；不可撤销信用证；信用证有效期及有效地点；是否可转让；是否可保兑；是否可议付；信用证金额；付款期限；货物或服务描述；溢短装条款（如有）；货物贸易项下的运输交货或服务贸易项下的服务提供条款；单据条款；交单期；信用证项下相关费用承担方；开证行保证文句；其他条款。

2. 保兑

保兑是指保兑行根据开证行的授权或要求，在开证行承诺之外作出的对相符交单付款、确认到期付款或议付的确定承诺。

3. 修改

开证申请人需对已开立的信用证内容修改的，应向开证行提出修改申请，明确修改的内容。信用证受益人同意或拒绝接受修改的，应提供接受或拒绝修改的通知。

4. 通知

通知行可由开证申请人指定，如开证申请人没有指定，开证行有权指定通知行。通知行可自行决定是否通知。通知行同意通知的，应于收到信用证次日起3个营业日内通知受益人。

5. 转让

转让是指由转让行应第一受益人的要求，将可转让信用证的部分或者全部转为可由第二受益人兑用。可转让信用证只能转让一次。

6. 议付

议付是指可议付信用证项下单证相符或在开证行或保兑行已确认到期付款的情况下，议付行在收到开证行或保兑行付款前购买单据、取得信用证项下索款权利，向受益人预付或同意预付资金的行为。

信用证未明示可议付，任何银行不得办理议付；信用证明示可议付，如开证行仅指定一家议付行，未被指定为议付行的银行不得办理议付，被指定的议付行可自行决定是否办理议付。受益人可对议付信用证在信用证交单期和有效期内向议付行提示单据、信用证正本、信用证通知书、信用证修改书正本及信用证修改通知书（如有），并填制交单委托书和议付申请书，请求议付。议付行在受理议付申请的次日起5个营业日内审核信用证规定的单据并决定议付的，办理议付。决定拒绝议付的，应及时告知受益人。

7. 索偿

议付行将注明付款提示的交单面函（寄单通知书）及单据寄开证行或保兑行索偿资金。议付行议付时，必须与受益人书面约定是否有追索权。若约定有追索权，到期不获付款，议付行可向受益人追索。若约定无追索权，到期不获付款，议付行不得向受益人追索，议付行与受益人约定的特殊情况或受益人存在信用证欺诈的情形除外。

8. 寄单索款

受益人委托交单行交单，应在信用证交单期和有效期内填制信用证交单委托书，并提交单据和信用证正本及信用证通知书、信用证修改书正本及信用证修改通知书（如有）。交单行应在收单次日起5个营业日内对其审核相符的单据寄单并附寄一份交单面函（寄单通知书）。

受益人直接交单时，应提交信用证正本及信用证通知书、信用证修改书正本及信用证修改通知书（如有），开证行、保兑行、转让行、议付行认可的身份证明文件。

9. 付款

开证行或保兑行在收到交单行寄交的单据及交单面函（寄单通知书）或受益人直接递交单据的次日起5个营业日内，及时核对是否为相符交单。单证相符或单证不符但开证行或保兑行接受不符点的，对即期信用证，应于收到单据次日起5个营业日内支付相应款项给交单行或受益人（受益人直接交单时，下同）；对远期信用证，应于收到单据次日起5个营业日内发出到期付款确认书，并于到期日支付款项给交单行或受益人。若受益人提交了相符单据或开证行已发出付款承诺，即使申请人交存的保证金及其存款账户余额不足支付，开证行仍应在规定的时间内付款。开证行或保兑行审核单据发现不符并决定拒付的，应在收到单据的次日起5个营业日内一次性将全部不符点以电子方式或其他快捷方式通知交单行或受益人。

10. 注销

注销是指开证行对信用证未支用的金额解除付款责任的行为。开证行、保兑行、议付行未在信用证有效期内收到单据的，开证行可在信用证逾有效期1个月后予以注销。其他情况下，须经开证行、已办理过保兑的保兑行、已办理过议付的议付行、已办理过转让的转让行与受益人协商同意，或受益人、上述保兑行（议付行、转让行）声明同意注销信用证，并与开证行就全套正本信用证收回达成一致后，信用证方可注销。

六、网上支付

网上支付是电子支付的一种形式，它是指电子交易的当事人，包括消费者、厂商和金融机构，使用电子支付手段通过网络进行的货币或资金流转。网上支付的主要方式有网上银行和第三方支付。

（一）网上银行

1. 网上银行的概念

网上银行（Online Banking Service）又称网络银行、在线银行或电子银行，它是各银行在互联网中设立的虚拟柜台，银行利用网络技术，通过互联网向客户提供开户、销户、查询、对账、行内转账、跨行转账、信贷、网上证券、投资理财等传统服务项，使客户足不出户就能够安全、便捷地管理活期和定期存款、支票、信用卡及个人投资等。

网上银行还被称为"3A银行"，因为它不受时间、空间限制，能够在任何时间（Anytime）、任何地点（Anywhere）以及任何方式（Anyway）为客户提供金融服务。

2. 网上银行的分类

（1）按照服务对象分类：按照服务对象，把网上银行分为个人网上银行和企业网上银行两种。

个人网上银行主要适用于个人和家庭的日常消费支付与转账。客户可以通过个人网上银行服务，完成实时查询、转账、网上支付和汇款功能。个人网上银行服务的出现，标志着银行的业务"触角"直接伸展到个人客户的家庭计算机桌面上，方便使用，真正体现了家庭银行的风采。

企业网上银行主要针对企业与政府部门等企事业客户。企事业组织可以通过企业网上银行服务实时了解企业财务运作情况，及时在组织内部调配资金，轻松处理大批量的网上支付和工资发放业务，并可处理信用证相关业务。

（2）按照经营组织分类：按照经营组织，把网上银行分为分支型网上银行和纯网上银行两种。

分支型网上银行是指现有的传统银行以互联网作为新的服务手段，建立银行站点，提供在线服务而设立的网上银行。纯网上银行本身就是一家银行，是专门为提供在线银行服务而成立的，因而也被称为只有一个站点的银行。

3. 网上银行的主要功能

目前，网上银行利用Internet和HTML技术，能够为客户提供综合、统一、安全、实时的银行服务，包括提供对私、对公的全方位银行业务，还可以为客户提供跨国的支付与清算等其他贸易和非贸易的银行业务服务。

（1）企业网上银行子系统：企业网上银行子系统目前能够支持所有的对公企业客户，能够为客户提供网上账务信息服务、资金划拨、B2B（Business to Business）网上支付和批量支付等服务，使集团公司总部能够对其分支机构的财务活动进行实时监控，随时获得其财务账户的动态情况，同时还能为客户提供B2B网上支付。其主要业务功能包括：账户信息查询、支付指令、B2B网上支付、批量支付等功能。

（2）个人网上银行子系统：个人网上银行子系统主要提供银行卡、本外币活期一本通客户账务管理、信息管理、网上支付等功能，是网上银行对个人客户服务的窗口。其具体业务功能包括：账户信息查询、人民币转账业务、银证转账业务、外汇买卖业务、账户管理业务、B2C（Business to Customer）网上支付等功能。

4. 网上银行主要业务流程

（1）客户开户流程：客户开通网上银行有两种方式：一是客户前往银行柜台办理；二是客户先在网上自助申请，后到柜台签约。

使用网上交易的用户申请证书的流程如下：

第一步：客户使用浏览器通过Internet登录到网银中心的“申请服务器（数据库）”上，填写开户申请表，提交申请。

第二步：网银中心将开户申请信息通过内部网以邮件形式发送到签约柜台。

第三步：客户持有效身份证件和账户凭证到签约柜台办理签约手续，签约柜台核实客户有效证件及账户凭证的真实性，同时参照网银中心传来的客户开户申请，核实客户的签约账户申请信息。之后，将核实的客户信息通过电子邮件或传真等方式返回给网银中心。

第四步：网银中心根据签约柜台核实后的邮件（传真件），进行申请的初审和复审。并录入复审后的申请客户信息，为其生成证书申请，通过内部网以邮件方式发送到CA（Certificate Authority）中心。

第五步：CA中心为客户申请签发证书，并将证书放置到客户从网上可以访问的目录服务器上。然后通知网银中心，网银中心通过邮件通知客户从指定地址下载CA证书。

第六步：客户下载并安装证书后，即可进入网上银行系统，进行网上交易。

（2）网上银行的交易流程。网上银行的具体交易流程如下：

第一步：网上银行客户使用浏览器连接到网银中心，并发出网上交易请求。

第二步：网银中心接收、审核客户的交易请求，经过通信格式转换，然后将交易请求转发给相应成员行的业务主机。

第三步：成员行业务主机完成交易处理，并返回处理结果给网银中心。

第四步：网银中心对交易结果进行再处理后，返回相应信息给客户。

（二）第三方支付

1. 第三方支付的概念

第三方支付的概念有狭义和广义之分。

从狭义上讲，第三方支付是指具备一定实力和信誉保障的非银行机构，借助通信、计算机和信息安全技术，采用与各大银行签约的方式，在用户与银行支付结算系统间建立连接的电子支付模式。在手机端进行的互联网支付，又称为移动支付。第三方支付的特点是独立于商户和银行，为客户提供支付结算服务，具有方便快捷、安全可靠和开放创新的优势。

从广义上讲，第三方支付在中国人民银行《非金融机构支付服务管理办法》中是指非金融机构作为收、付款人的支付中介所提供的网络支付、预付卡发行与受理、银行卡收单以及中国人民银行确定的其他支付服务。这一定义让第三方支付不仅仅是互联网支付，而是成为一个集线上、线下于一体，提供移动支付、电话支付、预付卡支付于一体的综合支付服务工具。

2. 第三方支付的开户要求

非银行支付机构（以下简称“支付机构”）为个人开立支付账户的，同一个人在同一家支付机构只能开立一个Ⅲ类账户，支付机构为单位开立支付账户，应当参照《人民币银行结算账户管理办法》的相关规定，要求单位提供相关证明文件，并自主或者委托合作机构以面对面方式核实客户身份，或者以非面对面方式通过至少3个合法安全的外部渠道对单位基本信息进行多重交叉验证。支付机构在为单位和个人开立支付账户时，应当与单位和个人签订协议，约定支付账户与支付账户之间、支付账户与银行账户之间的日累计转账限额和笔数，超出限额和笔数的，不得再办理转账业务。

3. 第三方支付的种类

（1）线上支付方式：线上支付是指通过互联网实现的用户和商户、商户和商户之间在线货币支付、资金清算、查询统计等过程。网上支付完成了使用者信息传递和资金转移的过程。

线上支付的概念有广义和狭义之分。

广义的线上支付包括直接使用网上银行进行的支付和通过第三方支付平台间接使用网上银行进行的支付。狭义的线上支付仅指通过第三方支付平台实现的互联网在线支付，包括网上支付和移动支付中的远程支付。

（2）线下支付方式：线下支付区别于网上银行等线上支付，是指通过非互联网线上的方式对购买商品或服务所产生的费用进行的资金支付行为。其中，订单的产生可能通过互联网线上完成。新兴线下支付的具体表现形式，包括POS机刷卡支付、拉卡拉等自助终端支付、电话支付、手机近端支付、电视支付等。

4. 第三方支付的行业分类及主流品牌

（1）行业分类：目前第三方支付机构主要有两类模式，即金融型支付企业和互联网支付企业。

金融型支付企业是以银联商务、快钱、易宝支付、汇付天下、拉卡拉等为典型代表的独立第三方支付模式，其不负有担保功能，仅仅为用户提供支付产品和支付系统解决方案，侧重行业需求和开拓行业应用，是立足于企业端的金融型支付企业。

互联网支付企业是以支付宝、财付通等为典型代表的依托于自有的电子商务网站并提供担保功能的第三方支付模式，以在线支付为主，是立足于个人消费者端的互联网型支付企业。

（2）主流品牌：第三方支付机构是最近几年出现的新的支付清算组织，它是为银行业金融机构或其他机构及个人提供电子支付指令交换和计算的法人组织。目前，国内的第三方支付品牌，在支付市场互联网转接交易规模前三位的分别是支付宝、银联商务和财付通。

5. 第三方支付交易流程

在第三方支付模式下，支付者必须在第三方支付机构平台上开立账户，向第三方支付机构平台提供信用卡信息或账户信息，在账户中“充值”，通过支付平台将该账户中的虚拟资金划转到收款人的账户，完成支付行为。收款人可以在需要时将账户中的资金兑成实体的银行存款。第三方平台结算支付模式的资金划拨是在平台内部进行的，此时，划拨的是虚拟的资金。真正的实体资金还需要通过实际支付层来完成。

【拓展学习】

关于《国内信用证结算办法》修订、实施的公告

其他结算方式典型案例分析

【同步练习】

同步练习

第四单元
税收法律制度

模块一　税收概述

【案例导入】

2020年8月11日下午，十三届全国人大常委会第二十一次会议在北京人民大会堂闭幕。会议经表决通过了《中华人民共和国城市维护建设税法》《中华人民共和国契税法》。两部税收法自2021年9月1日起施行。1985年2月8日国务院发布的《中华人民共和国城市维护建设税暂行条例》、1997年7月7日国务院发布的《中华人民共和国契税暂行条例》同时废止。

总的来说，新法实施后部分纳税程序将更加简便，减轻纳税人的税负，促进纳税遵从，提高征管效率。明确了城市维护建设税和契税的一系列规定，有利于减少纳税人纳税不规范情况的发生，进一步推进我国“税收法定”的进程。

【案例解析】

目前，我国共有18个税种，已有12个完成立法，税收法定进程步入关键冲刺期。不断提速的“税收法定”进程对推动我国经济社会发展起到了三大的作用，对于我国全面开启依法治国新时代具有重大意义。

已完成立法的税种包括：

2008年1月1日起实施的《中华人民共和国企业所得税法》；2012年1月1日起实施的《中华人民共和国车船税法》；2018年1月1日起实施的《中华人民共和国环境保护税法》；2018年7月1日起实施的《中华人民共和国烟叶税法》《中华人民共和国船舶吨税法》；2019年1月1日起实施的《中华人民共和国个人所得税法》；2019年7月1日起实施的《中华人民共和国车辆购置税法》；2019年9月1日起实施的《中华人民共和国耕地占用税法》；2020年9月1日起实施的《中华人民共和国资源税法》；2021年

9 月 1 日起实施的《中华人民共和国契税法》《中华人民共和国城市维护建设税法》。2022 年 7 月 1 日起施行的《中华人民共和国印花税法》。

【立德树人】

新税法的颁布实施助推了我国依法治国的进程，对于我国全面开启依法治国新时代具有重大意义。同时，税法的颁布让税收更加稳定权威、让一系列备受广大纳税人关注的优惠政策进一步得到明确，也让国家征税有法可依，为实现税法公平正义提供制度保障。

"立善法于天下，则天下治；立善法于一国，则一国治"。党的二十大明确强调"在法治轨道上全面建设社会主义现代化国家"。

一、税收的含义

（一）税收的概念与作用

1. 税收的概念

税收是国家为了满足一般的社会公共需要，凭借公共权力，按照法律规定的标准和程序，参与国民收入分配，强制地、无偿地取得财政收入的一种特定分配方式。

2. 税收的作用

（1）税收是国家组织财政收入的主要形式和工具，是国家满足公共需要的主要财力保障。

（2）税收是国家调控经济运行的重要手段。国家通过税种的设置、税目和税率的调整，以及加成征收或减免税等手段来改变社会财富分配状况，对资源配置和社会经济发展产生影响，调节社会生产、交换、分配和消费，从而达到调控经济运行的目的，促进社会经济健康发展。

（3）税收具有维护国家政权的作用。国家政权是税收产生和存在的必要条件，而国家政权的存在又有赖于税收的存在。没有税收，国家机器就不可能有效运转。

（4）税收是国际经济交往中维护国家利益的可靠保证。在国际经济交往中，任何国家对本国境内从事生产、经营的外国企业或个人都拥有税收管辖权，这是国家权益的具体体现。

（二）税收特征

税收作为财政收入的一种规范形式，具有区别于其他财政收入形式的特征。

1. 强制性

国家征税是凭借公共权力，以法律、法令形式对税收征纳双方的权利和义务进行规范，依据法律进行征税。

2. 无偿性

无偿性是指国家征税对具体纳税人既不需要直接偿还，也不付出任何形式的直接报酬。无偿性是税收的关键特征，它使税收区别于国债等财政收入形式。

3. 固定性

税收的固定性是指国家以法律形式预先规定纳税人、课税对象、课征额度、纳税期限和纳税地点等，这些规定在一定时间内是相对稳定的。税收的固定性是税收区别于罚没、摊派等财政收入形式的重要特征。

（三）税收的分类

1. 按征税对象分类

按征税对象分类，可将全部税收划分为流转税、所得税、财产税、资源税和行为税五种类型。

（1）流转税：流转税是指以货物、劳务、服务、无形资产、不动产的流转额为征税对象的一类税收。流转税类税收以销售前列对象的流转额为计税依据，在生产经营及销售环节征收。我国现行的增值税、消费税和关税等都属于流转税类。

（2）所得税：所得税也称收益税，是指以纳税人的各种所得额为课税对象的一类税收。现阶段，我国所得税类主要包括企业所得税、个人所得税等。

（3）财产税：财产税是以纳税人所拥有或支配的特定财产为征税对象的一类税收。我国现行的房产税、车船税等属于财产税类。

（4）行为税：行为税是以纳税人的某些特定行为为征税对象的一类税收。我国现行的印花税、契税等属于此类。

（5）资源税：资源税是以自然资源和某些社会资源作为征税对象的一类税收。我国现行的资源税、土地增值税和城镇土地使用税等属于此类。

（6）特定目的税：特定目的税，是国家为达到某种特定目的，而对特定对象和行为发挥调节作用而征收的税种。我国现行的税收中，属于此类的主要有城市维护建设税、耕地占用税、车辆购置税、烟叶税等。

2. 按征收管理的分工体系分类

按征收管理的分工体系分类，可分为工商税类、关税类。

（1）工商税类：工商税类由税务机关负责征收管理，是我国现行税制的主体部分。主要包括增值税、消费税、资源税、企业所得税、个人所得税、城市维护建设税、房产税、车船税、土地增值税、城镇土地使用税、印花税、车辆购置税等税种。

（2）关税类：关税类是国家授权海关负责征收的，以出入关境的货物和物品为征税对象的一类税收。主要包括进出口关税、由海关代征的进口环节增值税、消费税。

3. 按税收征收权限和收入支配权限分类

按照税收征收权限和收入支配权限分类，可分为中央税、地方税和中央与地方共享税。

（1）中央税：中央税是指由中央政府征收和管理使用或者地方政府征税后全部划解中央，由中央所有和支配的税收。消费税（含进口环节由海关代征的部分）、关税、车辆购置税、海关代征的进口环节增值税等为中央税。

（2）地方税：地方税是由地方政府征收、管理和支配的一类税收。地方税主要包括城镇土地使用税、耕地占用税、土地增值税、房产税、车船税、契税等。

（3）中央与地方共享税：中央与地方共享税是指税收收入由中央和地方政府按比例分享的税收。如增值税（非海关代征）、资源税、企业所得税和个人所得税等。

4. 按计税标准不同分类

按照计税标准不同进行的分类，可分为从价税、从量税和复合税。

（1）从价税：从价税以课税对象的价格作为计税依据，一般实行比例税率和累进税率，税收负担比较合理。如我国现行的增值税、企业所得税、个人所得税等税种。

（2）从量税：从量税是以课税对象的实物量作为计税依据征收的一种税，一般采用定额税率。如我国现行的车船使用税、城镇土地使用税、啤酒和黄酒的消费税等。

（3）复合税：复合税是指对征税对象采用从价和从量相结合的计税方法征收的一种税，如我国现行的消费税中对卷烟、白酒等征收的消费税。

二、税法及其构成要素

（一）税法的概念

税法是指税收法律制度，是国家权力机关和行政机关制定的用以调整国家与纳税人在税收征纳方面的权利与义务关系的法律规范的总称。它是国家法律的重要组成部分。

（二）税法的分类

1. 按功能作用分类

按照税法的功能作用的不同，将税法分为税收实体法和税收程序法两大类。

（1）税收实体法是规定税收法律关系主体的实体权利、义务的法律规范的总称。其主要内容包括征收对象、征收范围、计税依据、税目、税率、减免税、纳税地点等。如《企业所得税法》和《个人所得税法》就属于实体法。

（2）税收程序法是税务管理方面的法律规范。税收程序法内容主要包括税收确定程序、税收征收程序、税收检查程序和税务争议的解决程序。税收管理法、纳税程序法、发票管理法、税务机关组织法、税务争议处理法等属于税收程序法。

2. 按法律级次分类

按税法法律级次不同，分为税收法律、税收行政法规、税收行政规章和税收规范性文件。

（1）税收法律：全国人民代表大会及其常务委员会制定、颁布，如《企业所得税法》《个人所得税法》《税收征收管理法》。

（2）税收行政法规：由国务院制定的有关税收方面的行政法规和规范性文件。

（3）税收行政规章和税收规范性文件：由国务院财税主管部门（财政部、国家税务总局、海关总署和国务院关税税则委员会）根据法律和国务院行政法规或者规范性文件的要求，在本部门权限范围内发布的有关税收事项的规章和规范性文件，包括命令、通知、公告、通告、批复、意见、函等文件形式。

（三）税法的构成要素

税法的构成要素，是指各种单行实体税法具有的共同的基本要素的总称。

实体法一般包括征税人、纳税义务人、征税对象、税目、税率、计税依据、纳税环节、纳税期限、纳税地点、减免税和法律责任等构成要素。其中，纳税义务人、征税对象、税率是构成税法的三个最基本的要素。

1. 征税人

征税人是指代表国家行使征税权的各级税务机关和其他征税机关。

2. 纳税义务人

纳税义务人是指税法规定的直接负有纳税义务的自然人、法人或其他组织。

3. 征税对象

征税对象，也称课税对象，是指对什么征税。征税对象包括物或行为。征税对象是各个税种之间相互区别的根本标志，不同的征税对象构成不同的税种。

4. 税目

税目是征税对象的具体化，是各个税种所规定的具体征税项目。规定税目的主要目的是明确征税的具体范围和对不同的征税项目加以区分，从而制定高低不同的税率。

5. 税率

税率是指应纳税额与征税对象的比例或者征收额度，它是计算税额的尺度，也是衡量税负轻重的重要标志。我国现行使用的税率主要有比例税率、定额税率、累进税率等。

（1）比例税率是指对同一征税对象，不论数额大小都按同一比例纳税。

（2）定额税率，又称固定税率。它是当征税对象为实物时使用的税率，是适用于从量计征的税种。

（3）累进税率，是随税基的增加而按其级距提高的税率，一般适用于对所得和财产征税。我国目前实行的累进税率包括超额累进税率和超率累进税率。我国现行的个人所得税实行的是超额累进税率；土地增值税实行的是超率累进税率。

6. 计税依据

计税依据，亦称计税标准、课税依据、课税基数、征税基数或税基，是计算应纳税额的根据。计税依据的数额与应纳税额成正比，计税依据的数额越大，应纳税额也越大。计税依据包括实物量计税依据、价值量计税依据、实物量和价值量同为计税依据三种类型。

（1）实物量计税依据：从量计征的税收，以征税对象的自然实物量作为计税依据，该项实物量以税法规定的计量标准计算。

（2）价值量计税依据：从价计征的税收，以征税对象的价值量作为计税依据，其价值量为自然实物量与单位价格的乘积。

（3）实物量和价值量同为计税依据：复合计征的税收，同时以征税对象的实物量和价值量为计税依据，进行征税。

除了一些特殊性质的税种外，绝大多数的税种都采取价值量计税依据计征税额，即从价计征。

7. 纳税环节

纳税环节是指税法规定的征税对象在从生产到消费的流转过程中应当缴纳税款的环节。

8. 纳税期限

纳税期限是税法规定的纳税主体向税务机关缴纳税款的时间期限。纳税期限基本上分为两种：按期纳税和按次纳税。

9. 减免税

减免税是对某些纳税人或课税对象给予鼓励或照顾的税收优惠规定。减税是对应征税款减征一部分；免税是对应征税款全部予以免征。减免税的主要形式有：

（1）税基式减免。即通过缩小计税依据的方式来实现税收减免。具体应用形式有设定起征点、设定免征额、项目加计扣除等。

起征点是指对征税对象开始征税的起点数额。征税对象的数额达到起征点的就全部数额征税，未达到起征点的不征税。

免征额是税法规定的课税对象全部数额中免予征税的数额。

当征税对象的数额小于起征点和免征额时，都不予征税；当征税对象的数额大于起征点时，要对课税对象的全部数额征税；当征税对象的数额大于免征额时，仅对课税对象超过免征额部分征税。

（2）税率式减免。就是通过降低税率的方式来实现税收的减免。

（3）税额式减免。就是通过直接减免应纳税额的方式来实现税收减免，具体包括全额免征、减半征收等。

10. 纳税地点

纳税地点是指税法的规定纳税人申报缴纳税款、扣缴义务人申报解缴税款的具体地点，主要是指根据各个税种纳税对象的纳税环节和有利于对税款的源泉控制而规定的纳税人（包括代征、代扣、代缴义务人）的具体纳税地点。

纳税地点一般为纳税人的机构所在地（或住所地）、财产所在地、应税行为发生地、进出口口岸等。

11. 法律责任

税收的法律责任是税收法律关系的主体因违反税法所应当承担的法律后果。

【拓展学习】

我国现行纳税
服务手段

【同步练习】

同步练习

模块二　增值税

【案例导入】

2016年3月23日，财政部、国家税务总局发布《关于全面推开营业税改征增值税试点的通知》：经国务院批准，自2016年5月1日起，在全国范围内全面推开营业税改征增值税试点，建筑业、房地产业、金融业、生活服务业等全部营业税纳税人，纳入试点范围，由缴纳营业税改为缴纳增值税。这标志着在中华人民共和国境内销售货物或者加工、修理修配劳务，销售服务、无形资产、不动产以及进口货物的单位和个人，为增值税的纳税人，应当依照《中华人民共和国增值税暂行条例》缴纳增值税。

2017年11月19日，中华人民共和国国务院令第691号废止《中华人民共和国营业税暂行条例》，这标志着营业税税种的取消。

【案例解析】

我国自1979年开始试行增值税，并且于1984年和1993年进行了两次重要改革，现行的增值税制度是以1993年12月13日国务院颁布的国务院令第134号《中华人民共和国增值税暂行条例》为基础的。修订后的《中华人民共和国增值税暂行条例》，自2009年1月1日起施行。

自2016年5月1日起，在全国范围内全面推开营业税改征增值税试点，财政部、国家税务总局发布《营业税改征增值税试点实施办法》。2017年11月19日国务院修订《中华人民共和国增值税暂行条例》。

【立德树人】

增值税是以商品（含应税劳务）在流转过程中产生的增值额作为计税依据而征收的一种流转税。增值税已经成为中国最主要的税种之一，2020年增值税的收入占中国全部税收比重约为37%，是收入额最大的税种，是国家财政收入的主要来源，为强军建设、疫情防控、脱贫攻坚、基层“三保”等重点领域支出作出较大贡献。党的二十大明确指出，如期实现建军一百年奋斗目标，加快把人民军队建成世界一流军队，是全面建设社会主义现代化国家的战略要求。

一、增值税的含义

增值税是以货物、加工和修理修配劳务（以下简称“劳务”）、服务、无形资产、不动产在流转过程中产生的增值额作为计税依据而征收的一种流转税。增值税是我国现阶段税收收入规模最大的税种。

我国于1979年引进增值税并开始进行试点。1984年9月18日，国务院发布了《中华人民共和国增值税条例（草案）》，标志着增值税作为一个法定的独立税种在我国正式设立。

1993 年 12 月 13 日，国务院发布了《中华人民共和国增值税暂行条例》（以下简称《条例》）。12 月 25 日，财政部印发了《中华人民共和国增值税暂行条例实施细则》（以下简称《细则》），自 1994 年 1 月 1 日起施行。

随着我国增值税转型改革在全国范围内推开，国务院于 2008 年 11 月 5 日修订并重新公布了《条例》，12 月 18 日，财政部和国家税务总局也相应印发修订后的《细则》，自 2009 年 1 月 1 日起施行。2011 年 11 月 11 日，财政部和国家税务总局修订并重新公布了《细则》。

自 2012 年 1 月 1 日起，逐步进行增值税税制改革试点，由缴纳营业税改为缴纳增值税。2016 年 5 月 1 日起在全国范围内全面推开“营改增”试点，将全部营业税纳税人纳入试点范围，改为缴纳增值税，施行《营业税改征增值税试点实施办法》。

2017 年 11 月 19 日，国务院发布第 691 号令，废止《中华人民共和国营业税暂行条例》，第二次修订并重新公布了《条例》，自公布之日起施行。

二、增值税的类型

1. 生产型增值税

生产型增值税是指以销售额减去耗用的外购商品或劳务（不包括纳税人购进的固定资产）后的余额为征税依据的一种增值税。其主要特征是在计算应征收增值税时，不允许纳税人扣除购进固定资产所负担的增值税。生产型增值税存在一定程度的重复征税，有利于国家税收的增加，但企业承担的税负较重。

2. 收入型增值税

收入型增值税是指以销售额减去耗用的外购商品、劳务和固定资产折旧额后的余额为征税依据的一种增值税。其主要特征是只允许扣除当期固定资产折旧部分所包含的增值税。由于固定资产的价值损耗是一个逐步进行的过程，采用收入型增值税计算增值税税额过于复杂，不利于税款计算征收。

3. 消费型增值税

消费型增值税是以销售额减去耗用的外购商品、劳务和购进固定资产后的余额为征税依据的一种增值税。其主要特征是允许将购置固定资产的所有支出的已纳税款一次性全部予以扣除。该类型的增值税能够方便地计算应纳增值税税额。我国目前所征收的就是消费型增值税。

三、增值税的纳税人

按照销售额的大小、会计核算健全程度等标准，增值税纳税人可分为小规模纳税人和一般纳税人。

（一）小规模纳税人

增值税小规模纳税人标准为年应征增值税销售额 500 万元及以下。年应税销售额是指在连续不超过 12 个月或者 4 个季度的经营期内累计应征增值税销售额。具体范围包括纳税申报销售额、稽查查补销售额、纳税评估调整销售额。

小规模纳税人会计核算健全，能够提供准确税务资料的，也可以向主管税务机关申请登记为一般纳税人。

小规模纳税人实行简易征税办法，一般不使用增值税专用发票。但是小规模纳税人根据国家有关规定和实际需要可以到税务机关申请代开增值税专用发票。

为持续推进“放管服”改革，让纳税人、缴费人获得更多的便捷，自2020年2月1日起，全面推行小规模纳税人自行开具增值税专用发票。增值税小规模纳税人（其他个人除外）发生增值税应税行为，需要开具增值税专用发票的，可以自愿使用增值税发票管理系统自行开具。选择自行开具增值税专用发票的小规模纳税人，税务机关不再为其代开增值税专用发票。

（二）一般纳税人

增值税一般纳税人，是指年应税销售额超过规定的小规模纳税人标准的企业和企业性单位。

一般纳税人资格实行登记制，符合一般纳税人条件的纳税人应当向主管税务机关办理一般纳税人资格登记，具体登记办法由国家税务总局制定。

年应税销售额超过小规模纳税人标准的其他个人按小规模纳税人登记纳税。

年应税销售额超过小规模纳税人标准的非企业性单位、不经常发生应税销售行为的企业可选择按小规模纳税人登记纳税。

一般纳税人应当按照增值税一般计税方法计算应纳税额，并按照规定领用增值税专用发票，财政部、国家税务总局另有规定的除外。

除国家税务总局另有规定外，纳税人一经认定为一般纳税人后，不得转为小规模纳税人。

四、增值税的扣缴义务人

中华人民共和国境外的单位和个人在境内销售劳务、销售服务、无形资产或者不动产，在境内未设有经营机构的，以其境内代理人为扣缴义务人，在境内没有代理人的，以购买方为扣缴义务人。

五、增值税的征税范围

增值税征税范围包括在中华人民共和国境内销售货物、劳务、服务、无形资产、不动产以及进口货物（以下简称应税销售行为）。

（一）征税范围的一般规定

1. 销售货物

销售货物是指在中国境内有偿转让货物的所有权。货物是指有形动产，包括电力、热力、气体等在内。

2. 销售劳务

销售劳务是指在中国境内有偿提供加工、修理修配劳务。单位或者个体工商户聘用的员工为本单位或者雇主提供加工、修理修配劳务的，不包括在内。

加工是指受托加工货物，即委托方提供原料及主要材料，受托方按照委托方的要求，制造货物并收取加工费的业务。

修理修配是指受托对损伤和丧失功能的货物进行修复，使其恢复原状和功能的业务。

3. 销售服务

销售服务是指有偿提供交通运输服务、邮政服务、电信服务、建筑服务、金融服务、现代服务、生活服务。

（1）交通运输服务。交通运输服务包括陆路运输服务、水路运输服务、航空运输服务和管道运输服务。

（2）邮政服务。邮政服务是指中国邮政集团公司及其所属邮政企业提供邮件寄递、邮政汇兑、机要通信等邮政基本服务的业务活动，包括邮政普遍服务、邮政特殊服务和其他邮政服务。

（3）电信服务。电信服务是指利用各种通信网络资源提供语音通话服务，传送、发射、接收或者应用图像、短信等电子数据和信息的业务活动，包括基础电信服务和增值电信服务。

（4）建筑服务。建筑服务是指各类建筑物、构筑物及其附属设施的建造、修缮、装饰，线路、管道、设备、设施等的安装及其他工程作业的业务活动，包括工程服务、安装服务、修缮服务、装饰服务和其他建筑服务。

（5）金融服务。金融服务包括贷款服务、直接收费金融服务、保险服务和金融商品转让。

（6）现代服务。现代服务包括研发和技术服务、信息技术服务、文化创意服务、物流辅助服务、租赁服务、鉴证咨询服务、广播影视服务、商务辅助服务和其他现代服务。

（7）生活服务。生活服务是指为满足城乡居民日常生活需求提供的各类服务活动，包括文化体育服务、教育医疗服务、旅游娱乐服务、餐饮住宿服务、居民日常服务和其他生活服务。

4. 销售无形资产

销售无形资产是指转让无形资产所有权或者使用权的业务活动。其中无形资产是指不具有实物形态但能带来经济利益的资产，包括技术、商标、著作权、商誉、自然资源使用权和其他权益性无形资产。

5. 销售不动产

销售不动产是指转让不动产所有权的业务活动。其中，不动产是指不能移动或者移动后会引起性质、形状改变的财产，包括建筑物、构筑物等。

6. 进口货物

进口货物是指申报进入中国海关境内的货物，我国增值税法规定，只要是报关进口的应税货物，均属于增值税的征税范围，除享受免税政策外的，一律在进口环节缴纳增值税。

（二）征税范围的特殊规定

1. 视同销售货物、服务、无形资产、不动产

（1）将货物交付其他单位或者个人代销。

（2）销售代销货物。

（3）设有两个以上机构并实行统一核算的纳税人，将货物从一个机构移送其他机构（不在同一县或市）用于销售。

（4）将自产、委托加工的货物用于集体福利或者个人消费。

(5) 将自产、委托加工或者购进的货物作为投资，提供给其他单位或者个体工商户。

(6) 将自产、委托加工或者购进的货物分配给股东或者投资者。

(7) 将自产、委托加工或者购进的货物无偿赠送其他单位或者个人。

(8) 单位或者个体工商户向其他单位或者个人无偿提供服务，但用于公益事业或者以社会公众为对象的除外。

(9) 单位或者个人向其他单位或者个人无偿转让无形资产或者不动产，但用于公益事业或者以社会公众为对象的除外。

(10) 国务院规定的其他情形。

2. 兼营

纳税人的经营业务中包括销售货物、劳务、服务、无形资产或不动产的行为。例如，某企业经营范围既有生产销售电脑，也有向消费者有偿提供小电器维修服务，两项业务不同时发生在同一项（次）的销售业务中，是两项各自独立的业务，两种款项也不同时从一个客户处收取。销售电脑和提供维修服务的税率是不同的，要将销售电脑的销售额与提供服务的销售额分开，分别按照相对应的税率来计算并缴纳增值税。

纳税人兼营销售货物、劳务、服务、无形资产或者不动产，适用不同税率或者征收率的，应当分别核算适用不同税率或者征收率的销售额；未分别核算销售额的，从高适用税率或者征收率。

3. 混合销售

混合销售是指纳税人的同一项（次）销售行为既涉及货物又涉及服务。

混合销售行为是在同一项（次）销售行为中既涉及货物又涉及服务，货物销售款和服务价款同时从一个客户处收取，这两种款项在财务上难以分别核算。

从事货物的生产、批发或者零售的单位和个体工商户的混合销售行为，按照销售货物缴纳增值税；其他单位和个体工商户的混合销售行为，按照销售服务缴纳增值税。其中从事货物的生产、批发或者零售的单位和个体工商户，包括以从事货物的生产、批发或者零售为主，并兼营销售服务的单位和个体工商户在内。

2017 年 5 月 1 日起，纳税人销售活动板房、机器设备、钢结构件等自产货物的同时提供建筑、安装服务，不属于混合销售，应分别核算货物和建筑服务的销售额，分别适用不同的税率或者征收率。

六、增值税税率及征收率

（一）增值税税率

我国的增值税税率采用比例税率，具体如表 4－1 所示。

表 4－1　增值税税率

征税对象	税率
纳税人销售或者进口货物（除出口销售、低税率货物以外的货物）	13%
纳税人销售劳务	13%
提供有形动产租赁服务	13%

续表

征税对象		税率
纳税人销售或者进口低税率货物	粮食等农产品、食用植物油	9%
	自来水、暖气、冷气、热水、煤气、石油液化气、天然气、沼气、居民用煤炭制品	
	图书、报纸、杂志、音像制品、电子出版物	
	饲料、化肥、农药、农机、农膜	
	二甲醚	
	食用盐	
提供交通运输、邮政、基础电信、建筑、不动产租赁服务、销售不动产、转让土地使用权		9%
销售增值电信服务、现代服务（不含有形动产租赁、不动产租赁）、金融服务、生活服务，除跨境销售的零税率服务		6%
销售无形资产（不含转让土地使用权、跨境销售的零税率无形资产）		6%
纳税人出口货物，国务院另有规定的除外		零税率
境内单位或个人发生跨境销售国务院规定的服务、无形资产		零税率

（二）增值税征收率

简易办法征收增值税，采用征收率。小规模纳税人、一般纳税人选择简易计税的征收率为3%，另有规定的除外。

七、一般纳税人应纳增值税税额的计算

一般纳税人应纳税额计算适用一般计税方法。

一般计税方法的应纳税额，是指当期销项税额抵扣当期进项税额后的余额。一般计税方法的应纳税额的计算公式为：

应纳增值税税额＝当期销项税额－当期进项税额

如果当期销项税额小于当期进项税额，导致销项税额不足以抵扣进项税额时，其不足部分可以结转下期继续抵扣。

（一）销项税额的确定

1. 销项税额

销项税额是指纳税人发生的应税销售行为应按照销售额和增值税税率计算，并向购买方收取的增值税税额。销项税额的计算公式为：

销项税额＝销售额×增值税税率

2. 销售额

销售额是指纳税人销售货物、销售劳务、销售服务、销售不动产和无形资产而从购买方取得的全部价款和价外费用，但是不包括收取的销项税额、符合条件的代为收取的政府性基金或行政事业性收费、受托加工所代收代缴的消费税等。

纳税人采用销售额和销项税额合并定价的，按下列换算公式计算销售额：

不含税销售额＝含税销售额÷（1＋增值税税率）

【增值税·例题1】某公司为增值税一般纳税人，生产销售电视机，每台含增值税销售价为3390元，适用增值税税率为13%，计算每台电视机不含税的售价及增值税销项税额。

【解析】计算销项税税额应该以不含税的售价为基数。

每台电视机不含税售价＝3390÷（1＋13%）＝3000（元）

增值税销项税额＝3000×13%＝390（元）

【增值税·例题2】某公司为增值税一般纳税人，2023年5月销售家用电器100台，每台不含增值税销售价为5000元，适用增值税税率为13%，销售时向顾客加收包装费22.60元/台。计算该商场的销项税额。

【解析】向顾客收取的包装费属于价外费用，应当并入销售额来计算销项税额。注意，收取的包装费是含增值税收入，需要换算为不含税收入额。

每台不含税包装费＝22.6÷（1＋13%）＝20（元）

销项税额＝100×（5000＋20）×13%＝65260（元）

3. 税务机关核定销售额的情形

纳税人销售商品、劳务、服务、无形资产、不动产价格明显偏低或者偏高且不具有合理商业目的的，或者发生视同销售行为而无销售额的，主管税务机关有权按照下列顺序确定销售额：

（1）按照纳税人最近时期销售同类商品、劳务、服务、无形资产或者不动产的平均价格确定。

（2）按照其他纳税人最近时期销售同类商品、劳务、服务、无形资产或者不动产的平均价格确定。

（3）按照组成计税价格确定。组成计税价格的计算公式为：

组成计税价格＝成本×（1＋成本利润率）

成本利润率由国家税务总局确定，根据规定需按组成计税价格确定销售额的，其组成计税价格公式中的成本利润率为10%。

【增值税·例题3】某公司为增值税一般纳税人，生产销售新电器，适用的增值税税率为13%。2023年5月发放该产品100台，作为职工福利，没有确定销售额，未计算应缴纳的增值税税额。该批产品无同类售价，税务机关按组成计税价予以核定，计算销项税额。经查，甲产品每台的生产成本为150元。

根据上述资料，①计算每台组成计税价；②计算该批产品的销项税额。

【解析】甲公司将自产的新型电器作为福利发放给员工，属于视同销售行为，需要缴纳增值税。

每台组成计税价格＝150×（1＋10%）＝165（元）

该批产品的销项税额＝100×165×13%＝2145（元）

（二）进项税额的确定

纳税人购进货物、无形资产、不动产、接受应税劳务、服务支付或者承担的增值税税额，为进项税额。进项税额应当从销项税中抵扣，以计算纳税人应缴纳的增值税税额。

1. 准予从销项税额中抵扣的进项税额

（1）从销售方取得的增值税专用发票（含税控机动车销售统一发票）上注明的增值税

税额，如图 4－1 所示。

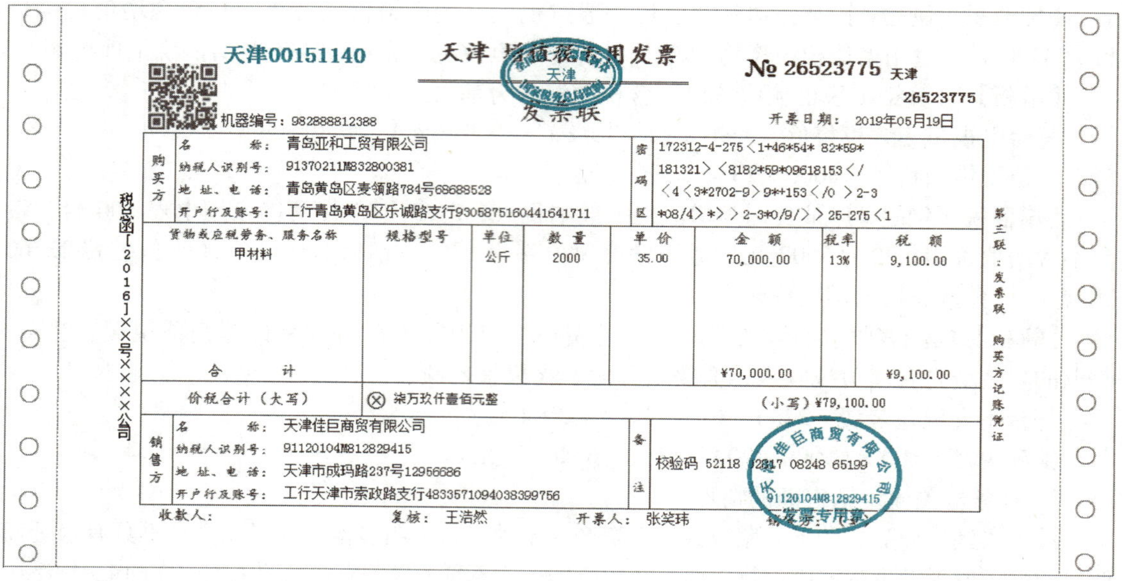

天津00151140　　天津增值税专用发票　　№ 26523775 天津 26523775

发票联

机器编号：982888812388　　开票日期：2019年05月19日

购买方	名称：青岛亚和工贸有限公司 纳税人识别号：91370211M832800381 地址、电话：青岛黄岛区麦领路784号68688528 开户行及账号：工行青岛黄岛区乐诚路支行930587516044164171l				密码区	172312-4-275<1+46*54* 82*59* 181321><8182*59*09618153</ <4<3*2702-9>9*+153</0 >2-3 *08/4>*>>2-3*0/9/>>25-275<1	
货物或应税劳务、服务名称	规格型号	单位	数量	单价	金额	税率	税额
甲材料		公斤	2000	35.00	70,000.00	13%	9,100.00
合计					¥70,000.00		¥9,100.00
价税合计（大写）	⊗柒万玖仟壹佰元整				（小写）¥79,100.00		
销售方	名称：天津佳巨商贸有限公司 纳税人识别号：91120104M812829415 地址、电话：天津市成玛路237号12956686 开户行及账号：工行天津市索政路支行48335710940383997756				备注	校验码 52118 02817 08248 65199	

收款人：　　复核：王浩然　　开票人：张笑玮　　销售方：（章）

税总函[2016]××号××××公司

第三联：发票联　购买方记账凭证

图 4－1　增值税专用发票

（2）从海关取得的海关进口增值税专用缴款书上注明的增值税税额。

（3）纳税人购进农产品用于产品生产、提供服务，根据相关规定可以计算进项税额。

关于购进农产品抵扣进项税额的具体情况如下：

第一，取得一般纳税人开具的增值税专用发票或海关进口增值税专用缴款书的，以增值税专用发票或海关进口增值税专用缴款书上注明的增值税税额为进项税额。

第二，从按照简易计税方法依照3%征收率计算缴纳增值税的小规模纳税人取得增值税专用发票的；取得（开具）农产品销售发票或收购发票的情形，按下列方法计算：

①纳税人购进农产品用于生产销售或委托受托加工税率为9%货物、提供税率为6%服务的应税行为以增值税专用发票上注明的金额和9%的扣除率计算进项税额或以农产品销售发票或收购发票上注明的农产品买价和9%的扣除率计算进项税额。

②纳税人（生产企业）购进农产品用于生产销售或委托受托加工税率为13%货物的应税行为以增值税专用发票上注明的金额和9%的扣除率计算进项税额或以农产品销售发票或收购发票上注明的农产品买价和9%的扣除率计算进项税额。在生产领用当期，再加计抵扣1%。

（4）从境外单位或者个人购进服务、无形资产或者不动产，自税务机关或者扣缴义务人取得的解缴税款的完税凭证上注明的增值税税额。

2. 抵扣进项税额的其他相关规定

（1）纳税人取得的增值税扣税凭证不符合法律、行政法规或者国家税务总局有关规定的，其进项税额不得从销项税额中抵扣。

（2）增值税扣税凭证，是指增值税专用发票、海关进口增值税专用缴款书、农产品收购发票、农产品销售发票和完税凭证。

（3）纳税人凭完税凭证抵扣进项税额的，应当同时具备书面合同、付款证明和境外单位的对账单或者发票。资料不全的，其进项税额不得从销项税额中抵扣。

（4）不得抵扣且未抵扣进项税额的固定资产、无形资产、不动产，发生用途改变，用于允许抵扣进项税额的应税项目，可以在改变用途的次月按照下列公式计算可以抵扣的进项税额：

可以抵扣的进项税额＝固定资产、无形资产、不动产净值÷(1＋适用税率)×适用税率

3. 不得从销项税额中抵扣的进项税额

（1）用于简易计税方法计税项目、免征增值税项目、集体福利或者个人消费的购进货物、劳务、服务、无形资产和不动产。其中涉及的固定资产、无形资产、不动产，仅指专用于上述项目的固定资产、无形资产（不包括其他权益性无形资产）、不动产。

如果是既用于上述不允许抵扣项目又用于允许抵扣项目的，则该进项税额准予全部抵扣。

自2018年1月1日起，纳税人租入固定资产、不动产，既用于一般计税方法计税项目，又用于简易计税方法计税项目、免征增值税项目、集体福利或者个人消费的，其进项税额准予从销项税额中全额抵扣。

纳税人交际应酬消费属于个人消费。

（2）非正常损失的购进货物，以及相关的劳务和交通运输服务。

（3）非正常损失的在产品、产成品所耗用的购进货物（不包括固定资产）、劳务和交通运输服务。

（4）非正常损失的不动产，以及该不动产所耗用的购进货物、设计服务和建筑服务。

（5）非正常损失的不动产在建工程所耗用的购进货物、设计服务和建筑服务。纳税人新建、改建、扩建、修缮、装饰不动产，均属于不动产在建工程。

（6）购进的贷款服务、餐饮服务、居民日常服务和娱乐服务。

纳税人接受贷款服务向贷款方支付的与该笔贷款直接相关的投融资顾问费、手续费、咨询费等费用，其进项税额不得从销项税额中抵扣。

（7）财政部和国家税务总局规定的其他情形。

非正常损失是指因管理不善而造成的货物被盗、丢失、霉烂变质，以及因违反法律法规造成货物或不动产被依法没收、销毁、拆除的情形。

4. 不得抵扣进项税额的其他相关规定：

（1）有下列情况之一的，应当按照销售额和增值税率计算应纳税额，不得抵扣进项税额：

第一，一般纳税人会计核算不健全，或者不能够准确提供税务资料的；

第二，应当办理一般纳税人资格登记而未登记的。

（2）已抵扣进项税额的购进货物（不含固定资产）、劳务、服务，发生不得抵扣进项税额情形（简易计税方法计税项目、免征增值税项目除外）的，应当将该进项税额从当期进项税额中扣减；无法确定该进项税额的，按照当期实际成本计算应扣减的进项税额。

（3）已抵扣进项税额的固定资产、无形资产或者不动产，发生不得抵扣进项税额情形的，按照下列公式计算不得抵扣的进项税额：

不得抵扣的进项税额＝固定资产、无形资产或者不动产净值×适用税率

【增值税·例题4】某公司为一般纳税人，2023年5月10日从种植户购入棉花一批，取得销售发票，注明价款为30000元；取得运费的增值税专用发票，注明不含税价款为2000元，该批棉花用于生产棉布。计算可以抵扣的进项税额。

【解析】棉花属于农产品，用于生产13%税率的棉布，根据注明价款和10%的扣除率计算可抵扣的进项税额；取得运费的增值税专用发票，根据价款和10%的税率计算可抵扣的进项税额。

可抵扣的进项税额＝30000×10%＋2000×10%＝3200（元）

【增值税·例题5】某公司为一般纳税人，生产家用电器。2023年5月发生下列业务：

销售电器200台，每台含税售价565元，开具增值税专用发票。

购进电器元件一批取得增值税专用发票，注明价款为10000元，增值税税额为1300元。

购进仓库一座，取得增值税专用发票，注明价款为30000元，增值税税额为2700元。

由于管理不善，造成电器元件被盗损失，实际成本为600元。

假定电器和电器元件的增值税率均为13%。

根据以上资料计算公司5月应缴纳的增值税税额。

【解析】该公司为一般纳税人采用一般计算方法，即应缴纳税额＝当期销项税额－当期进项税额

本月销项税额＝200×565÷（1＋13%）×13%＝13000（元）

本月可抵扣进项税额＝1300＋2700－600×13%＝3922（元）

本月应缴纳的增值税税额＝13000－3922＝9078（元）

八、小规模纳税人应纳增值税税额的计算

小规模纳税人销售货物、劳务、服务、无形资产和不动产，实行简易计税方法，计算应纳税额，即按销售额和征收率计算应纳税额，且不得抵扣进项税额。其应纳税额计算公式为：

应纳增值税税额＝销售额×征收率

小规模纳税人取得的销售额与一般纳税人的销售额所包含的内容是一致的，都是销售货物或提供应税劳务向购买方收取的全部价款和价外费用，但是不包括从买方收取的增值税税额。

对小规模纳税人销售货物、劳务、服务、无形资产和不动产采取销售额和增值税款合并定价的，必须将取得的含税销售额换算为不含税销售额，其计算公式为：

不含税销售额＝含税销售额÷（1＋征收率）

小规模纳税人销售货物、劳务、服务、无形资产和不动产，不得使用增值税专用发票，需要开具增值税专用发票的，可向主管税务机关申请代开。

一般纳税人可就国务院、国家税务总局规定的公共交通运输服务等部分应税行为选择简易计税方法，计算应缴纳的增值税税额。

【增值税·例题6】某商店为增值税小规模纳税人，2023年5月销售商品，取得含税收入6.18万元；将外购的一批商品无偿捐赠给某慈善机构，该批商品的含税价格为3.09万元；购进商品，取得增值税专用发票注明金额为2万元，增值税税额为0.26万元。已知征收率为3%。计算该商店当月应纳增值税税额。

【解析】根据增值税法律制度的规定，小规模纳税人在计算应纳税额时，应将含增值税销售额换算为不含增值税销售额，计算应纳税额；外购商品无偿捐赠视同销售货物计征增值税；购进货物支付的增值税款不允许抵扣，不影响当月税额。

（1）商品销售应纳增值税税额 =6.18 ÷（1 +3%）×3% =0.18（万元）

（2）商品捐赠应纳增值税税额 =3.09 ÷（1 +3%）×3% =0.09（万元）

（3）小规模纳税人购进货物支付的增值税款不允许抵扣，不影响当月税额。

（4）应纳增值税税额 =0.18 +0.09 =0.27（万元）

九、增值税的征收管理

（一）增值税的纳税义务发生时间

1. 应税销售行为的纳税义务发生时间

纳税人发生应税销售行为，纳税义务发生时间为收讫销售款项或者取得索取销售款项凭据的当天；先开具发票的，为开具发票的当天。

具体情况如下：

（1）采取直接收款方式销售货物，不论货物是否发出，均为收到销售款或者取得索取销售款凭据的当天；

（2）采取托收承付和委托银行收款方式销售货物，为发出货物并办妥托收手续的当天；

（3）采取赊销和分期收款方式销售货物，为书面合同约定的收款日期的当天，无书面合同的或者书面合同没有约定收款日期的，为货物发出的当天；

（4）采取预收货款方式销售货物，为货物发出的当天，但生产销售生产工期超过 12 个月的大型机械设备、船舶、飞机等货物，为收到预收款或者书面合同约定的收款日期的当天；

（5）委托其他纳税人代销货物，为收到代销单位的代销清单或者收到全部或者部分货款的当天。未收到代销清单及货款的，为发出代销货物满 180 天的当天；

（6）销售应税劳务，为提供劳务同时收讫销售款或者取得索取销售款的凭据的当天；

（7）纳税人发生视同销售货物行为，为货物移送的当天；

（8）纳税人进口货物时，为报关进口的当天。

2. 销售服务、无形资产、不动产的纳税义务发生时间

（1）纳税人发生应税销售行为并收讫销售款项或者取得索取销售款项凭据的当天；先开具发票的，为开具发票的当天。取得索取销售款项凭据的当天，是指书面合同确定的付款日期；未签订书面合同或者书面合同未确定付款日期的，为服务、无形资产转让完成的当天或者不动产权属变更的当天。

（2）纳税人提供建筑服务、租赁服务采取预收款方式的，其纳税义务发生时间为收到预收款的当天。

（3）纳税人从事金融商品转让的，为金融商品所有权转移的当天。

（4）纳税人发生视同应税销售行为的，其纳税义务发生时间为服务、无形资产转让完成的当天或者不动产权属变更的当天。

3. 增值税扣缴义务发生时间

增值税扣缴义务发生时间为纳税人增值税纳税义务发生的当天。

（二）增值税的纳税地点

（1）固定业户应当向其机构所在地的主管税务机关申报纳税。总机构和分支机构不在同一县（市）的，应当分别向各自所在地的主管税务机关申报纳税；经财政部、国家税务总局或者其授权的财政、税务机关批准，可以由总机构汇总向总机构所在地的主管税务机关申报纳税。

（2）固定业户到外县（市）销售货物或者应税劳务，应当向其机构所在地的主管税务机关申请开具外出经营活动税收管理证明，并向其机构所在地的主管税务机关申报纳税；未开具证明的，应当向销售地或者劳务发生地的主管税务机关申报纳税；未向销售地或者劳务发生地的主管税务机关申报纳税的，由其机构所在地的主管税务机关补征税款。

（3）非固定业户应当向应税销售行为发生地的主管税务机关申报纳税；未申报纳税的，由其机构所在地或者居住地的主管税务机关补征税款。

（4）其他个人提供建筑服务，销售或者租赁不动产，转让自然资源使用权，应向建筑服务发生地、不动产所在地、自然资源所在地主管税务机关申报纳税。

（5）进口货物，应当向报关地海关申报纳税。

（6）扣缴义务人应当向其机构所在地或者居住地的主管税务机关申报缴纳其扣缴的税款。

（三）增值税的纳税期限

增值税的纳税期限分别为 1 日、3 日、5 日、10 日、15 日、1 个月或者 1 个季度。纳税人的具体纳税期限，由主管税务机关根据纳税人应纳税额的大小分别核定。以 1 个季度为纳税期限的规定适用于小规模纳税人、银行、财务公司、信托投资公司、信用社，以及财政部和国家税务总局规定的其他纳税人。不能按照固定期限纳税的，可以按次纳税。

纳税人以 1 个月或者 1 个季度为 1 个纳税期的，自期满之日起 15 日内申报纳税；以 1 日、3 日、5 日、10 日或者 15 日为 1 个纳税期的，自期满之日起 5 日内预缴税款，于次月 1 日起 15 日内申报纳税并结清上月应纳税款。

扣缴义务人解缴税款的期限，按照前两款规定执行。

【拓展学习】

2016 年 5 月 1 日在全国范围内实施《营业税改征增值税试点实施办法》

关于深化增值税改革有关政策的公告（财政部、税务总局、海关总署 2019 年第 39 号）

中华人民共和国增值税暂行条例（2017 年 11 月 19 日修订）

典型案例分析

【同步练习】

同步练习

模块三　消费税

【案例导入】

A公司是某省甲市的成品油经销企业，同时兼营销售不应税（消费税）的芳烃类化工产品。B企业是某省乙市的炼油生产企业，生产销售成品油，同时生产芳烃类化工产品。2016年3月～2017年1月，A公司从B公司购入汽油2100吨、柴油1600吨、芳烃类化工产品1900吨，然后再销售给用油企业。

B公司为了避免缴纳成品油生产环节的消费税，提出在给A公司开具增值税专用发票时，把销售给A公司的成品油（汽油和柴油）的品名写为不用缴纳消费税的芳烃，合计每吨汽油和柴油比原价格少收102.9元。A公司同意后，从B公司购入的汽油和柴油发票都写为芳烃，然后再销售给用油企业，按实际货物汽油和柴油开具增值税专用发票给用油企业。

2017年3月，国家税务总局对成品油消费税风险防控范围内的企业进行随机分类排查，发现了A公司同名货物的进销存不符合“期初库存＋当期购进－当期销售＝期末库存”的逻辑关系，涉嫌变名销售。主管税务机关责令A公司补缴汽油消费税4430496元，柴油消费税2257920元，合计补缴消费税6688416元，并且移交公安机关继续查处。并向乙市B公司的主管税务机关通报了相关情况，由B公司的主管税务机关依法查处B公司的违法行为。

【案例解析】

案例中，成品油是应缴纳消费税的消费品。A、B公司为了避免缴纳成品油生产环节的消费税，采取“变名销售”的违法行为。然而“天网恢恢，疏而不漏”，两公司均受到法律的严惩。“变名销售”是不法企业为了偷逃税款经常采用的做法，特别是石化行业。

消费税是国际上普遍采用的对特定的某些消费品和消费行为，在特定环节（生产、批发、零售、进口等）征收的一种流转税。现阶段，我国的消费税税目总计有15个，包括卷烟、白酒、高档化妆品、小汽车、成品油（汽油、柴油等），其中的子税目繁多，计税过程较为复杂。

【立德树人】

消费税主要具备组织财政收入功能、调节收入分配功能、抑制超前消费、保护环境功能等。案例中的成品油征收消费税，主要是为了达到环境保护的目的，这对推动我国生态文明建设、加快建设美丽中国具有现实意义。所以，在消费领域也要积极贯彻习近平总书记“绿水青山就是金山银山”的生态思想，普惠民生福祉。

党的二十大再次明确强调：“我们坚持绿水青山就是金山银山的理念，坚持山水林田湖草沙一体化保护和系统治理，全方位、全地域、全过程加强生态环境保护，生态文明制度体系更加健全，污染防治攻坚向纵深推进，绿色、循环、低碳发展迈出坚实步伐，生态环境保护发生历史性、转折性、全局性变化，我们的祖国天更蓝、山更绿、水更清。”

一、消费税的含义

消费税是对在我国境内从事生产、委托加工和进口应税消费品的单位和个人征收的一种流转税，是对特定的消费品和消费行为在特定的环节征税。

消费税是国际上普遍采用的对特定的消费品和消费行为征收的一种间接税。为顺应社会和经济发展的需要，1993 年 12 月 13 日，国务院颁布了《中华人民共和国消费税暂行条例》（以下简称《消费税暂行条例》），同年 12 月 25 日，财政部发布了《中华人民共和国消费税暂行条例实施细则》（以下简称《消费税实施细则》），自 1994 年 1 月 1 日起，对 11 种消费品开征了消费税。

2009 年，为了配合增值税转型改革及修订《中华人民共和国增值税暂行条例》的需要，对《中华人民共和国消费税暂行条例》进行了修订，扩至对 14 种消费品征消费税；自 2014 年 12 月 1 日起，调整现行消费税政策，取消气缸容量 250 毫升（不含）以下的小排量摩托车消费税；取消汽车轮胎税目；取消车用含铅汽油消费税；取消酒精消费税；自 2015 年 2 月 1 日起对电池、涂料征收消费税。

二、消费税的纳税人

在中华人民共和国境内生产、委托加工和进口《消费税暂行条例》规定的消费品的单位和个人，以及国务院确定的销售《消费税暂行条例》规定的消费品的其他单位和个人，为消费税的纳税人。

在中华人民共和国境内，是指生产、委托加工和进口属于应当缴纳消费税的消费品的起运地或者所在地在境内。

单位，是指企业、行政单位、事业单位、军事单位、社会团体及其他单位。

个人，是指个体工商户和其他个人。

三、消费税的征税范围

根据《消费税暂行条例》及其实施细则的规定，消费税的征收范围包括下列内容：

1. 生产应税消费品

纳税人生产的应税消费品，于纳税人销售时征税。

纳税人自产自用的应税消费品，用于连续生产应税消费品的，不纳税；用于其他方面的，于移送使用时纳税。

2. 委托加工应税消费品

委托加工的应税消费品，是指由委托方提供原料和主要材料，受托方只收取加工费和代垫部分辅料加工的应税消费品。

委托加工的应税消费品，除受托方为个人外，由受托方在向委托方交货时代收代缴消费税。委托个人加工的应税消费品，由委托方收回后缴纳消费税。

委托加工的应税消费品，委托方用于连续生产应税消费品的，所纳税款准予按规定抵扣。

委托方将收回的应税消费品，以不高于受托方的计税价格出售的，为直接出售，不再缴纳消费税；委托方以高于受托方的计税价格出售的，不属于直接出售，需按照规定申报缴纳消费税，在计税时准予扣除受托方已代收代缴的消费税。

3. 进口应税消费品

单位和个人进口应税消费品，于报关进口时缴纳消费税，进口环节缴纳的消费税由海关代征。

4. 商业零售贵重首饰及珠宝玉石

自 1995 年 1 月 1 日起，金银首饰消费税由生产销售环节征收改为零售环节征收，改在零售环节征收消费税的金银首饰仅限于金基、银基合金首饰以及金、银和金基、银基合金的镶嵌首饰。自 2002 年 1 月 1 日起，对钻石及钻石饰品消费税的纳税环节由生产环节、进口环节后移至零售环节。自 2003 年 5 月 1 日起，铂金首饰消费税改为零售环节征税。

下列业务视同零售业，在零售环节缴纳消费税：

（1）为经营单位以外的单位和个人加工金银首饰。加工包括带料加工、翻新改制、以旧换新等业务，不包括修理和清洗。

（2）经营单位将金银首饰用于馈赠、赞助、集资、广告样品、职工福利、奖励等方面。

（3）未经中国人民银行总行批准，经营金银首饰批发业务的单位将金银首饰销售给经营单位。

5. 批发销售卷烟

自 2015 年 5 月 10 日起，将卷烟批发环节从价税税率由 5% 提高至 11%，并按 0.005 元/支加征从量税。

烟草批发企业将卷烟销售给其他烟草批发企业的，不缴纳消费税。

卷烟消费税改为在生产和批发两个环节征收后，批发企业在计算应纳税额时不得扣除已含的生产环节的消费税税款。

纳税人兼营卷烟批发和零售业务的，应当分别核算批发和零售环节的销售额、销售数量；未分别核算批发和零售环节销售额、销售数量的，按全部销售额、销售数量计征批发环节消费税。

四、消费税税目

现阶段，我国的消费税税目总计有 15 个，如表 4－2 所示。

表 4-2　　消费税税目

税目	具体说明
1. 烟	凡是以烟叶为原料加工生产的产品，均属于本税目。具体包括 3 个子目，分别是 （1）卷烟，包括甲类卷烟和乙类卷烟 甲类卷烟，是指每标准条（200 支）调拨价格在 70 元（不含增值税）以上（含 70 元）的卷烟 乙类卷烟，是指每标准条（200 支）调拨价格在 70 元（不含增值税）以下的卷烟 （2）雪茄烟，雪茄烟的征收范围包括各种规格、型号的雪茄烟 （3）烟丝，烟丝的征收范围包括以烟叶为原料加工生产的不经卷制的散装烟
2. 酒	包括白酒、黄酒、啤酒和其他酒。具体征税范围包括 （1）白酒，包括粮食白酒和薯类白酒 （2）黄酒，包括米类、小麦、薯类等原料酿制的黄酒和酒度超过 12 度（含 12 度）的土甜酒 （3）啤酒，分为甲类啤酒和乙类啤酒，每吨出厂价（含包装物及押金）在 3000 元（含）以上为甲类啤酒，每吨出厂价（含包装物及押金）在 3000 元以下为乙类啤酒 （4）其他酒，是指除粮食白酒、薯类白酒、黄酒、啤酒以外的各种酒，包括糠麸白酒、其他原料白酒、土甜酒、复制酒、果木酒、汽酒、药酒、葡萄酒等 对以黄酒为酒基生产的配制或炮制酒，按其他酒征收消费税。调味料酒不征消费税
3. 高档化妆品	本税目征收范围包括高档美容、修饰类化妆品、高档护肤类化妆品和成套化妆品 高档美容、修饰类化妆品和高档护肤类化妆品是指生产（进口）环节销售（完税）价格（不含增值税）在 10 元/毫升（克）或 15 元/片（张）及以上的美容、修饰类化妆品和护肤类化妆品
4. 贵重首饰及珠宝玉石	本税目的征税范围包括各种金银珠宝首饰和经采掘、打磨、加工的各种珠宝玉石 （1）金银首饰、铂金首饰和钻石及钻石首饰 （2）其他贵重首饰和珠宝玉石
5. 鞭炮、焰火	本税目征收范围包括各种鞭炮、焰火，体育上用的发令纸、鞭炮药引线，不按本税目征收
6. 成品油	本税目包括汽油、柴油、石脑油、溶剂油、航空煤油、润滑油、燃料油 7 个子目 自 2012 年 11 月 1 日起，催化料、焦化料属于燃料油的征收范围，应当征收消费税
7. 摩托车	本税目征税范围包括气缸容量为 250 毫升的摩托车和气缸容量在 250 毫升（不含）以上的摩托车两种 对最大设计车速不超过 50 公里/小时、发动机气缸总工作容量不超过 50 毫升的三轮摩托车不征收消费税
8. 小汽车	本税目征收范围包括含驾驶员座位在内最多不超过 9 个座位（含）的，在设计和技术特性上用于载运乘客和货物的各类乘用车、含驾驶员座位在内的座位数在 10～23 座（含 23 座）的在设计和技术特性上用于载运乘客和货物的各类中轻型商用客车 电动汽车、沙滩车、雪地车、卡丁车、高尔夫车等不属于本税目征收范围
9. 高尔夫球及球具	本税目征税范围包括高尔夫球、高尔夫球杆及高尔夫球包（袋）、高尔夫球杆的杆头、杆身和握把
10. 高档手表	高档手表是指销售价格（不含增值税）在 10000 元（含）每只以上，属于本税目
11. 游艇	本税目征收范围包括艇身长度大于 8 米（含）小于 90 米（含），内置发动机，可以在水上移动，一般为私人或团体购置，主要用于水上运动和休闲娱乐等非牟利活动的各类机动艇
12. 木制一次性筷子	本税目征收范围包括各种规格的木制一次性筷子和未经打磨、倒角的木制一次性筷子

续表

税目	具体说明
13. 实木地板	本税目征收范围包括各类规格的实木地板、实木指接地板、实木复合地板及用于装饰墙壁、天棚的侧端面为榫、槽的实木装饰板以及未经涂饰的素板
14. 电池	本税目范围包括原电池、蓄电池、燃料电池、太阳能电池和其他电池 自2016年1月1日起，对铅蓄电池按4%税率征收消费税
15. 涂料	涂料是指涂于物体表面能形成具有保护、装饰或特殊性能的固态涂膜的一类液体或固体材料的总称

五、消费税税率

消费税税率采用比例税率和定额税率两种形式，根据不同的税目或子目确定相应的税率或单位定额。一般情况下对一种消费品只采用一种税率形式，但是为了更好地发挥消费税的抑制消费作用，对卷烟和白酒税目规定了比例税率和定额税率两种形式，进行复合征收。

消费税税率如表4－3所示。

表4－3 消费税税率

税　目	税　率
一、烟	
1. 卷烟	
（1）甲类卷烟（生产环节）	56%＋0.003元/支（150元/箱）
（2）乙类卷烟（生产环节）	36%＋0.003元/支（150元/箱）
（3）甲、乙类卷烟（商业批发环节）	11%＋0.005元/支（250元/箱）
2. 雪茄烟（生产环节）	36%
3. 烟丝（生产环节）	30%
二、酒	
1. 白酒	20%＋0.5元/500克（或者500毫升）
2. 黄酒	240元/吨
3. 啤酒	
（1）甲类啤酒	250元/吨
（2）乙类啤酒	220元/吨
4. 其他酒	10%
三、高档化妆品	15%
四、贵重首饰及珠宝玉石	
1. 金银首饰、铂金首饰和钻石及钻石饰品	5%
2. 其他贵重首饰和珠宝玉石	10%
五、鞭炮、焰火	15%
六、成品油	
1. 汽油	1.52元/升

续表

税　　目	税　率
2. 柴油	1.20 元/升
3. 航空煤油	1.20 元/升
4. 石脑油	1.52 元/升
5. 溶剂油	1.52 元/升
6. 润滑油	1.52 元/升
7. 燃料油	1.20 元/升
七、摩托车	
1. 气缸容量为 250 毫升的	3%
2. 气缸容量为 250 毫升以上的	10%
八、小汽车	
1. 乘用车	
（1）气缸容量（排气量）在 1.0 升（含 1.0 升）以下的	1%
（2）气缸容量在 1.0 升以上至 1.5 升（含 1.5 升）的	3%
（3）气缸容量在 1.5 升以上至 2.0 升（含 2.0 升）的	5%
（4）气缸容量在 2.0 升以上至 2.5 升（含 2.5 升）的	9%
（5）气缸容量在 2.5 升以上至 3.0 升（含 3.0 升）的	12%
（6）气缸容量在 3.0 升以上至 4.0 升（含 4.0 升）的	25%
（7）气缸容量在 4.0 升以上的	40%
2. 中轻型商用客车	5%
3. 超豪华型小汽车（不含税单价 130 万元以上）	①按子税目 1 和子税目 2 的规定征收 ②零售环节 10%
九、高尔夫球及球具	10%
十、高档手表	20%
十一、游艇	10%
十二、木制一次性筷子	5%
十三、实木地板	5%
十四、电池	4%
无汞原电池、金属氢化物镍蓄电池、锂原电池、锂离子蓄电池、太阳能电池、燃料电池和全钒液流电池	免征
十五、涂料	4%
施工状态下挥发性有机物（VOC）含量低于 420 克/升（含）	免征

六、消费税应纳税额的计算

（一）消费税的计征方法

应纳消费税税额的计算方法有从价定率计征、从量定额计征、从价定率和从量定额相结合的复合计征三种方法。

1. 从价定率计征

（1）应纳消费税税额的计算公式：

应纳消费税税额 = 应税消费品的销售额 × 比例税率

（2）销售额的确定：

第一，销售额为不含增值税销售额；

第二，包装物无论是否单独计价，应直接并入销售额计征消费税；

第三，包装物押金，逾期未返还时并入销售额计征消费税，但酒类（除啤酒、黄酒）包装物押金无论是否返还，均应并入销售额计征消费税。

2. 从量定额计征

（1）应纳消费税税额的计算公式：

应纳消费税税额 = 应税消费品的销售数量 × 定额税率

（2）销售数量的确定：

第一，销售应税消费品的，为应税消费品的销售数量；

第二，自产自用应税消费品的，为应税消费品的移送使用数量；

第三，委托加工应税消费品的，为纳税人收回的应税消费品数量；

第四，进口应税消费品的，为海关核定的应税消费品进口征税数量。

在实际计算消费税时，应税商品的计量单位可能会与定额税率的计量单位不一致，需要换算成相同的计量单位。

3. 复合计征

应纳消费税税额的计算公式：

应纳消费税税额 = 从价定率计征消费税税额 + 从量定额计征消费税税额

= 应税消费品的销售额 × 比例税率 + 应税消费品的销售数量 × 定额税率

（二）应纳消费税税额的计算

1. 直接对外销售应税消费品应纳税额的计算

（1）采用从价定率计征方法

【消费税·例题1】2023 年 5 月，某手表厂（增值税一般纳税人）销售 300 只同类手表，取得含增值税销售额为 6780000 元。计算该手表厂应纳消费税税额。

【解析】应将手表含税销售额换算为不含税销售额，然后确定是否应纳消费税及对应税率。高档手表采用从价定率计征方法计税。

不含税销售额 = 6780000 ÷（1 + 13%）= 6000000（元）

每只不含税单价 = 6000000 ÷ 300 = 20000（元）> 10000 元

所以所售手表为高档手表，应缴纳消费税，消费税税率为 20%。

应纳消费税税额 = 6000000 × 20% = 1200000（元）

（2）采用从量定额计征方法

【消费税·例题2】2023 年 5 月，某啤酒厂（一般纳税人）对外销售啤酒 50 吨，每吨含税单价为 5650 元，计算该啤酒厂应纳消费税税额。

【解析】每吨啤酒的不含税售价 = 5650 ÷（1 + 13%）= 5000（元）> 3000 元，确定该啤

酒按甲类计征消费税。

该啤酒厂应纳消费税税额 = 50 × 250 = 12500（元）

（3）采用复合计征方法：

【消费税·例题3】 2023年5月，某白酒公司（一般纳税人），销售白酒6吨，取得不含增值税销售额50000元。计算该酒厂2023年5月的应纳消费税税额。

【解析】 白酒采用复合计税征收消费税。

应注意销售额、销售数量确定及计量单位换算。

该酒厂本月应纳消费税税额 = 50000 × 20% + 6 × 1000 × 1000 ÷ 500 × 0.5
= 16000（元）

2. 自产自用应税消费品应纳税额的计算

（1）用于连续生产应税消费品：纳税人自产自用的应税消费品用于连续生产应税消费品的，不缴纳消费税。

（2）用于其他方面：纳税人自产自用的应税消费品用于其他方面，是指非用于连续生产应税消费品的情况，例如用应税消费品发放给职工作福利。

计征应纳税额时，按应税消费品的同类消费品销售价格计算；若无同类消费品的销售价格，按组成计税价格计征消费税，具体计算方法如下：

①采用从价定率计征方法的，计算公式如下：

组成计税价格 =（成本 + 利润）÷（1 − 比例税率）
= 成本 ×（1 + 成本利润率）÷（1 − 比例税率）

应纳消费税税额 = 组成计税价格 × 比例税率

②采用复合计征方法的，计算公式如下：

组成计税价格 =（成本 + 利润 + 自产自用数量 × 定额税率）÷（1 − 比例税率）
= [成本 ×（1 + 成本利润率）+ 自产自用数量 × 定额税率]
÷（1 − 比例税率）

应纳消费税税额 = 组成计税价格 × 比例税率 + 自产自用数量 × 定额税率

【消费税·例题4】 某化妆品公司将一批新研发的套装化妆品用于馈赠客户，该批化妆品没有同类产品销售价格，该批化妆品总成本为17000元，成本利润率为5%。计算该批化妆品应纳消费税税额。

【解析】 馈赠客户的化妆品为高档化妆品，按规定视同销售，应当计征消费税。由于没有同类产品的销售价格，因此要确定组成计税价格，并依此计税。

该批化妆品的组成计税价 = 17000 ×（1 + 5%）÷（1 − 15%）= 21000（元）

该批化妆品应纳消费税税额 = 21000 × 15% = 3150（元）

【消费税·例题5】 2023年5月，某白酒厂（增值税一般纳税人），将自产的1吨白酒用于职工福利，单位成本为16000元，成本利润率为10%，该批白酒无同类产品售价。计算该批白酒应纳的消费税税额。

【解析】 白酒用于职工福利按规定视同销售，实行复合计税方法计征消费税，计税依据为组成计税价格和销售数量。

组成计税价格 = [16000 ×（1 + 10%）+ 1 × 1000 × 1000 ÷ 500 × 0.5] ÷（1 − 20%）
= 23250（元）

该批白酒应纳消费税税额 = 23250 × 20% + 1 × 1000 × 1000 ÷ 500 × 0.5
= 5650（元）

3. 委托加工应税消费品应纳税额的计算

委托加工的应税消费品，由受托方在向委托方交货时代收代缴消费税。

委托加工的应税消费品应按照受托方的同类消费品销售价格计算纳税。若无同类消费品的销售价格，按组成计税价格计征消费税，具体计算方法如下：

（1）采用从价定率计征方法的，计算公式如下：

组成计税价格 = (材料成本 + 加工费) ÷ (1 − 比例税率)

应纳消费税税额 = 组成计税价格 × 消费税税率

（2）采用复合计税计征方法的，计算公式如下：

组成计税价格 = (材料成本 + 加工费 + 委托加工数量 × 定额税率) ÷ (1 − 比例税率)

应纳消费税税额 = 组成计税价格 × 比例税率 + 委托加工数量 × 定额税率

特别说明，委托方收回货物后用于连续生产应税消费品的，已缴纳的消费税税款准予抵扣。

【消费税 · 例题 6】 2023 年 9 月 20 日，某化妆品公司（一般纳税人），委托甲公司（一般纳税人）为其加工生产一批高档化妆品。化妆品公司提供的原材料成本为 84000 元，支付不含税加工费 1000 元。甲公司无同类产品的销售价格。计算甲公司应代收代缴的消费税、应收增值税税额。

【解析】 该批化妆品的组成计税价格 =（84000 + 1000）÷（1 − 15%）= 100000（元）

甲公司应代收代缴的消费税税额 = 100000 × 15% = 15000（元）

甲公司应收增值税税额 = 1000 × 13% = 130（元）

4. 进口应税消费品应纳税额的计算

进口应税消费品在报关进口时由海关代为征收进口环节应纳消费税。依据组成计税价格或进口数量进行计算。

（1）采用从价定率计征方法的，计算公式为：

组成计税价格 = (关税完税价格 + 关税) ÷ (1 − 比例税率)

应纳消费税税额 = 组成计税价格 × 比例税率

（2）采用从量定额计征方法的，计算公式为：

应纳消费税税额 = 进口应税消费品数量 × 定额税率

（3）采用复合计征方法的，计算公式为：

组成计税价格 = (关税完税价格 + 关税 + 进口应税消费品数量 × 定额税率) ÷ (1 − 比例税率)

应纳消费税税额 = 组成计税价格 × 比例税率 + 进口数量 × 定额税率

【消费税 · 例题 7】 某外贸公司进口了一批小轿车，经海关核定的关税完税价格为 3040000 元，该型小轿车的关税税率为 25%，消费税税率为 5%，计算该批小轿车应纳消费税税额。

【解析】 小轿车按采用从价定率方法计算应纳消费税税额，以组成计税价格为依据。

小轿车的组成计税价格 =（3040000 + 3040000 × 25%）÷（1 − 5%）= 4000000（元）

应纳消费税税额 = 4000000 × 5% = 200000（元）

5. 应税消费品已纳消费税税额的扣除

应税消费品若是用外购、委托加工已缴纳消费税的消费品连续生产的，为了避免重复征税，可以按当期生产领用数量扣除外购、委托加工应税消费品的已纳税款。

其扣除范围仅限于：

（1）已税烟丝生产的卷烟。

（2）已税化妆品生产的高档化妆品。

（3）已税珠宝玉石生产的贵重首饰及珠宝玉石。

（4）已税鞭炮、焰火生产的鞭炮、焰火。

（5）已税杆头、杆身和握把为原料生产的高尔夫球杆。

（6）已税木制一次性筷子为原料生产的木制一次性筷子。

（7）已税实木地板为原料生产的实木地板。

（8）已税汽油、柴油、石脑油、燃料油、润滑油生产的应税成品油。

（9）已税葡萄酒生产的葡萄酒。

当期准予扣除外购已纳消费税税款的计算公式为：

当期准予扣除已纳税款 = 当期准予扣除的应税消费品买价或数量 × 应税消费品适用税率或税额

当期准予扣除的应税消费品买价 = 期初库存的外购应税消费品买价 + 当期购进的应税消费品买价 − 期末库存的外购应税消费品买价

当期准予扣除委托加工已纳消费税税款的计算公式为：

当期准予扣除委托加工应税消费品已纳消费税税款 = 期初库存委托加工应税消费品已纳税款 + 当期收回委托加工应税消费品已纳税款 − 期末库存委托加工应税消费品已纳税款

七、消费税的征收管理

（一）消费税的纳税义务发生时间

1. 纳税人销售应税消费品的纳税义务发生时间

（1）纳税人采取赊销和分期收款结算方式的，其纳税义务的发生时间为销售合同约定的收款日期的当天。

（2）纳税人采取预收货款结算方式的，其纳税义务的发生时间为发出应税消费品的当天。

（3）纳税人采取托收承付和委托银行收款方式的，其纳税义务的发生时间为发出应税消费品并办妥托收手续的当天。

（4）纳税人采取其他结算方式的，其纳税义务的发生时间为收讫销售款或者取得索取销售款凭据的当天。

2. 纳税人自产自用应税消费品的纳税义务发生时间

纳税人自产自用应税消费品的，其纳税义务发生时间为移送使用的当天。

3. 纳税人委托加工应税消费品的纳税义务发生时间

纳税人委托加工应税消费品的，其纳税义务发生时间为纳税人提货的当天。

4. 纳税人进口应税消费品的纳税义务发生时间

纳税人进口应税消费品的，其纳税义务发生时间为报关进口的当天。

（二）消费税的纳税期限

消费税的纳税期限分别为1日、3日、5日、10日、15日、1个月或者1个季度。纳税人的具体纳税期限，由主管税务机关根据纳税人应纳税额的大小分别核定；不能按照固定期限纳税的，可以按次纳税。

纳税人以1个月或者1个季度为1个纳税期的，自期满之日起15日内申报纳税；以1日、3日、5日、10日或者15日为1个纳税期的，自期满之日起5日内预缴税款，于次月1日起15日内申报纳税并结清上月应纳税款。

纳税人进口应税消费品，应当自海关填发海关进口消费税专用缴款书之日起15日内缴纳税款。

（三）消费税的纳税地点

1. 一般规定

纳税人销售的应税消费品，以及自产自用的应税消费品，除国务院财政、税务主管部门另有规定外，应当向纳税人机构所在地或者居住地的主管税务机关申报纳税。

进口的应税消费品，由进口人或者其代理人向报关地海关申报纳税。

2. 特殊规定

（1）纳税人到外县（市）销售或者委托外县（市）代销自产应税消费品的，于应税消费品销售后，向机构所在地或者居住地主管税务机关申报纳税。

（2）纳税人的总机构与分支机构不在同一县（市）的，应当分别向各自机构所在地的主管税务机关申报纳税；经财政部、国家税务总局或者其授权的财政、税务机关批准的，可以由总机构汇总向总机构所在地的主管税务机关申报纳税。

（3）委托个人加工的应税消费品，由委托方向其机构所在地或者居住地主管税务机关申报纳税。

（4）纳税人销售的应税消费品，如因质量等原因由购买者退回时，经机构所在地或者居住地主管税务机关审核批准后，可退还已缴纳的消费税税款。

【拓展学习】

《中华人民共和国消费税暂行条例》

《中华人民共和国消费税暂行条例》实施细则

【同步练习】

同步练习

模块四　企业所得税

【案例导入】

2020年4月8日，在国家税务总局组织播出的“税务讲堂·你来问我来答”节目中，税务总局所得税司副司长叶霖儿挑选了纳税人提出的代表性问题，详解了解支持疫情防控和复工复产的所得税支持政策。

问：此次支持疫情防控捐赠的所得税政策有哪些亮点？

答：为鼓励企业、个人等社会力量积极向疫情防控事业捐赠，尽快战胜疫情，这次出台的疫情捐赠所得税政策，即《财政部、税务总局关于支持新型冠状病毒感染的肺炎疫情防控有关捐赠税收政策的公告》（2020年第9号，以下简称《公告》）。与现行政策相比，主要有两个方面的亮点。

一是突破了比例的限制。政策规定，企业和个人通过公益性社会组织或者县级以上人民政府及其部门等国家机关，捐赠用于应对新型冠状病毒感染疫情的现金和物品，允许在计算应纳税所得额时全额扣除。

二是突破了程序的限制。考虑到疫情紧急，政策规定，企业和个人直接向承担疫情防控任务的医院捐赠用于应对新型冠状病毒感染疫情的物品，允许在计算应纳税所得额时全额扣除。

【案例解析】

案例中，国家税务总局所得税司副司长解答疫情期间企业所得税税收优惠政策，即《公告》中关于企业、个人向疫情防控事业捐赠支出税前扣除政策规定：企业计算应缴纳企业所得税时，属于公益性捐赠支出可以全额扣除，不受税法规定的“在不超过年度利润总额12%以内的部分，准予扣除”政策限制；属于直接向承担疫情防控任务的医院捐赠的非公益性捐赠支出，可以全额扣除，不受税法规定的“公益性以外的捐赠支出，不得扣除”政策限制。

计算应缴纳企业所得税时，应全面掌握最新的税收政策，以保证计税的准确性。应纳税所得额计算（直接法）公式如下：

应纳税所得额＝收入总额－不征税收入－免税收入－各项扣除－以前年度亏损

【立德树人】

案例中，所讲疫情期间企业所得税税收优惠政策，是为了鼓励企业、个人等社会力量积极向疫情防控事业捐赠，尽快战胜疫情出台的“非常时期非常办法”。疫情防控需要全社会力量的共同参与，争取早日复工复产，恢复经济。

每个人都是“国”这个大家的一分子，应积极行动起来为抗击疫情贡献一份力量，迸发出中国人心底的凝聚力。

一、企业所得税的含义

企业所得税是在我国境内，国家对企业和其他取得收入的组织的生产经营所得和其他所得征收的一种所得税。

2007 年 3 月 16 日第十届全国人大第五次会议审议通过并于 2008 年 1 月 1 日起施行了《中华人民共和国企业所得税法》（以下简称《企业所得税法》），2007 年 12 月 6 日国务院公布了《中华人民共和国企业所得税法实施条例》（以下简称《实施条例》），随后国家财政、税务主管部门又制定了一系列部门规章和规范性文件。这些法律法规、部门规章及规范性文件构成了我国企业所得税法律制度。

二、企业所得税的纳税人

在中华人民共和国境内，企业和其他取得收入的组织（以下统称“企业”）为企业所得税的纳税人，依照《企业所得税法》的规定缴纳企业所得税。

企业所得税纳税人包括各类企业、事业单位、社会团体、民办非企业单位和从事经营活动的其他组织。依照中国法律、行政法规成立的个人独资企业、合伙企业，不属于企业所得税纳税义务人，不缴纳企业所得税。

企业所得税纳税人分为居民企业和非居民企业。

（一）居民企业

居民企业，是指依法在中国境内成立，或者依照外国（地区）法律成立但实际管理机构在中国境内的企业。

（二）非居民企业

非居民企业，是指依照外国（地区）法律成立且实际管理机构不在中国境内，但在中国境内设立机构、场所的，或者在中国境内未设立机构、场所，但有来源于中国境内所得的企业。

三、企业所得税征税对象

企业所得税的征税对象是纳税人所取得的生产经营所得、其他所得和清算所得。

（一）居民企业的征税对象

居民企业应当就其来源于中国境内、境外的所得缴纳企业所得税。

（二）非居民企业的征税对象

非居民企业在中国境内设立机构、场所的，应当就其所设机构、场所取得的来源于中国境内的所得，以及发生在中国境外但与其所设机构、场所有实际联系的所得，缴纳企业所得税。

非居民企业在中国境内未设立机构、场所的，或者虽设立机构、场所但取得的所得与其所设机构、场所没有实际联系的，应当就其来源于中国境内的所得缴纳企业所得税。

（三）来源于中国境内、境外的所得

来源于中国境内、境外的所得，按照以下原则确定：

（1）销售货物所得，按照交易活动发生地确定；

（2）提供劳务所得，按照劳务发生地确定；

（3）转让财产所得，不动产转让所得按照不动产所在地确定，动产转让所得按照转让动产的企业或者机构、场所所在地确定，权益性投资资产转让所得按照被投资企业所在地确定；

（4）股息、红利等权益性投资所得，按照分配所得的企业所在地确定；

（5）利息所得、租金所得、特许权使用费所得，按照负担、支付所得的企业或者机构、场所所在地确定，或者按照负担、支付所得的个人的住所地确定；

（6）其他所得，由国务院财政、税务主管部门确定。

四、企业所得税税率

企业所得税实行比例税率，设两档税率。

（一）基本税率

基本税率为25%，适用于居民企业以及在中国境内设立机构、场所且取得的所得与其所设机构、场所有实际联系的非居民企业，其来源于中国境内、境外的所得。

（二）低税率

低税率为20%，适用于在中国境内未设立机构、场所的，或者虽设立机构、场所但取得的所得与其所设机构、场所没有实际联系的非居民企业，其来源于中国境内的所得。

五、企业所得税的税收优惠

企业所得税的税收优惠方式包括免税、减税、加计扣除、加速折旧、减计所得或收入、税额抵免等。

（一）企业的免征、减征企业所得税项目

1. 从事农、林、牧、渔业项目的所得

（1）企业从事下列项目的所得，免征企业所得税：

蔬菜、谷物、薯类、油料、豆类、棉花、麻类、糖料、水果和坚果的种植；农作物新品种的选育；中药材的种植；林木的培育和种植；牲畜、家禽的饲养；林产品的采集；灌溉、农产品初加工、兽医、农技推广、农机作业和维修等服务业项目；远洋捕捞。

（2）企业从事下列项目的所得，减半征收企业所得税：

花卉、茶及其他饮料作物和香料作物的种植；海水养殖及内陆养殖。

2. 从事国家重点扶持的公共基础设施项目投资经营的所得

企业从事国家重点扶持的公共基础设施项目的投资经营的所得，自项目取得第一笔生产经营收入所属纳税年度起，第1年至第3年免征企业所得税，第4年至第6年减半征收企业所得税。

3. 从事符合条件的环境保护、节能节水项目的所得

企业从事符合条件的环境保护、节能节水项目的所得，自项目取得第一笔生产经营收入所属纳税年度起，第1年至第3年免征企业所得税，第4年至第6年减半征收企业所得税。

4. 符合条件的技术转让所得

符合条件的技术转让所得免征、减征企业所得税，是指一个纳税年度内，居民企业技术转让所得不超过500万元的部分，免征企业所得税；超过500万元的部分，减半征收企业所得税。

5. 非居民企业所得，减按10%的税率征收企业所得税

非居民企业所得包括在我国境内未设立机构、场所的，或者虽设立机构、场所但取得的所得与其所设机构、场所没有实际联系的非居民企业来源于我国境内的所得。

其中，下列所得可以免征企业所得税：

（1）外国政府向中国政府提供贷款取得的利息所得；

（2）国际金融组织向中国政府和居民企业提供优惠贷款取得的利息所得；

（3）经国务院批准的其他所得。

（二）小型微利企业的税收优惠

自2019年1月1日至2021年12月31日，符合条件的小型微利企业，其年应税所得额不超过100万元部分，减按25%计入应纳税所得额，按20%的税率缴纳企业所得税。超过100万元部分但不超过300万元的部分，减按50%计入应纳税所得额，按20%的税率缴纳企业所得税。

上述小型微利企业是指从事国家非限制和禁止行业，且同时符合年度应纳税所得额不超过300万元、从业人数不超过300人、资产总额不超过5000万元等三个条件的企业。

（三）国家需要重点扶持的高新技术企业的税收优惠

国家需要重点扶持的高新技术企业减按15%的优惠税率征收企业所得税。

（四）加计扣除的税收优惠

（1）企业为开发新技术、新产品、新工艺发生的研究开发而实际发生研发费用，未形成无形资产计入当期损益的，在按规定据实扣除的基础上，在2018年1月1日至2023年12月31日期间，再按照实际发生额的75%在税前加计扣除；形成无形资产的，在上述期间按照无形资产成本的175%在税前摊销。

（2）烟草制造业、住宿和餐饮业、批发和零售业、房地产业、租赁和商务服务业、娱乐业、财政部和国家税务总局规定的其他行业，不适用研发费用税前加计扣除政策。

六、企业所得税应纳税所得额的计算

企业所得税的计税依据是应纳税所得额，即指企业每一纳税年度的收入总额，减除不征税收入、免税收入、各项扣除以及允许弥补的以前年度亏损后的余额。应纳税所得额有两种计算方法：

直接计算法，计算公式如下：

应纳税所得额 = 收入总额 − 不征税收入 − 免税收入 − 各项扣除 − 以前年度亏损

间接计算法，计算公式如下：

应纳税所得额 = 利润总额 ± 纳税调整项目金额

（一）收入总额

企业以货币形式和非货币形式从各种来源取得的收入，为收入总额，包括销售货物收入，提供劳务收入，转让财产收入，股息、红利等权益性投资收益，利息收入，租金收入，特许权使用费收入，接受捐赠收入，其他收入。

（二）不征税收入

不征税收入是指从性质和根源上不属于企业营利性活动带来的经济利益、不负有纳税义务并不作为应纳税所得额组成部分的收入。如财政拨款、依法收取并纳入财政管理的行政事业性收费、政府性基金以及国务院规定的其他不征税收入。

（三）免税收入

免税收入是指属于企业的应税所得但按照税法规定免予征收企业所得税的收入。

1. 国债利息收入

国债利息收入是指企业持有国务院财政部门发行的国债取得的利息收入。

2. 符合条件的居民企业之间的股息、红利等权益性投资收益

符合条件的居民企业之间的股息、红利等权益性投资收益是指居民企业直接投资于其他居民企业取得的投资收益，不包括连续持有居民企业公开发行并上市流通的股票不足 12 个月取得的投资收益。

3. 在我国境内设立机构、场所的非居民企业从居民企业取得与该机构、场所有实际联系的股息、红利等权益性投资收益。

4. 符合条件的非营利组织的收入，不包括非营利组织从事营利性活动取得的收入。

（四）税前扣除项目

1. 扣除项目的范围

企业实际发生的与取得收入有关的、合理的支出，包括成本、费用、税金、损失和其他支出，准予在计算应纳税所得额时扣除。

（1）成本，是指企业在生产经营活动中发生的销售成本、销货成本、业务支出及其他耗费。

（2）费用，是指企业在生产经营活动中发生的销售费用、管理费用和财务费用，已经

计入成本的有关费用除外。

（3）税金，是指企业发生的除企业所得税和允许抵扣的增值税以外的各项税金及附加。

（4）损失，是指企业在生产经营活动中发生的固定资产和存货的盘亏、毁损和报废损失、转让财产损失、坏账损失、自然灾害等不可抗力因素造成的损失及其他损失。企业发生的损失，减除责任人赔偿和保险赔款后的余额，依照国务院财政、税务主管部门的规定扣除。企业已经作为损失处理的资产，在以后纳税年度又全部收回或者部分收回时，应当计入当期收入。

（5）其他支出，是指除成本、费用、税金和损失外，企业在生产经营活动中发生的与生产经营活动有关的、合理的支出。

2. 扣除项目的具体规定

在计算应纳税所得额时，下列项目可按照实际发生额或规定的标准扣除：

（1）工资、薪金支出：企业发生的合理的工资、薪金支出，准予据实扣除。

（2）职工福利费、工会经费和职工教育经费：企业发生的职工福利费、工会经费和职工教育经费按规定标准确定扣除额。未超过标准的按实际数扣除，超过标准的情况按标准扣除。企业发生的职工福利费支出，不超过工资薪金总额 14% 的部分准予扣除；企业拨缴的工会经费，不超过工资薪金总额 2% 的部分准予扣除；除国务院财政、税务主管部门另有规定外，企业发生的职工教育经费支出不超过工资薪金总额 8% 的部分准予扣除，超过部分准予结转以后纳税年度扣除。

（3）社会保险费和住房公积金：企业依照国务院有关主管部门或者省级人民政府规定的范围和标准为职工缴纳的基本养老保险费、基本医疗保险费、失业保险费、工伤保险费和住房公积金，准予扣除。

（4）企业参加财产保险，按照规定缴纳的保险费，准予扣除。

（5）利息费用：企业在生产、经营活动中发生的下列利息支出可以扣除：

非金融企业向金融企业借款的利息支出；金融企业的各项存款利息支出和同业拆借利息支出；企业经批准发行债券的利息支出；非金融企业向非金融企业借款的利息支出，不超过按照金融企业同期同类贷款利率计算的数额的部分；企业向自然人借款的利息支出。

（6）借款费用：企业在生产经营活动中发生的合理的不需要资本化的借款费用，准予扣除。

（7）汇兑损失：汇兑损失，除已经计入有关资产成本以及与向所有者进行利润分配相关的部分外，准予扣除。

（8）业务招待费：企业发生的与生产经营活动有关的业务招待费支出，按照发生额的 60% 扣除，但最高不得超过当年销售（营业）收入的 5‰。

（9）广告费和业务宣传费：企业发生的符合条件的广告费和业务宣传费支出，除国务院财政、税务主管部门另有规定外，不超过当年销售（营业）收入 15% 的部分，准予扣除；超过部分准予在以后纳税年度结转扣除。

自 2021 年 1 月 1 日起至 2025 年 12 月 31 日止，对化妆品制造或销售、医药制造和饮料制造（不含酒类制造）企业发生的广告费和业务宣传费支出，不超过当年销售（营业）收入 30% 的部分，准予扣除；超过部分，准予在以后纳税年度结转扣除。烟草企业的烟草广告费和业务宣传费支出，一律不得在计算应纳税所得额时扣除。

（10）环境保护专项资金：企业依法提取的用于环境保护、生态恢复等方面的专项资金，准予扣除。

（11）租赁费：企业根据生产经营活动的需要租入固定资产支付的租赁费，按照以下方法扣除：

以经营租赁方式租入固定资产发生的租赁费支出，按照租赁期限均匀扣除；以融资租赁方式租入固定资产发生的租赁费支出，按照规定构成融资租入固定资产价值的部分应当提取折旧费用，分期扣除。

（12）劳动保护费：企业发生的合理的劳动保护支出，准予扣除。

（13）公益性捐赠支出：企业发生的公益性捐赠支出，在不超过年度利润总额 12% 以内的部分，准予扣除。超过年度利润总额 12% 的部分，准予结转以后三年内在计算应纳税所得额时扣除。

（14）有关资产的费用：企业转让各类固定资产发生的费用，允许扣除；企业按规定计算的固定资产折旧费、无形资产和递延资产的摊销费，准予扣除。

（五）不得扣除项目

在计算应纳税所得额时，下列支出不得扣除：

（1）向投资者支付的股息、红利等权益性投资收益款项。

（2）企业所得税税款。

（3）税收滞纳金。

（4）罚金、罚款和被没收财物的损失。

（5）公益性以外的捐赠支出。

（6）赞助支出，是指企业发生的与生产经营活动无关的各种非广告性质支出。

（7）未经核定的准备金支出，是指不符合国务院财政、税务主管部门规定的各项资产减值准备、风险准备等准备金支出。

（8）企业之间支付的管理费、企业内部营业机构之间支付的租金和特许权使用费，以及非银行企业内部营业机构之间支付的利息，不得扣除。

（9）与取得收入无关的其他支出。

（六）亏损弥补

纳税人发生年度亏损的，可以用下一纳税年度的所得弥补；下一纳税年度的所得不足弥补的，可以逐年延续弥补，但是延续弥补期最长不得超过 5 年。5 年内不管是盈利还是亏损，都作为实际弥补期限。

七、应纳企业所得税税额的计算

应纳税额的基本计算公式如下：

应纳税额 = 应纳税所得额 × 适应税率 − 减免税额 − 抵免税额

【企业所得税 · 例题 1】2023 年，甲公司实现利润总额 550 万元，其中，全年销售收入 1600 万元；国债利息收入 200 万元；已入成本费用工资薪金总额 175 万元；业务招待费 90 万元；职工福利费 45 万元；税收滞纳金 15. 5 万元；其他收入、成本费用支出均符合税法规定。该公司所得税税率为25%，计算该公司2023年应纳税所得额和应纳所得税税额。

【解析】应纳税所得额的计算，可采用间接计算法。

(1) 国债利息收入属于免税收入，应调减应纳税所得额200万元；

(2) 职工福利费按规定标准计算可扣除限额 = 175 × 14% = 24.5（万元） < 45万元

应调增应纳税所得额 = 45 − 24.5 = 20.5（万元）

(3) 业务招待费按规定标准计算扣除额

实际发生额的60% = 90 × 60% = 54（万元）

销售收入的5‰ = 1600 × 5‰ = 8（万元）

54万元 > 8万元，所以税法规定的准予扣除额 = 8（万元）

应调增应纳税所得额 = 90 − 8 = 82（万元）

(4) 税收滞纳金按税法规定不得税前扣除。

应调增应纳税所得额 = 15.5（万元）

甲公司应纳税所得额 = 550 − 200 + 20.5 + 82 + 15.5 = 468（万元）

甲公司应纳所得税税额 = 468 × 25% = 117（万元）

八、企业所得税的征收管理

（一）企业所得税纳税地点

1. 居民企业的纳税地点

除税收法律、行政法规另有规定外，居民企业以登记注册地为纳税地点，但登记注册地在境外的，以企业实际管理机构所在地为纳税地点。

居民企业在中国境内设立的不具有法人资格的分支或营业机构，由该居民企业汇总计算并缴纳企业所得税。

2. 非居民企业的纳税地点

非居民企业在中国境内设立机构、场所的，其所设机构、场所取得的来源于中国境内的所得，以及发生在中国境外但与其所设机构、场所有实际联系的所得，以机构、场所所在地为纳税地点。

非居民企业在我国境内设立两个或两个以上机构、场所的，经税务机关审批，可以选择由其主要机构、场所汇总缴纳企业所得税。

非居民企业在中国境内未设立机构、场所的，或者虽设立机构、场所但取得的所得与其所设机构、场所没有实际联系的所得，以扣缴义务人所在地为纳税地点。

除国务院另有规定外，企业之间不得合并缴纳企业所得税。

（二）企业所得税纳税期限

企业所得税实行按纳税年度计算，分月或分季预缴，年终汇算清缴、多退少补的征纳方法。

纳税年度自公历1月1日起到12月31日止。

年终汇算清缴时，按规定纳税人应于年度终了之日起5个月内向主管税务机关报送年度企业所得税纳税申报表，并汇算清缴，结清应缴应退税款。

纳税人在一个年度中间开业，或者由于合并、关闭等原因，使该纳税年度的实际经营期不足12个月的，应当以其实际经营期为一个纳税年度（自实际终止日起60日内，进行企业所得税汇算清缴）。

（三）纳税申报

按月或按季预缴的，应当自月份或季度终了之日起15日内，向主管税务机关报送预缴企业所得税纳税申报表，预缴税款。

【拓展学习】

《中华人民共和国企业所得税法》

典型案例分析

【同步练习】

同步练习

模块五　个人所得税

【案例导入】

2020年12月4日，国家税务总局发布《关于进一步简便优化部分纳税人个人所得税预扣预缴方法的公告》（2020年第19号）。

为进一步支持稳就业、保就业、促消费，助力构建新发展格局，按照《中华人民共和国个人所得税法》及其实施条例有关规定，现就进一步简便优化部分纳税人个人所得税预扣预缴方法有关事项公告如下（节选）：

对上一完整纳税年度内每月均在同一单位预扣预缴工资、薪金所得个人所得税且全年工资、薪金收入不超过6万元的居民个人，扣缴义务人在预扣预缴本年度工资、薪金所得个人所得税时，累计减除费用自1月份起直接按照全年6万元计算扣除。即，在纳税人累计收入不超过6万元的月份，暂不预扣预缴个人所得税；在其累计收入超过6万元的当月及年内后续月份，再预扣预缴个人所得税。

【案例解析】

根据公告的规定：符合条件的居民个人就其工资、薪金所得的个人所得税可以简化预扣预缴方法。

个人所得税是对个人（即自然人）取得的各项应税所得征收的一种税。征收个人所得税的9个税目，包括工资、薪金所得，劳务报酬所得，稿酬所得，特许权使用费所得，经营所得，利息、股息、红利所得，财产租赁所得，财产转让所得，偶然所得；基本计算方法为应纳个人所得税税额＝应纳税所得额×适用税率。

工资、薪金所得，劳务报酬所得，稿酬所得，特许权使用费所得，经营所得，共四项，对居民个人而言总称为“综合所得”，按《中华人民共和国个人所得税法》规定，应当由扣缴义务人按月或按次预扣预缴税款。案例中的公告规定：符合条件的居民个人就其工资、薪金所得的个人所得税可以简化预扣预缴方法。

【立德树人】

中国公民应当树立依法纳税意识，凡符合条件的居民个人要主动履行缴纳个人所得税义务。

个人所得税税收征管情况比较复杂，纳税人易于偷逃税款，所以更需要纳税人诚信纳税，自觉履行纳税义务。目前国家已建立个人所得税纳税信用管理机制，全面实施个人所得税申报信用承诺制。国家税务部门对个人所得税税收征管方式不断完善，正逐步走向成熟，已经开发完成手机App。

个人所得税App由国家税务总局主办，是为了贯彻落实党中央、国务院提出的个人所得税综合与分类相结合的税制改革要求，保障全国自然人纳税人及时享受税改红利而推出的一款移动办税工具。主要支持个人所得税综合所得年度汇算等纳税申报、专项附加扣除信息填报、收入纳税明细查询、异议申诉、涉税证明材料上传、委托代理等涉税业务办理，并配套提供在线咨询、热点问题、帮助中心等功能。

从2019年起，所有个人所得税申报的纳税人都可以下载手机版App，核实自己信息和身份后，可以随时随地完成自己的税务申报义务。

一、个人所得税的含义

个人所得税是对个人（即自然人）取得的各项应税所得征收的一种税。

1980年，我国制定《中华人民共和国个人所得税法》（以下简称《个人所得税法》）；1993年10月31日~2011年6月30日，《中华人民共和国个人所得税法》共经历了六次修正。

2018年8月31日，第十三届全国人民代表大会常务委员会第五次会议通过《关于修改〈中华人民共和国个人所得税法〉的决定》，进行第七次修正，修正后的《个人所得税法》于2019年1月1日起施行。2018年12月18日，中华人民共和国国务院令第707号第四次修订《中华人民共和国个人所得税法实施条例》，自2019年1月1日起施行。2018年12月

13 日，国务院第〔2018〕41 号文件发布《个人所得税专项附加扣除暂行办法》，自 2019 年 1 月 1 日起施行。

这些法律法规、部门规章及规范性文件构成了我国的个人所得税法律制度。

二、个人所得税的纳税人

个人所得税的纳税义务人，以住所和居住时间为标准分为居民个人和非居民个人。

（一）居民个人

在中国境内有住所，或者无住所而一个纳税年度内在中国境内居住累计满 183 天的个人，为居民个人。居民个人从中国境内和境外取得的所得，依照个人所得税法规定缴纳个人所得税。

（二）非居民个人

在中国境内无住所又不居住，或者无住所而一个纳税年度内在中国境内居住累计不满 183 天的个人，为非居民个人。非居民个人从中国境内取得的所得，依照个人所得税法规定缴纳个人所得税。

在中国境内有住所的个人，是指因户籍、家庭、经济利益关系而在中国境内习惯性居住的个人。

纳税年度，自公历 1 月 1 日起至 12 月 31 日止。

三、个人所得税的应税项目

个人所得税按应纳税所得的来源划分，个人所得税征税对象共分为 9 个应税项目：

（一）工资、薪金所得

工资、薪金所得，是指个人因任职或者受雇取得的工资、薪金、奖金、年终加薪、劳动分红、津贴、补贴以及与任职或者受雇有关的其他所得。

（二）劳务报酬所得

劳务报酬所得，是指个人从事劳务取得的所得，包括从事设计、装潢、安装、制图、化验、测试、医疗、法律、会计、咨询、讲学、翻译、审稿、书画、雕刻、影视、录音、录像、演出、表演、广告、展览、技术服务、介绍服务、经纪服务、代办服务以及其他劳务取得的所得。

（三）稿酬所得

稿酬所得，是指个人因其作品以图书、报刊等形式出版、发表而取得的所得。

（四）特许权使用费所得

特许权使用费所得，是指个人提供专利权、商标权、著作权、非专利技术以及其他特许权的使用权取得的所得；提供著作权的使用权取得的所得，不包括稿酬所得。

（五）经营所得

经营所得，是指：

（1）个体工商户从事生产、经营活动取得的所得，个人独资企业投资人、合伙企业的个人合伙人来源于境内注册的个人独资企业、合伙企业生产、经营的所得；

（2）个人依法从事办学、医疗、咨询以及其他有偿服务活动取得的所得；

（3）个人对企业、事业单位承包经营、承租经营以及转包、转租取得的所得；

（4）个人从事其他生产、经营活动取得的所得。

（六）利息、股息、红利所得

利息、股息、红利所得，是指个人拥有债权、股权等而取得的利息、股息、红利所得。

（七）财产租赁所得

财产租赁所得，是指个人出租不动产、机器设备、车船以及其他财产取得的所得。

（八）财产转让所得

财产转让所得，是指个人转让有价证券、股权、合伙企业中的财产份额、不动产、机器设备、车船以及其他财产取得的所得。

（九）偶然所得

偶然所得，是指个人得奖、中奖、中彩以及其他偶然性质的所得。

居民个人取得工资、薪金所得，劳务报酬所得，稿酬所得，特许权使用费所得四项所得称为“综合所得”。对非居民个人来说简称为“前四项所得”。

个人取得的所得，难以界定应纳税所得项目的，由国务院税务主管部门确定。

四、个人所得税的税率及预扣率

（一）税率

（1）综合所得，适用3%至45%的七级超额累进税率；

（2）非居民个人前四项所得，适用3%至45%的七级超额累进税率；

（3）经营所得，适用5%至35%的五级超额累进税率；

（4）利息、股息、红利所得，财产租赁所得，财产转让所得和偶然所得，适用比例税率，税率为20%。

（二）预扣率

居民个人综合所得，根据个人所得税法的规定，有扣缴义务人的，由扣缴义务人按月或者按次预扣预缴税款，预扣预缴税款的计算采用预扣率。

（1）居民个人工资、薪金所得预扣预缴适用3%至45%的七级超额累进预扣率；

（2）居民个人劳务报酬所得预扣预缴适用20%至40%的三级超额累进预扣率；

（3）居民个人稿酬所得、特许权使用费所得适用20%的比例预扣率。

五、居民个人综合所得预扣预缴税款的计算

根据个人所得税法的规定，居民个人取得综合所得，按年计算个人所得税；有扣缴义务人的，由扣缴义务人按月或者按次预扣预缴税款（若没有，则自行办理纳税申报）；需要办理汇算清缴的，应当在取得所得的次年3月1日至6月30日内办理汇算清缴，税款多退少补。

扣缴义务人向居民个人支付综合所得时，应当按月或按次预扣预缴个人所得税，并向主管税务机关报送个人所得税扣缴申报表。

居民个人综合所得的预扣预缴税款的计算方法如下。

（一）工资、薪金所得预扣预缴税款的计算

扣缴义务人向居民个人支付工资、薪金所得时，应当按月、按累计预扣法计算预扣预缴税款。

1. 工资、薪金所得预扣预缴税额具体计算方法

$$\text{本期应预扣预缴税额}=\left(\text{累计预扣预缴应纳税所得额}\times\text{适用预扣率}-\text{速算扣除数}\right)-\text{累计减免税额}-\text{累计已预扣预缴税额}$$

$$\text{累计预扣预缴应纳税所得额}=\text{累计收入}-\text{累计免税收入}-\text{累计减除费用}-\text{累计专项扣除}-\text{累计专项附加扣除}-\text{累计依法确定的其他扣除}$$

其中：累计减除费用，按照5000元/月乘以纳税人当年截至本月在本单位的任职受雇月份数计算。

计算居民个人工资、薪金所得预扣预缴税额的预扣率、速算扣除数，如表4－4所示。

表4－4

个人所得税预扣率

（居民个人工资、薪金所得预扣预缴适用）

级数	累计预扣预缴应纳税所得额	预扣率（%）	速算扣除数
1	不超过36000元的部分	3	0
2	超过36000元至144000元的部分	10	2520
3	超过144000元至300000元的部分	20	16920
4	超过300000元至420000元的部分	25	31920
5	超过420000元至660000元的部分	30	52920
6	超过660000元至960000元的部分	35	85920
7	超过960000元的部分	45	181920

对上一完整纳税年度内每月均在同一单位预扣预缴工资、薪金所得个人所得税且全年工资、薪金收入不超过6万元的居民个人，扣缴义务人在预扣预缴本年度工资、薪金所得个人所得税时，累计减除费用自1月份起直接按照全年6万元计算扣除。即，在纳税人累计收入不超过6万元的月份，暂不预扣预缴个人所得税；在其累计收入超过6万元的当月及年内后续月份，再预扣预缴个人所得税。

本教材将此种情形简称为“直接减除60000元算法”。

2. 专项扣除与专项附加扣除的规定

（1）专项扣除，包括居民个人按照国家规定的范围和标准缴纳的基本养老保险、基本

医疗保险、失业保险等社会保险费和住房公积金等。

（2）专项附加扣除包括3岁以下婴幼儿照护、子女教育、继续教育、大病医疗、住房贷款利息或者住房租金、赡养老人等支出。

3岁以下婴幼儿照护，照护支出按每个婴幼儿（子女）每月2000元的标准定额扣除。

子女教育，纳税人的子女接受全日制学历教育的相关支出，按照每个子女每月1000元的标准定额扣除。年满3岁至小学入学前处于学前教育阶段的子女按此执行。

3岁以下婴幼儿照护支出、子女教育支出，父母可以选择由其中一方按扣除标准的100%扣除，也可以选择由双方分别按50%扣除。具体扣除方式在一个纳税年度内不能变更。

继续教育，纳税人在中国境内接受学历（学位）继续教育的支出，在学历（学位）教育期间按照每月400元定额扣除。同一学历（学位）继续教育的扣除期限不能超过48个月。纳税人接受技能人员职业资格继续教育、专业技术人员职业资格继续教育的支出，在取得相关证书的当年，按照3600元定额扣除。此项可以选择由其父母扣除，也可以选择由本人扣除。

大病医疗，在一个纳税年度内，纳税人发生的与基本医保相关的医药费用支出，扣除医保报销后个人负担（指医保目录范围内的自付部分）累计超过15000元的部分，由纳税人在办理年度汇算清缴时，在80000元限额内据实扣除。纳税人发生的医药费用支出可以选择由本人或者其配偶扣除；未成年子女发生的医药费用支出可以选择由其父母一方扣除。纳税人及其配偶、未成年子女发生的医药费用支出，按此计算扣除额。

住房贷款利息，纳税人本人或者配偶单独或者共同使用商业银行或者住房公积金个人住房贷款为本人或者其配偶购买中国境内住房，发生的首套住房贷款利息支出，在实际发生贷款利息的年度，按照每月1000元的标准定额扣除，扣除期限最长不超过240个月。纳税人只能享受一次首套住房贷款的利息扣除。经夫妻双方约定，可以选择由其中一方扣除，具体扣除方式在一个纳税年度内不能变更。夫妻双方婚前分别购买住房发生的首套住房贷款，其贷款利息支出，婚后可以选择其中一套购买的住房，由购买方按扣除标准的100%扣除，也可以由夫妻双方对各自购买的住房分别按扣除标准的50%扣除，具体扣除方式在一个纳税年度内不能变更。

住房租金，纳税人在主要工作城市没有自有住房而发生的住房租金支出，可以按照标准定额扣除：①直辖市、省会（首府）城市、计划单列市以及国务院确定的其他城市，扣除标准为每月1500元；②除前列城市以外，市辖区户籍人口超过100万的城市，扣除标准为每月1100元；③市辖区户籍人口不超过100万的城市，扣除标准为每月800元。

纳税人的配偶在纳税人的主要工作城市有自有住房的，视同纳税人在主要工作城市有自有住房。

夫妻双方主要工作城市相同的，只能由一方扣除住房租金支出；住房租金支出由签订租赁住房合同的承租人扣除；纳税人及其配偶在一个纳税年度内不能同时分别享受住房贷款利息和住房租金专项附加扣除。

赡养老人，纳税人赡养一位及以上被赡养人的赡养支出，统一按照标准定额扣除：①纳税人为独生子女的，按照每月3000元的标准定额扣除；②纳税人为非独生子女的，由其与兄弟姐妹分摊每月3000元的扣除额度，每人分摊的额度不能超过每月1500元。可以由赡养人均摊或者约定分摊，也可以由被赡养人指定分摊。分摊方式和额度在一个纳税年度内不能变更。

被赡养人是指年满60岁的父母，以及子女均已去世的年满60岁的祖父母、外祖父母。

【个人所得税·例题1】 张某为居民个人、独生子女、主要工作城市为上海，个人所得税预缴不适用"直接减除60000元算法"。2023年1月，取得工资收入为人民币18000元，按规定缴纳"三险一金"等1800元，家中老人已年过60岁，俩孩子小学在读，考取在职研究生，2022年商业银行贷款购买自有首套住房（上海），又在上海租住一套房屋，租金每月2500元。2023年2月，张某取得工资收入20000元，按规定缴纳"三险一金"等2000元，专项附加扣除情况不变，相关专项附加扣除均由张某一方作税前扣除。

假定不考虑其他因素，分别计算张某2023年1月和2月预扣预缴税额。

【解析】

1月专项附加扣除额 = 3000 + 2 × 2000 + 400 + 1000 = 8400（元）

注意：纳税人及其配偶在一个纳税年度内不能同时分别享受住房贷款利息和住房租金专项附加扣除。

1月累计预扣预缴应纳税所得额 = 18000 − 5000 − 1800 − 8400 = 2800（元）

1月预扣预缴税款 = 2800 × 3% = 84（元）

2月累计专项附加扣除额 = 2 × 8400 = 16800（元）

2月累计预扣预缴应纳税所得额 = (20000 + 18000) − 2 × 5000 − (2000 + 1800) − 16800
= 7400（元）

2月预扣预缴税款 = 7400 × 3% − 174 = 48（元）

（二）劳务报酬所得、稿酬所得、特许权使用费所得预扣预缴税款的计算

扣缴义务人向居民个人支付劳务报酬所得、稿酬所得、特许权使用费所得，按次或者按月预扣预缴个人所得税。

劳务报酬所得、稿酬所得、特许权使用费所得，属于一次性收入的，以取得该项收入为一次；属于同一项目连续性收入的，以一个月内取得的收入为一次。

预扣预缴税额具体计算方法如下：

1. 预扣预缴应纳税所得额的计算

劳务报酬所得、特许权使用费所得预扣预缴应纳税所得额 = 每次收入额 = 每次收入 − 费用

稿酬所得预扣预缴应纳税所得额 = 每次收入额 = (每次收入 − 费用) × 70%

减除费用的计算：

劳务报酬所得、稿酬所得、特许权使用费所得每次收入不超过4000元的，减除费用按800元计算；每次收入4000元以上的，减除费用按20%计算。

2. 预扣预缴个人所得税税额的计算

（1）稿酬所得、特许权使用费所得适用20%的比例预扣率。

稿酬所得、特许权使用费预扣预缴个人所得税税额 = 预扣预缴应纳税所得额 × 20%

(2) 劳务报酬所得适用20%至40%的超额累进预扣率，如表4-5所示。

表4-5 个人所得税预扣率

（居民个人劳务报酬所得预扣预缴适用）

级数	预扣预缴应纳税所得额	预扣率（%）	速算扣除数
1	不超过20000元的部分	20	0
2	超过20000元至50000元的部分	30	2000
3	超过50000元的部分	40	7000

劳务报酬所得预扣预缴个人所得税额 = 预扣预缴应纳税所得额×适用预扣率－速算扣除数

【个人所得税·例题2】 尹某为居民个人，2019年5月，他将自有的非专利技术许可给甲公司使用，取得收入3000元。计算尹某预扣预缴个人所得税税额。

【解析】 该居民预扣预缴个人所得税税额按特许权使用费所得税目进行计算。

收入额＝3000－800＝2200（元）

预扣预缴应纳税所得额＝收入额＝2200元

预扣预缴个人所得税税额＝2200×20%＝440（元）

【个人所得税·例题3】 林某为居民个人，2019年5月，她在报刊发表一篇文章，从出版社一次性取得报酬5000元。计算林某预扣预缴个人所得税税额。

【解析】 该居民预扣预缴个人所得税税额按稿酬所得税目进行计算。

预扣预缴应纳税所得额＝(5000－5000×20%)×70%＝2800（元）

预扣预缴个人所得税税额＝2800×20%＝560（元）

【个人所得税·例题4】 汪某为居民个人，2019年2月10日，他到甲公司进行专业技术指导与培训，取得报酬70000元。计算汪某预扣预缴个人所得税税额。

【解析】 该居民预扣预缴个人所得税税额按劳务报酬所得税目进行计算。

预扣预缴应纳税所得额＝70000×(1－20%)＝56000（元）

预扣预缴个人所得税税额＝56000×40%－7000＝15400（元）

六、居民个人综合所得的个人所得税应纳税额计算

根据个人所得税法规定，居民个人取得综合所得，应当按年计算个人所得税应纳税额。其计算公式如下：

年度应纳税额＝年应纳税所得额×适用税率－速算扣除数

年应纳税所得额＝每一纳税年度收入额－费用（60000元）－专项扣除－专项附加扣除－依法确定的其他扣除

劳务报酬所得、稿酬所得、特许权使用费所得以收入减除20%的费用后的余额为收入额。稿酬所得的收入额减按70%计算。

综合所得，适用3%至45%的超额累进税率，如表4-6所示。

表 4－6　　个人所得税税率

（综合所得适用）

级数	全年应纳税所得额	税率（%）
1	不超过 36000 元的部分	3
2	超过 36000 元至 144000 元的部分	10
3	超过 144000 元至 300000 元的部分	20
4	超过 300000 元至 420000 元的部分	25
5	超过 420000 元至 660000 元的部分	30
6	超过 660000 元至 960000 元的部分	35
7	超过 960000 元的部分	45

年度预扣预缴税额与年度应纳税额不一致的，由居民个人于次年 3 月 1 日至 6 月 30 日向主管税务机关办理综合所得年度汇算清缴，税款多退少补，并依法办理纳税申报。

【个人所得税·例题 5】 甲公司职工吕某为居民个人。2023 年全年取得工资、薪金收入 200000 元，稿酬收入 3000 元，劳务报酬收入 10000 元。其所在地区的社会保险和住房公积金个人缴存比例为：基本养老保险 8%；基本医疗保险 2%；失业保险 0.5%；住房公积金 12%。吕某缴纳“三险一金”核定的缴费工资基数为 10000 元/月。其他信息：吕某为独生子女；租住省会城市住房一套（无自有住房）；有一子女就读于全日制大学，父母已年过 60 岁。相关专项附加扣除均由吕某一方作税前扣除。吕某 2023 年预扣预缴的个人所得税额为 2916 元。

假定不考虑其他因素，计算下列税额。

（1）吕某 2023 年综合所得个人所得税应纳税额；

（2）汇算清缴时，多退少补的税额。

【解析】

（1）计算吕某 2023 年综合所得个人所得税应纳税额。

①全年收入额 = 200000 + （3000 − 3000 × 20%） × 70% + （10000 − 10000 × 20%）

= 200000 + 1680 + 8000

= 209680（元）

②全年减除费用 60000 元

③专项扣除 = 10000 × （8% + 2% + 0.5% + 12%） × 12 = 27000（元）

④专项附加扣除：住房租金年扣除额 12 × 1500 = 18000（元）

子女教育年扣除额 12 × 2000 = 24000（元）

⑤赡养老人年扣除额 12 × 3000 = 36000（元）

⑥专项附加扣除合计 = 18000 + 24000 + 36000 = 78000（元）

⑦扣除项合计 = 60000 + 27000 + 78000 = 165000（元）

⑧应纳税所得额 = 209680 − 165000 = 44680（元）

⑨个人所得税应纳税额 = 36000 × 3% + （44680 − 36000） × 10% = 1948（元）

或者，个人所得税应纳税额 = 44680 × 10% − 2520 = 1948（元）

（2）计算汇算清缴时多退少补的税额。

汇算清缴时，应退回的金额 = 2916 − 1948 = 968（元）

七、非居民个人取得前四项所得的个人所得税应纳税额计算

根据个人所得税法律制度规定，非居民个人取得工资、薪金所得，劳务报酬所得，稿酬所得和特许权使用费所得，应当依照个人所得税法的规定，分别计算个人所得税。有扣缴义务人的，应当由扣缴义务人按月或者按次代扣代缴个人所得税税款，不办理汇算清缴。没有扣缴义务人的，则由非居民个人依法办理纳税申报。

非居民个人取得前四项所得个人所得税的计征方法为按月或者按次代扣代缴（有扣缴义务人），不同于居民个人取得综合所得个人所得税的计征方法，居民个人取得综合所得要按月或者按次预扣预缴个人所得税（有扣缴义务人），然后按纳税年度合并计算个人所得税，若年度预扣预缴税额与年度应纳税额不一致时，居民个人应当办理汇算清缴。

非居民个人的工资、薪金所得，劳务报酬所得，稿酬所得和特许权使用费所得的个人所得税应纳税额计算公式如下：

个人所得税应纳税额＝应纳税所得额×税率－速算扣除数

其中，应纳税所得额的计算方法是：

（1）非居民个人的工资、薪金所得的应纳税所得额

应纳税所得额＝每月收入额－费用（5000 元/月）

（2）非居民个人的劳务报酬所得、特许权使用费所得的应纳税所得额

应纳税所得额＝每次收入额＝每次收入－费用＝每次收入－每次收入×20%

（3）非居民个人的稿酬所得的应纳税所得额

应纳税所得额＝每次收入额＝(每次收入－费用)＝(每次收入－每次收入×20%)×70%

其中，税率采用七级超额累进税率，如表 4－7 所示。

表 4－7　　个人所得税税率

（非居民个人工资、薪金所得，劳务报酬所得，稿酬所得，特许权使用费所得适用）

级数	应纳税所得额	税率（%）	速算扣除数
1	不超过 3000 元的部分	3	0
2	超过 3000 元至 12000 元的部分	10	210
3	超过 12000 元至 25000 元的部分	20	1410
4	超过 25000 元至 35000 元的部分	25	2660
5	超过 35000 元至 55000 元的部分	30	4410
6	超过 55000 元至 80000 元的部分	35	7160
7	超过 80000 元的部分	45	15160

八、纳税人取得经营所得的个人所得税应纳税额计算

纳税人取得经营所得，按年计算个人所得税应纳税额。

1. 经营所得应纳税所得额的计算

年应纳税所得额＝每一纳税年度收入总额－每一纳税年度成本、费用、损失

取得经营所得的个人，没有综合所得的，适用下列计算公式：

$$\text{年应纳税所得额}=\text{每一纳税年度收入总额}-\text{每一纳税年度成本、费用、损失}-\text{费用（60000元）}-\text{专项扣除}-\text{专项附加扣除}-\text{依法确定其他扣除}$$

成本、费用，是指生产、经营活动中发生的各项直接支出和分配计入成本的间接费用以及销售费用、管理费用、财务费用。

损失，是指生产、经营活动中发生的固定资产和存货的盘亏、毁损、报废损失，转让财产损失，坏账损失，自然灾害等不可抗力因素造成的损失以及其他损失。

2. 经营所得个人所得税应纳税额的计算

个人所得税应纳税额 = 年应纳税所得额 × 适用税率 − 速算扣除数

其中，税率采用五级超额累进税率，如表4－8所示。

表4－8 个人所得税税率

（经营所得适用）

级数	全年应纳税所得额	税率（%）	速算扣除数
1	不超过30000元的部分	5	0
2	超过30000元至90000元的部分	10	1500
3	超过90000元至300000元的部分	20	10500
4	超过300000元至500000元的部分	30	40500
5	超过500000元的部分	35	65500

从事生产、经营活动，未提供完整、准确的纳税资料，不能正确计算应纳税所得额的，由主管税务机关核定应纳税所得额或者应纳税额。

【个人所得税·例题6】某个体工商户，2023年取得销售收入30万元，依法准许其扣除的当月成本、费用及相关税金为11万元，坏账损失6000元。该个体工商户有综合所得。假定不考虑其他因素，计算该个体工商户2019年经营所得的应纳税所得额及应纳所得税额。

【解析】应纳税所得额 = 300000 − 110000 − 6000 = 184000（元）

应纳所得税额 = 30000 × 5% + 60000 × 10% + (184000 − 90000) × 20%

= 26300（元）

九、纳税人取得财产租赁所得的个人所得税应纳税额计算

纳税人取得财产租赁所得，按次计算个人所得税应纳税额。财产租赁所得，以一个月内取得的收入为一次。

1. 财产租赁的应纳税所得额的计算

（1）每次收入不足4000元的计算公式：

$$\text{应纳税所得额}=\text{每次收入}-\text{租赁过程缴纳税费}-\text{纳税人负担的租赁财产实际开支的修缮费用（800为限）}-800$$

（2）每次收入超过4000元的计算公式：

$$\text{应纳税所得额}=\left[\text{每次收入}-\text{租赁过程缴纳税费}-\text{纳税人负担的租赁财产实际开支的修缮费用（800为限）}\right]\times(1-20\%)$$

允许扣除的修缮费用，以每次800元为限，一次扣除不完的，准予在下一次继续扣除，直至扣完为止。

2. 应纳所得税税额的计算

应纳所得税税额＝应纳税所得额×20%

按现行规定，对个人出租住房取得的所得减按10%的税率征收个人所得税。

【个人所得税·例题7】林某为居民纳税人，2023年1月1日起，他将自有的住房出租给他人居住，租期1年，每月收取租金3000元，全年的租金收入为36000元。5月进行一次维修，林某负担费用2000元，假定不考虑其他因素，计算林某全年应纳个人所得税税额。

【解析】林某应纳所得税税额按财产租赁所得税目进行计算。

5月、6月应纳个人所得税总额＝2×(3000－800－800)×10%＝280（元）

7月应纳个人所得税税额＝(3000－400－800)×10%＝180（元）

其他9个月应纳个人所得税总额＝9×(3000－800)×10%＝1980（元）

全年应纳个人所得税总额＝280＋180＋1980＝2440（元）

十、纳税人取得财产转让所得的个人所得税应纳税额计算

财产转让所得，按照一次转让财产的收入额减除财产原值和合理费用后的余额计算纳税。

1. 财产转让所得的应纳税所得额的计算

应纳税所得额＝收入总额－财产原值－合理费用

2. 应纳所得税税额的计算

应纳所得税税额＝应纳税所得额×20%

【个人所得税·例题8】林某为居民纳税人，2023年5月，他将自有的一台设备出售，取得收入800000元，支付交易费用12000元。该设备购入时，支付房价500000元，支付交易费用10000元。假定不考虑其他因素，计算林某应纳税所得额和应纳个人所得税税额。

【解析】该居民应纳所得税税额按财产转让所得税目进行计算。

应纳税所得额＝800000－(500000＋10000)－12000＝278000（元）

应纳个人所得税税额＝278000×20%＝55600（元）

十一、利息、股息、红利与偶然所得的个人所得税应纳税额计算

利息、股息、红利与偶然应纳税所得额按次计算，即应计算每次应纳税所得额。利息、股息、红利所得，以支付利息、股息、红利时取得的收入为一次；偶然所得，以每次取得该项收入为一次。

1. 应纳税所得额的计算

应纳税所得额＝每次收入额

2. 应纳所得税税额的计算

应纳所得税税额＝应纳税所得额×适用税率＝每次收入额×20%

3. 减免税的相关规定

2008年10月9日起暂免征收居民储蓄存款利息的个人所得税。

中奖偶然所得的相关规定：个人取得单张有奖发票奖金不超过800元（含800元）的，暂免征收个人所得税，超过800元的全额征收个人所得税；个人购买福利彩票、赈灾彩票、体育彩票一次中奖收入在10000元（含10000元）以下的暂免征收个人所得税，超过10000元的全额征收个人所得税。

【个人所得税·例题 9】华某为居民纳税人，2023 年 5 月，她购买福利彩票，中得奖金 18000 元。计算华某应纳个人所得税税额。

【解析】华某买彩票中奖所得的应纳所得税税额按偶然所得税目进行计算。

应纳个人所得税税额 = 18000 × 20% = 3600（元）

十二、个人所得税的征收管理

（一）纳税申报

有下列情形之一的，纳税人应当依法办理纳税申报：

（1）取得综合所得需要办理汇算清缴；

（2）取得应税所得没有扣缴义务人；

（3）取得应税所得，扣缴义务人未扣缴税款；

（4）取得境外所得；

（5）因移居境外注销中国户籍；

（6）非居民个人在中国境内从两处以上取得工资、薪金所得；

（7）国务院规定的其他情形。

扣缴义务人应当按照国家规定办理全员全额扣缴申报，并向纳税人提供其个人所得和已扣缴税款等信息。

（二）取得综合所得需要办理汇算清缴的情形

（1）从两处以上取得综合所得，且综合所得年收入额减除专项扣除的余额超过 6 万元；

（2）取得劳务报酬所得、稿酬所得、特许权使用费所得中一项或者多项所得，且综合所得年收入额减除专项扣除的余额超过 6 万元；

（3）纳税年度内预缴税额与应纳税额不一致；

（4）纳税人申请退税。

（三）纳税期限

（1）扣缴义务人应当办理全员全额扣缴申报。每月或者每次预扣、代扣的税款，应当在次月 15 日内缴入国库，并向税务机关报送扣缴个人所得税申报表。

（2）居民个人取得综合所得，需要办理汇算清缴的，应当在取得所得的次年 3 月 1 日至 6 月 30 日内办理汇算清缴。

（3）非居民个人取得工资、薪金所得，劳务报酬所得，稿酬所得和特许权使用费所得，有扣缴义务人的，由扣缴义务人按月或者按次代扣代缴税款，不办理汇算清缴。

（4）纳税人取得经营所得，按年计算个人所得税，由纳税人在月度或者季度终了后 15 日内向税务机关报送纳税申报表，并预缴税款；在取得所得的次年 3 月 31 日前办理汇算清缴。

（5）纳税人取得利息、股息、红利所得，财产租赁所得，财产转让所得和偶然所得，按月或者按次计算个人所得税，有扣缴义务人的，由扣缴义务人按月或者按次代扣代缴税款。

（6）纳税人取得应税所得没有扣缴义务人的，应当在取得所得的次月 15 日内向税务机关报送纳税申报表，并缴纳税款。

（7）纳税人取得应税所得，扣缴义务人未扣缴税款的，纳税人应当在取得所得的次年6月30日前，缴纳税款；税务机关通知限期缴纳的，纳税人应当按照期限缴纳税款。

（8）居民个人从中国境外取得所得的，应当在取得所得的次年3月1日至6月30日内申报纳税。

（9）非居民个人在中国境内从两处以上取得工资、薪金所得的，应当在取得所得的次月15日内申报纳税。

（10）纳税人因移居境外注销中国户籍的，应当在注销中国户籍前办理税款清算。

【拓展学习】

《中华人民共和国个人所得税法》

个人所得税专项附加扣除暂行办法

关于全面实施新个人所得税法若干征管衔接问题的公告

典型案例分析

【同步练习】

同步练习

模块六　税收征收管理

【案例导入】

2018年6月初，群众举报影视明星范某某“阴阳合同”涉税问题后，国家税务总局高度重视，即责成江苏等地税务机关依法开展调查核实，目前案件事实已经查清。

从调查核实情况看，范某某在电影《大轰炸》剧组拍摄过程中实际取得片酬3000万元，其中1000万元已经申报纳税，其余2000万元以拆分合同方式偷逃个人所得税618万元，少缴营业税及附加112万元，合计730万元。此外，还查出范某某及其担任法定代表人的企业少缴税款2.48亿元，其中偷逃税款1.34亿元。

对于上述违法行为，根据国家税务总局指定管辖，江苏省税务局依据《中华人民共和国税收征管法》第三十二条、第五十二条的规定，对范某某及其担任法定代表人的企业追缴税款2.55亿元，加收滞纳金0.33亿元；依据《中华人民共和国税收征管法》第六十三条的规定，对范某某采取拆分合同手段隐瞒真实收入偷逃税款处4倍罚款计2.4亿元，对其利用工作室账户隐匿个人报酬的真实性质偷逃税款处3倍罚款计2.39亿元；对其担任法定代表人的企业少计收入偷逃税款处1倍罚款计94.6万元；依据《中华人民共和国税收征管法》第六十九条和《中华人民共和国税收征管法实施细则》第九十三条的规定，对其担任法定代表人的两户企业未代扣代缴个人所得税和非法提供便利协助少缴税款各处0.5倍罚款，分别计0.51亿元、0.65亿元。

由于范某某属于首次被税务机关按偷税予以行政处罚且此前未因逃避缴纳税款受过刑事处罚，上述定性为偷税的税款、滞纳金、罚款在税务机关下达追缴通知后在规定期限内缴纳的，依法不予追究刑事责任。

【案例解析】

范某某及其担任法定代表人的企业存在偷税、逃税行为以及其他违法行为，按照《中华人民共和国税收征管法》《中华人民共和国税收征管法实施细则》的规定，由税务机关依法下达税务处理决定书和税务行政处罚决定书，要求其将追缴的税款、滞纳金、罚款在收到上述处理处罚决定后在规定期限内缴清。

超过规定期限不缴纳税款和滞纳金、不接受行政处罚的，税务机关将依法移送公安机关处理，依法追究刑事责任。

【立德树人】

遵纪守法是社会公德的最基本要求。是否自觉维护公共场所的秩序，纪律观念强不强，法治意识强不强，体现着一个社会公民的精神道德风貌。遵纪守法同时也是保证社会健康、有序发展的基础。遵守这一社会公德，对个人对社会都具有非常重要的意义。

党的二十大指出："我们要坚持走中国特色社会主义法治道路，建设中国特色社会主义法治体系、建设社会主义法治国家，围绕保障和促进社会公平正义，坚持依法治国、依法执政、依法行政共同推进，坚持法治国家、法治政府、法治社会一体建设，全面推进科学立法、严格执法、公正司法、全民守法，全面推进国家各方面工作法治化。"

法律面前人人平等，每个公民都应当遵纪守法，为人处世，要诚实守信，认真践行社会主义核心价值观，并使之成为人们的思想自觉和行为习惯。

违法乱纪必将受到法律的严惩。

一、税收征收管理的含义

税收征收管理是税务机关代表国家行使征税权，对日常税收活动进行有计划地组织、指挥、控制和监督的活动，是对纳税人履行纳税义务采用的一种管理、征收和检查的必要手段。税收征收管理包括税务登记、发票管理、纳税申报、税款征收、税务检查和法律责任等环节。

我国现行的税收征收管理法律制度的核心是1992年9月4日第七届全国人大常委会通过的《中华人民共和国税收征收管理法》。它是新中国成立后第一部税收程序法。

国务院2002年9月7日公布《中华人民共和国税收征收管理法实施细则》、2010年12月20日又公布《中华人民共和国发票管理办法》，国家税务总局也发布《中华人民共和国发票管理办法实施细则》《税务行政复议规则》《国家税务总局关于纳税人权利与义务的公告》等文件。

2015年5月1日起，国家税务总局在全国范围内试行了《全国税收征管规范》。

以上这些法律规范构成了我国税收征收管理法律制度的主要内容。

二、税务登记

税务登记是纳税人在开业、歇业前以及生产经营期间发生变动时，就其生产经营的有关情况向所在地税务机关办理书面登记的一种制度。税务登记是纳税人履行纳税义务的法定手续。税务登记是税收征管的首要环节，具有应税收入、应税财产或应税行为的各类纳税人，都应依法办理税务登记。

（一）税务登记的内容

1. 开业登记

从事生产经营的纳税人，在领取营业执照之后的30天内，持相关证件和资料，向税务机关申报办理税务登记。税务机关自收到申请之日起，在30天内审核并发给税务登记证件。

2. 变更登记

纳税人税务登记内容发生变化的，在工商行政管理机关办理变更登记后的30天内，持有关证件向税务机关申报办理变更税务登记。

3. 停复业登记

采用定期定额征收方式的纳税人，在营业执照核准的经营期限内需要停业或复业的，可向税务机关提出申请，经税务机关审核后进行停业或复业税务登记。

纳税人在停业期间发生纳税义务的，应当按照税收法律、行政法规的规定申报缴纳税款。

纳税人停业期限不得超过一年。停业期满不能及时恢复生产经营的，应提前向税务机关提出延长停业登记申请，否则税务机关视为已复业，实施正常的税收征收管理。

4. 注销登记

纳税人发生解散、破产、撤销及其他情形，需要依法终止纳税义务的，纳税人应当在向工商行政管理机关申请办理注销之前，向税务机关申报办理注销登记。

纳税人需要向税务机关提交相关证件和资料，结清应纳税款、滞纳金和罚款，缴销发票、税务登记证和其他税务证件，经税务机关核准后，办理注销税务登记手续。

5. 外出经营报验登记

纳税人到外县（市）临时从事生产经营活动，应当持税务登记副本和所在地税务机关开具的《外出经营活动税收管理证明》，向营业地税务机关报验登记，接受税务管理。

《外出经营活动税收管理证明》实行一地一证原则。

6. 纳税人税种登记

纳税人在办理开业或变更税务登记的同时应当申请填报税种登记，由税务机关根据其相关情况，认定纳税人所适用的税种、税目、税率、报缴税款期限、征收方式和缴库方式等。税务机关依据“纳税人税种登记表”所填写的项目，自受理之日起3日内进行税种登记。

7. 扣缴义务人扣缴税款登记

已办理税务登记的扣缴义务人，应当在扣缴义务发生后向税务登记地税务机关申报办理扣缴税款登记。税务机关在其税务登记证件上登记扣缴税款事项，税务机关不再发给扣缴税款登记证件。

未办理税务登记的扣缴义务人，应当在扣缴义务发生后向机构所在地税务机关申报办理扣缴税款登记，税务机关核发扣缴税款登记证件。

（二）税务登记证管理规定

税务登记证管理的基本规定有：

1. 定期换证制度

税务机关实行税务登记证定期换证制度，一般 3 年一次。

2. 年检制度

税务机关实行税务登记证年检制度，一般 1 年一次。

三、发票开具与管理

（一）发票的种类与联次

1. 发票种类

发票的种类通常按照行业特点和纳税人的生产经营项目划分为普通发票、增值税专用发票和专业发票三种。

普通发票包括增值税普通发票、增值税电子普通发票、其他普通发票等。

增值税专用发票是专供增值税一般纳税人销售货物、劳务、服务、无形资产、不动产时使用的一种发票，包括增值税专用发票和机动车销售统一发票。增值税专用发票除具备普通发票的基本特征外，还具备抵扣增值税税款的功能。增值税专用发票如图 4－2 所示。

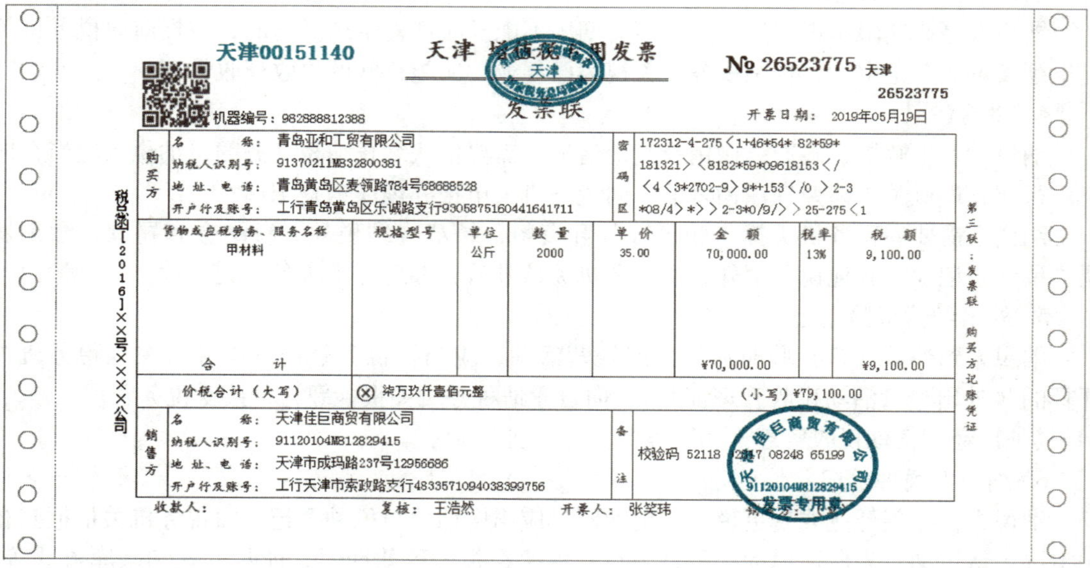
天津00151140　　天津增值税专用发票　　№ 26523775 天津

26523775

发票联

机器编号：982888812388　　开票日期：2019年05月19日

购买方	名　　称：青岛亚和工贸有限公司 纳税人识别号：91370211MB32800381 地 址、电 话：青岛黄岛区麦领路784号68688528 开户行及账号：工行青岛黄岛区乐诚路支行9305875160441641711	密码区	172312-4-275＜1+46*54* 82*59* 181321＞＜8182*59*09618153＜/ ＜4＜3*2702-9＞9*+153＜/0 ＞2-3 *08/4＞*＞＞2-3*0/9/＞＞25-275＜1

货物或应税劳务、服务名称	规格型号	单位	数量	单价	金额	税率	税额
甲材料		公斤	2000	35.00	70,000.00	13%	9,100.00
合　　计					¥70,000.00		¥9,100.00
价税合计（大写）	⊗ 柒万玖仟壹佰元整				（小写）¥79,100.00		

销售方	名　　称：天津佳巨商贸有限公司 纳税人识别号：91120104MB12829415 地 址、电 话：天津市成玛路237号12956686 开户行及账号：工行天津市索政路支行4833571094038399756	备注	校验码 52118 2847 08248 65199

收款人：　　复核：王浩然　　开票人：张笑玮　　销售方：（章）

税总函［2016］××号××××公司

第三联：发票联　购买方记账凭证

图 4－2　增值税专用发票

专业发票是指由国有金融、邮电、铁路、民用航空、公路和水上运输等单位开具的专业性很强的发票。如国有金融、保险企业的存贷、汇兑、转账凭证、保险凭证；国有邮政、电信企业的邮票、邮单、话务、电报收据；国有铁路、民用航空企业和国有公路、水路运输企业的客票、货票等。

2. 发票的联次

发票的基本联次包括存根联、发票联和记账联。存根联由收款方或开票方留存备查；发票联由付款方或受票方作为付款原始凭证；记账联由收款方或开票方作为记账原始凭证。

增值税专用发票的基本联次为发票联、抵扣联和记账联。抵扣联作为购买方报送主管税务机关认证和留查的凭证。

省以上税务机关可根据发票管理情况以及纳税人经营业务需要，增减除发票联以外的其他联次，并确定其用途。

（二）发票的领购

（1）依法办理税务登记的单位和个人，在领取税务登记证件后，可提交有关材料，向主管税务机关办理领购发票。

（2）办理领购增值税专用发票的单位和个人必须是增值税一般纳税人。

（3）临时到本省、自治区、直辖市以外从事经营活动的单位或者个人，还应当凭所在地税务机关开具的外出经营证明，并按规定提供保证人或者交纳不超过 1 万元的保证金后，向经营地主管税务机关申请领购经营地发票，并限期缴销。

（三）发票开具要求

单位和个人在销售商品、提供服务以及从事其他经营活动时，对外发生经营业务收取款项，收款方应向付款方开具发票；所有单位和从事生产、经营活动的个人在购买商品、接受服务以及从事其他经营活动支付款项时，应向收款方取得发票。开具发票必须做到：

（1）单位和个人应在发生经营业务、确认营业收入时，才能开具发票。未发生经营业务，一律不得开具发票。

（2）单位和个人开具发票时应按编号顺序填开，填写项目齐全、内容真实、字迹清楚、全部联次一次性复写或打印，内容完全一致，并在发票联和抵扣联加盖单位财务印章或者发票专用章。

（3）填写发票应当使用中文。民族自治地区可以同时使用当地通用的一种民族文字；外商投资企业和外资企业可以同时使用一种外国文字。

（4）使用电子计算机开具发票必须报主管税务机关批准，并使用税务机关统一监制的机打发票。开具后的存根联应当按照顺序号装订成册，以备税务机关检查。

（5）开具发票时限、地点应符合规定。

（6）任何单位和个人不得转借、转让、代开发票；未经税务机关批准，不得拆本使用发票；不得自行扩大专业发票适用范围；禁止倒买倒卖发票等违法行为。已开具的发票存根联和发票登记簿应当保存 5 年。

四、纳税申报

（一）纳税申报的含义

纳税申报是指纳税人、扣缴义务人按照税法规定的期限和内容向税务机关提交有关纳税事项书面报告的法律行为，是纳税人、扣缴义务人履行纳税义务、扣缴义务、承担法律责任的主要依据，是税务机关税收管理信息的主要来源，是税务管理的一项重要制度。

纳税人必须依照法律、行政法规规定或者税务机关依照法律、行政法规的规定确定的申报期限、申报内容如实办理纳税申报，报送纳税申报表、财务会计报告或者代扣代缴、代收代缴税款报告表以及税务机关根据实际需要要求纳税人报送的其他纳税资料。

（二）纳税申报的方式

纳税申报方式是指纳税人和扣缴义务人在纳税申报期限内，依照规定到指定税务机关进行申报纳税的形式。纳税申报的方式主要有以下几种：

1. 直接申报

直接申报是指纳税人、扣缴义务人在规定的申报期限内，自行直接到主管税务机关指定的办税服务场所办理纳税申报手续。这是一种传统的申报方式。

2. 邮寄申报

邮寄申报是指经税务机关批准，纳税人、扣缴义务人使用统一的纳税申报特快专递专用信封，通过邮政部门办理交寄手续，并向邮政部门索取收据作为申报凭据的方式。邮寄申报以寄出的邮戳日期为实际申报日期。凡实行查账征收方式的纳税人，经主管税务机关批准，可以采用邮寄纳税申报的办法。

3. 数据电文申报

数据电文申报是指经税务机关批准的纳税人、扣缴义务人以税务机关确定的电子数据交换、网络传输、电话语音等电子方式进行纳税申报。目前纳税人的网上申报就是数据电文申报的主要形式。

纳税人采用数据电文方式进行纳税申报的，应在申报结束后，在规定的时间内，将电子数据的材料书面报送（邮寄）税务机关；或者按税务机关的要求保存，必要时按税务机关的要求出具。

4. 简易申报

简易申报是指实行定期定额征收方式的纳税人，经税务机关批准，通过以缴纳税款凭证代替申报的一种申报方式。

5. 其他方式

纳税人、扣缴义务人可以根据税法的规定，委托中介机构代为办理纳税申报；也可以简并征期申报。

五、税款征收

税款征收是税务机关依照税收法律、法规的规定，将纳税人应当缴纳的税款组织入库的一系列活动的总称。税款征收是税收征管活动的中心环节。

（一）税款征收的主要方式

1. 查账征收

查账征收是指税务机关对财务健全的纳税人，依据其报送的纳税申报表、财务会计报表和其他有关的纳税资料，计算应纳税款，并由纳税人缴纳税款的征收方式。

这种征收方式较为规范，符合税收法定的基本原则，适用于财务会计制度健全，能够如实核算和提供生产经营情况，并能正确计算应纳税款和如实履行纳税义务的纳税人。

2. 查定征收

查定征收是指针对账务不全，但能控制其材料、产量或进销货物的纳税单位或个人，税务机关依据正常条件下的生产能力对其生产的应税产品查定产量、销售额并据以确定其应缴纳税款的税款征收方式。

这种征收方式适用生产经营规模较小、产品零星、税源分散、会计账册不健全，但能控制原材料或进销货的小型厂矿和作坊。

3. 查验征收

查验征收是指税务机关对纳税人的应税商品、产品，通过查验数量，按市场一般销售单价计算其销售收入，并据以计算其应缴纳税款的税款征收方式。

这种征收方式适用于纳税人财务制度不健全，生产经营不固定，零星分散、流动性大的税源。

4. 定期定额征收

定期定额征收是指税务机关对小型个体工商户在一定经营地点、一定经营时期、一定经营范围内的应纳税经营额（包括经营数量）或所得额进行核定，并以此为计税依据，确定其应缴纳税额的一种税款征收方式。

这种征收方式适用于经主管税务机关认定和县以上税务机关（含县级）批准的生产、经营规模小，达不到《个体工商户建账管理暂行办法》规定设置账簿标准，难以查账征收，不能准确计算计税依据的个体工商户（包括个人独资企业）。

5. 代扣代缴

代扣代缴是指按照税法规定，负有扣缴税款义务的单位和个人，负责对纳税人应纳的税款进行代扣代缴的一种方式。即由支付人在向纳税人支付款项时，从所支付的款项中依法直接扣收税款并代为缴纳。

这种征收方式适用于对零星、不定期缴纳税款、不易管理控制的纳税义务人，由支付单位或个人扣缴。

6. 代收代缴

代收代缴是指按照税法规定，负有收缴税款义务的单位和个人，负责对纳税人应纳的税款进行代收代缴的一种方式。即由与纳税人有经济业务往来的单位和个人在向纳税人收取款项时依法收取税款。

这种征收方式一般适用于税收网络覆盖不到或税源很难控制的征税对象，如受托加工应缴消费税的消费品，由受托方代收代缴的消费税（受托方为个人除外）。

7. 委托代征

委托代征是指税务机关委托代征人以税务机关的名义征收税款，并将税款缴入国库的方式。

这种征收方式一般适用于小额、零散税源的征收。

（二）税款征收措施

1. 责令缴纳

发生下列情况，主管税务机关会责令纳税人或扣缴义务人缴纳税款：

（1）纳税人未按照规定期限缴纳税款的，扣缴义务人未按照规定期限解缴税款的，税务机关可责令限期缴纳，并从滞纳税款之日起，按日加收滞纳税款万分之五的滞纳金。

（2）对未按照规定办理税务登记的从事生产、经营的纳税人，以及临时从事经营的纳税人，税务机关核定其应纳税额，责令其缴纳应纳税款。

（3）税务机关有根据认为从事生产、经营的纳税人有逃避纳税义务行为，可在规定的纳税期之前责令其限期缴纳应纳税款。

（4）纳税担保人未按照规定的期限缴纳所担保的税款，税务机关可责令其限期缴纳应纳税款。

以上各种情况，纳税人或扣缴义务人逾期仍未缴纳的，税务机关有权采取包括税收强制执行在内的其他税款征收措施。

【税收征管·例题】甲公司按照规定，最晚应于2023年1月15日缴纳应纳税款30万元，该公司却迟迟未缴。主管税务机关责令其于当年2月28日前缴纳，并加收滞纳金。但直到3月15日，该公司才缴纳税款。甲公司应缴纳的滞纳金金额是（　　）元。

A. 8850　　B. 8700

C. 9000　　D. 6600

【解析】答案为A。该企业应缴纳税款期限是1月15日，即从1月16日滞纳税款，从1月16日~3月15日，共计16+28+15=59（天）。根据税收征收管理法律制度的规定，甲公司应缴纳的滞纳金金额=300000×0.5‰×59=8850（元）。

2. 责令提供纳税担保

纳税担保是指经税务机关同意或确认，纳税人或其他自然人、法人、经济组织以保证、抵押、质押的方式，为纳税人应当缴纳的税款及滞纳金提供担保的行为。适用纳税担保的情形有：

（1）税务机关有根据认为从事生产、经营的纳税人有逃避纳税义务行为，在规定的纳税期之前已经责令其限期缴纳应纳税款，在限期内发现纳税人有明显的转移、隐匿其应纳税的商品、货物，以及其他财产或者应纳税收入的迹象，责成纳税人提供纳税担保。

（2）欠缴税款、滞纳金的纳税人或者其法定代表人需要出境的。

（3）纳税人同税务机关在征纳税上发生争议而未缴清税款，需要申请行政复议的。

（4）税收法律、行政法规规定可以提供纳税担保的其他情形。

3. 采取税收保全措施

（1）适用税收保全的情形：税务机关责令具有税法规定情形的纳税人提供纳税担保而纳税人拒绝提供纳税担保或无力提供纳税担保的。

（2）税收保全措施：经县以上税务局（分局）局长批准，税务机关可以采取下列税收保全措施：

① 书面通知纳税人开户银行或者其他金融机构冻结纳税人的金额相当于应纳税款的存款。

② 扣押、查封纳税人的价值相当于应纳税款的商品、货物或者其他财产。其他财产包括纳税人的房地产、现金、有价证券等不动产和动产。

不适用税收保全的财产包括：个人及其所扶养家属维持生活必需的住房和用品，不在税收保全措施的范围之内。税务机关对单价5000元以下的其他生活用品，不采取税收保全措施。

4. 采取强制执行措施

（1）适用强制执行的情形：从事生产、经营的纳税人、扣缴义务人未按照规定的期限缴纳或者解缴税款，纳税担保人未按照规定的期限缴纳所担保的税款，由税务机关责令限期缴纳，逾期仍未缴纳。

（2）强制执行措施：经县以上税务局（分局）局长批准，税务机关可以采取下列强制执行措施：

①书面通知其开户银行或者其他金融机构从其存款中扣缴税款、未缴纳的滞纳金。

②扣押、查封、依法拍卖或者变卖其价值相当于应纳税款的商品、货物或者其他财产，以拍卖或者变卖所得抵缴税款、未缴纳的滞纳金。

个人及其所扶养家属维持生活必需的住房和用品，不在强制执行措施的范围之内。税务机关对单价5000元以下的其他生活用品，不采取强制执行措施。

5. 阻止出境

欠缴税款的纳税人或者其法定代表人在出境前未按规定结清应纳税款、滞纳金或者提供纳税担保的，税务机关可以通知出境管理机关阻止其出境。

（三）税款的退还与追征

1. 税款的退还

依据《税收征管法》的规定，纳税人不论何种原因超过应纳税额多缴纳的税款，税务机关发现后应当立即退还。

纳税人自结算缴纳税款之日起3年内发现的，可以向税务机关要求退还多缴的税款并加算银行同期存款利息，税务机关及时查实后应立即退还；涉及从国库中退库的，依照法律、行政法规有关国库管理的规定退还。

如果纳税人在结清缴纳税款之日起3年后才向税务机关提出退还多缴税款要求的，税务机关将不予受理。

2. 税款的追征

根据《税收征管法》规定，税务机关对超过纳税期限未缴或少缴税款的纳税人可以在规定的期限内予以追征。根据该条规定，税款的追征具体有以下三种情形：

（1）因税务机关的责任，致使纳税人、扣缴义务人未缴或者少缴款的，税务机关在3年内可以要求纳税人、扣缴义务人补缴税款，但是不得加收滞纳金。

（2）因纳税人、扣缴义务人计算错误等失误，未缴或者少缴款的，税务机关在3年内可以追征税款，并加收滞纳金；有特殊情况的（即数额在10万元以上的），追征期可以延长到5年。

（3）对因纳税人、扣缴义务人和其他当事人偷税、抗税、骗税等原因而造成未缴或者少缴的税款，或骗取的退税款，税务机关可以无限期追征。

六、税务检查

（一）税务检查的含义

税务检查是税务机关根据税收法律、行政法规的规定，对纳税人、扣缴义务人履行纳税义务、扣缴义务及其他有关税务事项进行审查、核实、监督活动的总称。

（二）税务机关在税务检查中的主要职责与权限

（1）税务机关有权进行下列税务检查

①检查纳税人的账簿、记账凭证、报表和有关资料，检查扣缴义务人代扣代缴、代收代缴税款账簿、记账凭证和有关资料。

②到纳税人的生产、经营场所和货物存放地检查纳税人应纳税的商品、货物或者其他财产，检查扣缴义务人与代扣代缴、代收代缴税款有关的经营情况。

③责成纳税人、扣缴义务人提供与纳税或者代扣代缴、代收代缴税款有关的文件、证明材料和有关资料。

④询问纳税人、扣缴义务人与纳税或者代扣代缴、代收代缴税款有关的问题和情况。

⑤到车站、码头、机场、邮政企业及其分支机构检查纳税人托运、邮寄应纳税商品、货物或者其他财产的有关单据、凭证和有关资料。

⑥经县以上税务局（分局）局长批准，凭全国统一格式的检查存款账户许可证明，查询从事生产、经营的纳税人、扣缴义务人在银行或者其他金融机构的存款账户。税务机关在调查税收违法案件时，经设区的市、自治州以上税务局（分局）局长批准，可以查询案件涉嫌人员的储蓄存款。税务机关查询所获得的资料，不得用于税收以外的用途。税务机关有责任为被检查人保守秘密。

（2）税务机关对从事生产、经营的纳税人以前纳税期的纳税情况依法进行税务检查时，发现纳税人有逃避纳税义务行为，并有明显的转移、隐匿其应纳税的商品、货物以及其他财产或者应纳税的收入的迹象的，可以按照《税收征收管理法》规定的批准权限采取税收保全措施或者强制执行措施。税务机关采取税收保全措施的期限一般不得超过6个月；重大案件需要延长的，应当报国家税务总局批准。

（3）纳税人、扣缴义务人必须接受税务机关依法进行的税务检查，如实反映情况，提供有关资料，不得拒绝、隐瞒。

（4）税务机关依法进行税务检查时，有权向有关单位和个人调查纳税人、扣缴义务人和其他当事人与纳税或者代扣代缴、代收代缴税款有关的情况，有关单位和个人有义务向税务机关如实提供有关资料及证明材料。

（5）税务机关调查税务违法案件时，对与案件有关的情况和资料，可以记录、录音、录像、照相和复制。

（6）税务机关派出的人员进行税务检查时，应当出示税务检查证和税务检查通知书，并有责任为被检查人保守秘密；未出示税务检查证和税务检查通知书的，被检查人有权拒绝检查，税务机关对集贸市场及集中经营业户进行检查时，可以使用统一的税务检查通知书。

七、税收法律责任

税收法律责任是指税收法律关系的主体因违反税收法律制度所应承担的法律后果。税收法律关系的主体违反税收法律制度性质不同，受到的处罚不同，其承担的法律责任也不同，法律责任可分为行政责任和刑事责任。

（一）税收违法的处罚种类

1. 税收违法的行政处罚

税收违法行政处罚是指依法享有税务行政处罚权的税务机关依法对公民、法人或其他经济组织违反税收法律、法规或规章，尚未构成犯罪的税务违法行为给予的一种税务行政制裁。

（1）责令限期改正；

（2）罚款；

（3）没收财产；

（4）收缴未用发票和暂停供应发票；

（5）停止出口退税权。

2. 税收违法的刑事处罚

税务刑事处罚是指享有刑事处罚权的国家机关对违反税收刑事法律规范依法应当给予刑事处罚的公民、法人或其他组织法律制裁的行为。税务刑事处罚主要有以下几种形式：

（1）拘役；

（2）判处徒刑；

（3）罚金；

（4）没收财产。

（二）纳税人、扣缴义务人及其他行政相对人违反税收法律制度的法律责任

1. 违反税务管理基本规定的法律责任

（1）纳税人有下列行为之一的，由税务机关责令限期改正，可以处 2000 元以下的罚款；情节严重的，处 2000 元以上 1 万元以下的罚款：

① 未按照规定的期限申报办理税务登记、变更或者注销登记的；

② 未按照规定设置、保管账簿或者保管记账凭证和有关资料的；

③ 未按照规定将财务、会计制度或者财务、会计处理办法和会计核算软件报送税务机关备查的；

④ 未按照规定将其全部银行账号向税务机关报告的；

⑤ 未按照规定安装、使用税控装置，或者损毁、擅自改动税控装置的；

⑥ 纳税人未按照规定办理税务登记证件验证或者换证手续的。

（2）纳税人不办理税务登记的，由税务机关责令限期改正；逾期不改正的，经税务机关提请，由工商行政管理机关吊销其营业执照。

（3）纳税人未按照规定使用税务登记证件，或者转借、涂改、损毁、买卖、伪造税务登记证件的，处 2000 元以上 1 万元以下的罚款；情节严重的，处 1 万元以上 5 万元以下的罚款。

（4）扣缴义务人未按照规定设置、保管代扣代缴、代收代缴税款账簿或者保管代扣代缴、代收代缴税款记账凭证及有关资料的，由税务机关责令限期改正，可以处 2000 元以下的罚款；情节严重的，处 2000 元以上 5000 元以下的罚款。

（5）纳税人未按照规定的期限办理纳税申报和报送纳税资料的，或者扣缴义务人未按照规定的期限向税务机关报送代扣代缴、代收代缴税款报告表和有关资料的，由税务机关责令限期改正，可以处 2000 元以下的罚款；情节严重的，处 2000 元以上 1 万元以下的罚款。

2. 逃避税务机关追缴欠税行为的法律责任

纳税人欠缴应纳税款，采取转移或者隐匿财产的手段，妨碍税务机关追缴欠缴的税款的，由税务机关追缴欠缴的税款、滞纳金，并处罚款；构成犯罪的，依法追究刑事责任。

扣缴义务人应扣未扣、应收而不收税款的，由税务机关向纳税人追缴税款，对扣缴义务人处以罚款。

3. 偷税行为的法律责任

偷税，是指纳税人采取伪造、变造、隐匿、擅自销毁账簿、记账凭证，或者在账簿上多列支出或者不列、少列收入，或者经税务机关通知申报而拒不申报或者进行虚假的纳税申报的手段，不缴或者少缴应纳税款的行为。

纳税人偷税的，由税务机关追缴其不缴或者少缴的税款、滞纳金，并处罚款；构成犯罪的，依法追究刑事责任。

扣缴义务人采取上述偷税手段，不缴或者少缴已扣、已收税款，由税务机关追缴其不缴或者少缴的税款、滞纳金，并处罚款；构成犯罪的，依法追究刑事责任。

纳税人、扣缴义务人编造虚假计税依据的，由税务机关责令限期改正，并处罚款。

4. 抗税行为的法律责任

抗税，是指纳税人、扣缴义务人以暴力、威胁方法拒不缴纳税款的行为。

对抗税行为，除由税务机关追缴其拒缴的税款、滞纳金外，依法追究刑事责任。情节轻微，未构成犯罪的，由税务机关追缴其拒缴的税款、滞纳金，并处罚款。

5. 骗税行为的法律责任

骗税行为，是指纳税人以假报出口或者其他欺骗手段，骗取国家出口退税款的行为。

纳税人有骗税行为，由税务机关追缴其骗取的退税款，并处骗取税款 1 倍以上 5 倍以下的罚款；构成犯罪的，依法追究刑事责任。

对骗取国家出口退税款的，税务机关可以在规定期间内停止为其办理出口退税。

6. 纳税人、扣缴义务人不配合税务机关进行税务检查的法律责任

（1）纳税人、扣缴义务人逃避、拒绝或者以其他方式阻挠税务机关检查的，由税务机关责令改正，可以处 1 万元以下的罚款；情节严重的，处 1 万元以上 5 万元以下的罚款。

（2）纳税人、扣缴义务人有下列情形之一的，依照前款规定处罚：

① 提供虚假资料，不如实反映情况，或者拒绝提供有关资料的。

② 拒绝或者阻止税务记录、录音、录像、照相和复制与案件有关的情况和资料的。

③ 在检查期间，纳税人、扣缴义务人转移、隐匿、销毁有关资料的。

④ 有不依法接受税务检查的其他情形的。

（3）税务机关依照《税收征管法》的规定，到车站、码头、机场、邮政企业及其分支机构检查纳税人有关情况，有关单位拒绝的，由税务机关责令改正，可以处 1 万元以下的罚

款；情节严重的，处1万元以上5万元以下的罚款。

（三）税务机关和税务人员违反税收法律制度的法律责任

税务机关和税务人员违反税收法律制度的，应当依据相关法律、法规及规章承担相应的行政法律责任和刑事法律责任。

税务机关和税务人员违反税收法律制度的具体法律责任：

（1）税务机关违反规定擅自改变税收征收管理范围和税款入库预算级次的，责令限期改正，对直接负责的主管人员和其他直接责任人员依法给予降级或者撤职的行政处分。

（2）税务人员徇私舞弊，对依法应当移交司法机关追究刑事责任的不移交，情节严重的，依法追究刑事责任。

（3）税务机关、税务人员查封、扣押纳税人个人及其所扶养家属维持生活必需的住房和用品的，责令退还，依法给予行政处分；构成犯罪的，依法追究刑事责任。

（4）税务人员与纳税人、扣缴义务人勾结，唆使或者协助纳税人、扣缴义务人实施税收违法行为，构成犯罪的，依法追究刑事责任；未构成犯罪的，依法给予行政处分。

（5）税务人员利用职务上的便利，收受或者索取纳税人、扣缴义务人财物或者牟取其他不正当利益，构成犯罪的，依法追究刑事责任；未构成犯罪的，依法给予行政处分。

（6）税务人员徇私舞弊或者玩忽职守，不征或者少征应征税款，致使国家税收遭受重大损失，构成犯罪的，依法追究刑事责任；未构成犯罪的，依法给予行政处分。

（7）税务人员滥用职权，故意刁难纳税人、扣缴义务人的，调离税收工作岗位，并依法给予行政处分。

（8）税务人员对控告、检举税收违法行为的纳税人、扣缴义务人以及其他检举人进行打击报复的，依法给予行政处分；构成犯罪的，依法追究刑事责任。

（9）违反法律、行政法规的规定提前征收、延缓征收或者摊派税款的，由其上级机关或者行政监察机关责令改正，对直接负责的主管人员和其他直接责任人员依法给予行政处分。

（10）违反法律、行政法规的规定，擅自作出税收的开征、停征或者减税、免税、退税、补税以及其他同税收法律、行政法规相抵触的决定的，除按《税收征管法》的规定撤销其擅自作出的决定外，补征应征未征税款，退还不应征收而征收的税款，并由上级机关追究直接负责的主管人员和其他直接责任人员的行政责任；构成犯罪的，依法追究刑事责任。

（11）税务人员私分扣押、查封的商品、货物或者其他财产，情节严重，构成犯罪的，依法追究刑事责任；未构成犯罪的，依法给予行政处分。

（12）税务人员在征收税款或者查处税收违法案件时，未按照《税收征管法》的规定进行回避的，对直接负责的主管人员和其他直接责任人员，依法给予行政处分。

未按照《税收征管法》的规定为纳税人、扣缴义务人、检举人保密的，对直接负责的主管人员和其他直接责任人员，由所在单位或者有关单位依法给予行政处分。

八、税务行政复议

（一）税收行政复议含义

税务行政复议是我国行政复议制度的一个重要组成部分。

税务行政复议是指当事人（纳税人、扣缴义务人、纳税担保人及其他税务当事人）不服税务机关及其工作人员作出的税务具体行政行为，依法向上一级税务机关（复议机关）提出申请，复议机关经审理对原税务机关具体行政行为依法作出维持、变更、撤销等决定的活动。

（二）复议范围

税务行政复议的范围，即税务行政复议的受案范围，它既是公民、法人和其他组织可以申请税务行政复议的范围，也是复议机关有复议审查权的税务行政行为的范围或受理税务行政复议案件的范围。

（1）征税行为。征税行为的复议范围包括：确认纳税主体、征税对象、征税范围、减税、免税、退税、抵扣税款、适用税率、计税依据、纳税环节、纳税期限、纳税地点和税款征收方式等具体行政行为；征收税款、加收滞纳金，扣缴义务人、受税务机关委托的单位和个人作出代缴、代收代缴、代征行为等。

（2）行政许可、行政审批行为。

（3）发票管理行为，包括发售、收缴、代开发票等。

（4）税收保全措施、强制执行措施。

（5）行政处罚行为，包括罚款、没收财物和违法所得、停止出口退税权。

（6）不依法履行下列职责的行为：颁发税务登记；开具、出具完税凭证、外出经营活动税收管理证明；行政赔偿；行政奖励；其他不依法履行职责的行为。

（7）资格认定行为。

（8）不依法确认纳税担保行为。

（9）政府信息公开工作中的具体行政行为。

（10）纳税信用等级评定行为。

（11）通知出入境管理机关阻止出境行为。

（12）其他具体行政行为。

申请人对复议范围中第（1）项规定的行为不服的，应当先向复议机关申请行政复议，对复议决定不服的，可以再向人民法院提起行政诉讼。对第（1）项规定以外的其他具体行政行为不服的，可以申请行政复议，也可以直接向人民法院提起行政诉讼。

（三）复议管辖

（1）对各级国家税务局的具体行政行为不服的，向其上一级国家税务局申请行政复议。

（2）对各级地方税务局的具体行政行为不服的，可以选择向其上一级地方税务局或该税务局的本级人民政府申请行政复议。另有规定的，从其规定。

（3）对国家税务总局的具体行政行为不服的，向国家税务总局申请行政复议。对行政复议决定不服的，可以向人民法院提起行政诉讼，也可以向国务院申请裁决。国务院的裁决为最终裁决。

（四）行政复议决定

1. 行政复议的决定作出

复议机关应当自受理申请之日起60日内作出行政复议决定。

2. 行政复议决定的种类

（1）维持决定；

（2）限期履行决定；

（3）撤销、变更或确认的决定；

（4）责令赔偿的决定。

3. 行政复议决定的效力

税务行政复议决定书一经送达，即产生法律效力。

【拓展学习】

《中华人民共和国发票管理办法》

《中华人民共和国税收征收管理法》

【同步练习】

同步练习

【综合练习】

综合练习 1

综合练习 2

参考文献

[1] 财政部会计资格评价中心．初级会计实务［M］．北京：经济科学出版社，2021.
[2] 财政部会计资格评价中心．经济法基础［M］．北京：经济科学出版社，2021.
[3] 李相美．财经法规与会计职业道德［M］．四川：西南财经大学出版社，2017.